U0516584

當代浙江學術文庫

DANGDAI ZHEJIANG XUESHU WENKU

浙江省社科聯省級社會科學學術著作出版資金資助出版（編號：2016CBB02）

中古漢語助詞研究

楚艷芳 著

中華書局

圖書在版編目(CIP)數據

中古漢語助詞研究/楚艷芳著. —北京:中華書局,2017.5
ISBN 978-7-101-12582-5

Ⅰ.中…　Ⅱ.楚…　Ⅲ.古漢語-助詞-研究　Ⅳ.H131

中國版本圖書館 CIP 數據核字(2017)第 110572 號

書　　　名	中古漢語助詞研究
著　　　者	楚艷芳
責任編輯	徐真真
出版發行	中華書局
	(北京市豐臺區太平橋西里 38 號　100073)
	http://www.zhbc.com.cn
	E-mail:zhbc@zhbc.com.cn
印　　　刷	北京市白帆印務有限公司
版　　　次	2017 年 5 月北京第 1 版
	2017 年 5 月北京第 1 次印刷
規　　　格	開本/710×1000 毫米　1/16
	印張 19½　插頁 2　字數 230 千字
印　　　數	1-1500 冊
國際書號	ISBN 978-7-101-12582-5
定　　　價	59.00 元

《當代浙江學術文庫》簡介

　　《當代浙江學術文庫》是浙江省社會科學界聯合會集中推出學術精品、集中展示學術成果的一個窗口。浙江省社科聯采取"鼓勵申報、專家評審、資助出版、社會館藏"的形式,每年遴選反映浙江哲學社會科學領域優秀原創學術成果的書稿,以《當代浙江學術文庫》的方式分期分批出版,及時向社會傳播哲學社會科學研究前沿的新思想、新發現、新進展,努力實現哲學社會科學的大發展、大繁榮,推動浙江"文化强省"建設。

　　組織出版《當代浙江學術文庫》是浙江省社會科學界聯合會扶持學術精品,推進學術創新,打造當代浙江學術品牌的重要探索。《當代浙江學術文庫》將堅持學術標準,宣導學術規範,展示浙江特色,不斷推出浙江學術的最新成果。

目　　録

説　明

　　一　本書所説的"中古漢語"大致指東漢至隋時期的漢語。

　　二　本書所選的十六部中古時期的文獻在時間上分布整個中古時期,在類型上中土文獻與漢譯佛經文獻並存,其創作年代相對可靠,且具有較強的口語性。在寫作過程中,本書所采用的語料遠遠不止這十六部文獻。書中圖表涉及到的文獻,其名稱用該文獻的首字代替,如"論"表示《論衡》,"修"表示《修行本起經》,如此等等。

　　三　爲了使結構更加清晰,本書將中古時期每一個助詞次類都單獨列爲一章來進行論述。由於中古漢語助詞各次類所含助詞的數目多寡不一,因此本書各章的篇幅也長短不一。

　　四　引録文獻資料之時,盡量選用迄今爲止較爲精善而又通行的版本,本書附有徵引文獻書目和參考文獻書目。徵引文獻和參考文獻均按書名的音序排列,同一音序内徵引文獻按照文獻的寫作年份排列,參考文獻按照文獻的出版年份排列。外文文獻則按照作者姓名音序排列。參考文獻期刊部分的來源,没有特别標注者,爲哲學社會科學類期刊,即期刊標注"哲學社會科學版"、"社會科學版"或"人文社會科學版"者。

　　五　本書所列例證,如果出自古籍之後人校注本,一般只稱引原書名,校注本名稱、校注者及版本信息在徵引文獻中標明。在行文敍述中,對於一些常用文獻則采用習慣上的簡稱,如《説文解字》簡稱《説文》等,在徵引文獻或參考文獻中則以全名列出,以便查檢。

　　六　脚注部分徵引著作,只出作者、書名以及頁碼,版本信息見徵引文獻或參考文獻。徵引期刊論文則出作者、文章名稱、期刊信息以及頁碼。

1

七　爲了方便敍述,避免理解上的歧義,本書行文使用繁體字。徵引文獻原文爲簡化字者,一律改爲繁體字。

八　爲求行文簡潔,書中稱引前賢時彥之説,一般直書其名,不贅"先生"字樣。

緒　　論

　　中古漢語研究大致指對東漢魏晉南北朝隋時期的漢語的研究①。二十世紀五十年代以前，漢語史研究"重兩頭"（上古、現代），"輕中間"（中古、近代）的研究範式導致中古漢語和近代漢語長期受到冷落，直到二十世紀五十年代以後，這種狀況才逐漸得到改善。

　　中古漢語語法研究是從二十世紀八十年代才開始蓬勃興起的研究領域，同以往零星研究相比，在研究對象、內容、形式、理論和方法等方面都有了新的拓展，出現了可喜的成果。中古漢語語法研究一方面繼承了我國傳統語言學的深厚底蘊，另一方面在借鑒與融合現代語言學理論方面也取得了顯著的成效。當然中古漢語語法研究起步較晚，無論是在深度還是廣度上都有待進一步發展。

　　隨着中古漢語分期的明確以及中古漢語語法研究的深入，專書、專類體裁語法研究的成果不斷涌現，爲斷代專題語法研究奠定了良好的基礎。目前關於中古漢語助詞的研究較爲零散，尚無系統的研究。本書以中古（東漢魏晉南北朝隋）時期的助詞爲主要研究對象，研究它們的産生、發展、演變，勾勒出整個中古時期漢語助詞系統的概貌，指出中古漢語助詞在漢語助詞史以及漢語史中所占的地位，揭示中古漢語助詞的特點，總結助詞發展演變的動因和機制，並試圖探索一些詞語演變尤其是虛詞演變的相關理論，以期爲中古漢語語法全貌的勾勒提供參考，爲漢語史的相關研究提供參考。

---

　　① 　關於漢語史的分期問題，學界有多種看法。我們采用王雲路師、方一新 1992 年在《中古漢語語詞例釋》一書中提出的"東漢魏晉南北朝隋"的説法，這種分期方法亦得到了學界的普遍認同。

第一節　研究現狀述評

我國的語法研究是從對虛詞的研究開始的，元代盧以緯的《語助》是我國第一部專門研究漢語虛詞的專著，也可以説是我國第一部語法學專著。1898年馬建忠的古代漢語語法專著《馬氏文通》的問世標誌着我國現代科學意義上的語法學誕生，此後不斷有關於古代漢語語法研究的論著問世①。自從1924年我國第一部白話語法著作《新著國語文法》出版以來，現代漢語語法研究一直都是二十世紀以來漢語語法研究的主流，甚至可以説是漢語語言學研究的主流。黎錦熙不僅是現代漢語語法研究的奠基人，也是近代漢語語法研究的開創者。二十世紀二十年代後期，他先後發表了《中國近代語研究提議》和《中國近代語研究法》，開創了近代漢語語法研究的先河。呂叔湘從四十年代起，發表了一系列有關近代漢語的論文，爲近代漢語語法研究開闢了更爲廣闊的空間。八十年代以後，近代漢語研究迅速展開，語法方面的研究也空前活躍，取得了豐碩的成果。以敦煌文獻語法研究爲例：蔣禮鴻的《敦煌變文字義通釋·釋虛字》、太田辰夫的《中國語歷史文法》（第二部）較早地對敦煌變文的虛詞進行了訓釋和描寫，吳福祥的《敦煌變文語法研究》、《敦煌變文12種語法研究》則對敦煌變文的虛詞作了比較全面的定量分析和分類描寫，洪藝芳的《敦煌吐魯番文書中之量詞研究》、楊榮祥的《近代漢語副詞研究》分別對社會經濟文書和敦煌變文中的量詞、副詞作了較爲系統地研究。而中古漢語語法研究與碩果累累的上古漢語，尤其是近、現代漢語語法研究相比則是起步晚，成果少。近些年來，隨着中古漢語分期的明確以及衆多學者的大力倡導，中古漢語語法研究逐漸引起學界的廣泛關注，有關中古漢語語法研究的論著逐年增多。

助詞是漢語虛詞中較爲特殊的一個詞類，從古至今都是學者們關注的對象。從東漢的許慎②、鄭玄③，南朝的劉勰④，到唐朝的柳宗元，宋朝的陳騤、王

---

① 這裏的"古代漢語語法"即文言語法，一般以上古時期的語料爲主要研究對象。

② 許慎《説文》有"乎，語之餘也"、"哉，言之閒也"等説法，較早地對一些助詞的用法進行了説明。

③ 《禮記·檀弓上》："檀弓曰：'何居？我未之前聞也。'"鄭玄注："'居'讀爲姬姓之姬，齊魯之間語助也。"這是在訓詁實踐中對助詞的解釋。

④ 劉勰《文心雕龍·章句》："又詩人以兮字入於句限，楚辭用之，字出句外。尋兮字成句，乃語助餘聲。舜詠南風，用之久矣，而魏武弗好，豈不以無益文義耶！至於夫惟蓋故者，發端之首唱；之而於以者，乃劄句之舊體；乎哉矣也，亦送末之常科。據事似閑，在用實切。巧者迴運，彌縫文體，將令數句之外，得一字之助矣。外字難謬，況章句歟！"在這裏，劉勰不僅講了一些助詞的用法，而且較早地對助詞進行了簡單的分類。

讞,金朝的王若虛①,再到元朝的盧以緯②,清朝的王引之、劉淇③等學者都曾對助詞有所關注,他們或從訓詁的角度加以訓釋,或在筆記雜著中偶然論及,還不能算作是自覺的、語法學意義上的助詞研究。我國現代語言學意義上的漢語助詞研究從我國第一部語法學專著《馬氏文通》開始,它是一部文言語法④專著,其中"虛字卷之九"專門講助詞⑤。此後涉及到上古漢語助詞研究的論著屢見不鮮。

　　從二十世紀二十年代後期開始,近代漢語語法研究在黎錦熙、吕叔湘等學者的大力倡導下,經過了半個多世紀的醞釀,於八十年代迅速展開。近代漢語助詞研究方面的成果多爲單篇論文,蔣紹愚、曹廣順的《近代漢語語法史研究綜述》中"動態助詞"、"事態助詞"、"結構助詞"、"語氣詞"部分對這方面的研究成果有很好的概括,兹不贅述。專著方面,劉堅等的《近代漢語虛詞研究》中有相當部分内容是關於助詞的論述;曹廣順的《近代漢語助詞》可謂近代漢語助詞研究的集大成者,該書材料詳實,論證嚴密,發明頗多,無論在方法上還是在理論上都爲後來的學者提供了諸多的參考;孫錫信的《近代漢語語氣詞》、馮春田的《近代漢語語法研究》等著作也對一些近代漢語時期的助詞有深入地研究。

　　與上古、近代漢語助詞研究相比,中古漢語助詞研究的成果相對較少。目前,國内涉及到中古漢語助詞的研究成果,大致可以分爲如下四種類型:

　　其一,漢語史著作中的相關章節。如王力的《漢語語法史》中"語氣詞的發展"一章對一些語氣助詞的用法作了較爲詳細的介紹。向熹的《簡明漢語史》(下册)中"助詞的發展"(分上古、中古、近代三個系列)、史存直的《漢語史綱要》中"助詞的發展"都對漢語助詞的概貌進行了介紹。王雲路師的《中古漢語詞彙史》在"中古助詞的發展"一節中,爲我們展示了中古漢語語氣助詞和結構助詞的基本面貌及其發展情況,分類細緻,論述簡潔,往往能一語中的。總之,漢語史著作中的相關論述可以使我們對中古漢語助詞有一個較爲宏觀的把握。

---

　　①　柳宗元《復杜温夫書》、陳騤《文則》、王讜《唐語林》、王若虛《〈史記〉辨惑》中也有一些關於助詞的記載。
　　②　盧以緯的《語助》是我國第一部研究漢語虛詞的專著。
　　③　王引之的《經傳釋詞》、劉淇的《助字辨略》都是專門解釋虛詞的名著。
　　④　馬建忠所研究的文言語法主要是上古漢語語法。
　　⑤　馬建忠稱"助詞"爲"助字"。

　　其二,詞語考釋論著中的相關內容。如江藍生的《魏晉南北朝小説詞語匯釋》中"爾 2"條指出六朝小説中偶或有"爾"用如疑問語氣詞"呢"者①。王雲路師、方一新的《中古漢語語詞例釋》中也有關於助詞的條目,如在"於"條指出"於"常用作語助詞,其用法有兩種,一種是用於動詞之後,一種是用於虛詞之後②。董志翹、蔡鏡浩的《中古虛詞語法例釋》中收録中古助詞五十九條③。此外,吳金華、劉百順、李維琦、汪維輝等學者也有一些此類的論著④。詞語考釋論著中所涉及到的中古漢語助詞有些是"字面生澀而義晦"者,但多數是"字面普通而義别"者。這些研究都是在詞彙層面的訓詁研究,而不是專門的語法層面的助詞研究,但學者們對這些詞語意義的發掘使人耳目一新,也爲助詞研究提供了參考。

　　其三,語法學意義上的中古漢語助詞個案研究。如曹廣順的《〈佛本行集經〉中的"許"和"者"》論述了《佛本行集經》中與結構助詞用法類似的"許"和"者"⑤。吳福祥⑥、遇笑容師、曹廣順⑦、何亞南⑧、劉開驊⑨、朱冠明⑩等學者分别對語氣助詞"不"有過較爲詳細地探討等。個案研究的優點是它往往能够運用新理論、新方法細緻深入地分析某個或某些助詞,其缺點是不能對中古漢語助詞進行整體關照和把握,不利於對助詞的共性及特徵作出整體評價。

　　值得注意的是,龍國富的《姚秦譯經助詞研究》是一部關於中古漢語助詞研究的專著,其中也有不少助詞的個案研究。該書主要是對姚秦這一歷史時期的助詞作了研究,考察的語料也主要是漢譯佛經文獻,尚未展示出中古時期漢語助詞的整體面貌。

　　其四,一些綜述類的論著也涉及到了中古漢語助詞。如董志翹、王東的

---

①　參江藍生《魏晉南北朝小説詞語匯釋》,頁 54。
②　參王雲路師、方一新《中古漢語語詞例釋》,頁 449—450。
③　董志翹和蔡鏡浩所謂的"中古"指魏晉至宋代。
④　參吳金華《〈三國志〉校詁》、劉百順《漢魏六朝史書詞語考釋》、李維琦《佛經詞語匯釋》、汪維輝《〈齊民要術〉詞彙語法研究》。
⑤　參曹廣順《〈佛本行集經〉中的"許"和"者"》,《中國語文》1999 年第 6 期,頁 42—46。
⑥　參吳福祥《從"VP-neg"式反復問句的分化談語氣詞"麽"的産生》,載吳福祥《語法化與漢語歷史語法研究》,頁 141—158。
⑦　參遇笑容師、曹廣順《中古漢語中的"VP 不"式疑問句》,載《紀念王力先生百年誕辰學術論文集》,頁 125—135。
⑧　參何亞南《〈三國志〉和裴注句法專題研究》,頁 204—236。
⑨　參劉開驊《中古漢語疑問句研究》,頁 205—245。
⑩　參朱冠明《關於"VP 不"式疑問句中"不"的虛化》,《漢語學報》2007 年第 4 期,頁 79—83。

《中古漢語語法研究概述》，王雲路師、楚艷芳的《中古漢語語法研究綜述》，孫錫信主編的《中古近代漢語語法研究述要》等也都對中古時期的助詞有所涉及。

在國外，直接涉及到中古漢語助詞研究的成果主要集中在日本，如太田辰夫在《中國語歷史文法》中把助詞分爲詞組助詞、句末助詞和準句末助詞三類，其中有些論述涉及到中古漢語助詞①。志村良治的《中國中世語法史研究》也有專門部分提及助詞②。這兩部著作都是從漢語史的角度對助詞作出了整體勾勒。一些單篇論文也有述及中古漢語助詞者，如森野繁夫在其疑問句的研究當中對一些中古漢語助詞有較爲深刻的見解③。

國外（主要是歐美）爲中古漢語助詞研究提供了一些可資借鑒的理論和方法。如美國 Hopper 和 Traugott 的 *Grammaticalization*（《語法化》）一書深入淺出地介紹了語法化理論，爲探討助詞演變的規律、機制及動因等提供了一定的參考價值④。英國 Saeed 的 *Semantics*（《語義學》）一書對我們全面地認識詞義和句義有一定的幫助⑤。英國 Trask 的 *Historical Linguistics*（《歷史語言學》）是歷史語言學方面較爲簡明、全面的概論性著作，可以爲我們研究助詞的演變事實、演變機制、演變結果等提供參考⑥。南非 Roger Lass 的 *Historical Linguistic and Language Change*（《歷史語言學和語言演變》）中也有一些關於語言的變化及其解釋的論述⑦。英國 William Croft 的 *Typology and Universals*（《類型學和全球共性》）⑧、Bernard Comrie 的 *Language Universals and Linguistic Typology*（《語言共性和語言類型》）⑨則給我們提供了從類型學的角度出發去研究助詞有哪些不同的變化類型，並尋求語言共性的一些理論和方法等。柳士鎮在談及語法史的研究方法時指出："傳統的研究方法主要是在描

---

① 參［日］太田辰夫著，蔣紹愚、徐昌華譯《中國語歷史文法》，頁 314。

② 參［日］志村良治著，江藍生、白維國譯《中國中世語法史研究》，頁 95—100。

③ 參［日］森野繁夫《六朝漢語の疑問文》，載《廣島大學文學部紀要》（第 34 卷），頁 211—229。

④ 參［美］Hopper & Traugott，*Grammaticalization*，Cambridge University Press，2003。

⑤ 參［英］Saeed，*Semantics*，Blackwell Publishing Ltd. ，2003。

⑥ 參［英］Trask，*Historical Linguistics*，Edward Amold Ltd. ，1996。

⑦ 參［南非］Roger Lass，*Historical Linguistic and Language Change*，Cambridge University Press，1997。

⑧ 參［英］William Croft，*Typology and Universals*，Cambridge University Press，2003。

⑨ 參［英］Bernard Comrie，*Language Universals and Linguistic Typology*，University of Chicago Press，1989。

寫的基礎上進行定性,現在學者們已不僅僅滿足於定性,還盡力在定性的基礎上作出解釋。即便是描寫的研究,也更多地注意運用統計的方法,進行定量的描寫。描寫與解釋相結合的研究方法,已經成爲目前中古漢語語法研究的主要特點。爲了更好地進行解釋,又引入不少新的語言理論,如語法化理論、語義指向理論、配價理論、語義特徵分析法等。"①隨着研究的深入以及現代語言學理論的引進,近三十年來的中古漢語助詞研究在繼承以往分類、描寫的基礎上更加注重研究的系統性、理論性,注重在描寫的基礎上進行解釋,並逐步走上形式與意義相互交融、相互印證的研究道路,研究水平和質量不斷提高。在研究的過程中,我們也會在這些方面努力探索。比如本書主要采用語義指向理論,深入細緻地分析出了漢語事態助詞"來"的發展演變過程。

此外,國外有很多語言學流派,他們都有自己獨特的理論或研究範式,在互相競爭中推動了語言學的發展。劉丹青(2003:18)指出:"形式學派、功能學派和類型學可以看做當代語言學的三大主流範式。其中前二者在語言哲學(即對語言本質尤其是語法本質的理解)上構成對立,進而影響到研究對象和方法的差異,類型學則主要在研究對象和方法上形成了特色,在語言哲學方面持較爲謹慎的態度,大多屬於温和的功能派,也不排除形式主義傾向。"②我們不會迷信任何學派,只要是對中古漢語助詞研究有利的方法和理論都可以拿來爲本研究服務。語言之所以會發生變化與人類的活動密不可分,因此人類認知在語言演變過程中的作用就不可忽視。鑒於此,在研究的過程中,我們也會適當凸顯認知因素在語言演變中的重要作用。功能學派從語篇出發,注重人的解釋,因此功能學派的方法和理論(包括語法化理論)也會較多地涉及。也就是説,我們會注重從認知、功能等方面出發,對中古漢語助詞研究中的相關現象作出解釋。

以上僅對中古漢語助詞研究的整體情況作了扼要述評,關於中古漢語助詞研究的各方面細節問題,我們將會在相關章節展開詳細論述。總體看來,從二十世紀中葉以來,雖然中古漢語助詞研究取得了諸多的成果,但在系統、深入研究中古漢語助詞、歸納中古漢語助詞的特點以及在由此而展開的理論探索方面還有很多值得深入挖掘之處。

---

① 參柳士鎮《漢語歷史語法散論》,頁 169。
② 參劉丹青《語序類型學與介詞理論》,頁 18。

第二節　研究材料及研究方法

本書以中古時期的助詞①爲主要研究對象,擬對其進行較爲全面、系統地研究。

一　研究材料

我們首先選取了中古時期具有代表性的文獻共十六部,按照文獻創作時代的先後順序排列如下:

(1)《論衡》,東漢王充著。黄暉《論衡校釋》,中華書局 1990 年版。

(2)《修行本起經》,東漢竺大力共康孟詳譯。《大正藏》第 3 册,NO.0184。

(3)《六度集經》,三國吴康僧會譯。《大正藏》第 3 册,NO.0152。

(4)《三國志》,西晉陳壽著。中華書局 1982 年版。

(5)《生經》,西晉竺法護譯。《大正藏》第 3 册,NO.0154。

(6)《阿育王傳》,西晉安法欽譯。《大正藏》第 5 册,NO.2042。

(7)《摩訶僧祇律》,東晉佛陀跋陀羅共法顯譯。《大正藏》第 22 册,NO.1425。

(8)《抱朴子内篇》,東晉葛洪著。王明《抱朴子内篇校釋》(增訂本),中華書局 1985 年版。

(9)《世說新語》,南朝宋劉義慶著。徐震堮《世說新語校箋》,中華書局 1984 年版。

(10)《觀世音應驗記三種》。董志翹《觀世音應驗記三種譯注》,江蘇古籍出版社 2002 年版。

(11)《百喻經》,南朝齊求那毗地譯。《大正藏》第 4 册,NO.0209。

(12)《南齊書》,南朝梁蕭子顯著。中華書局 1972 年版。

(13)《高僧傳》,南朝梁慧皎著。湯用彤校注,中華書局 1992 年版。

(14)《齊民要術》,北魏賈思勰著。繆啓愉《齊民要術校釋》(第二版),中國

---

① 除了包括中古漢語助詞(典型/非典型)外,還包括了一些正在形成中的助詞。

農業出版社 1998 年版①。

(15)《雜寶藏經》,北魏吉迦夜共曇曜譯。《大正藏》第 4 冊,NO. 0203。

(16)《顏氏家訓》,北齊顏之推著。王利器《顏氏家訓集解》(增補本),中華書局 1993 年版。

其中(1)、(4)、(8)、(9)、(10)、(12)、(13)、(14)、(16)屬中土文獻,(2)、(3)、(5)、(6)、(7)、(11)、(15)屬漢譯佛經文獻。另外,(10)、(13)雖是中土文獻,但它的内容却與佛教有關。九部中土文獻都是目前學界公認的口語性較强的文獻,在此不做太多的解釋。衆所周知,中古時期的漢譯佛經文獻非常多,但一般而言,漢譯佛經文獻都有較爲固定的語言套路,而且每小句字數相等,甚至有些文獻中的語言(或句式)重複率很高。我們所選定的這七部漢譯佛經文獻是在通觀了整個中古時期的漢譯佛經文獻之後,選擇其中散句較多的文獻,故事性較强的文獻,或者語言重複率較低的文獻。

整體而言,這十六部文獻在時間上分布整個中古時期,在類型上中土文獻與漢譯佛經文獻②並存,其創作年代也相對可靠,且具有較强的口語性,相信選定的這些文獻能夠大致反映中古漢語助詞的全貌。當然,我們在寫作過程中所采用的語料遠遠不僅限於這十六部文獻③。

二 研究方法

在當今學術氛圍的薰陶下,要想使研究有更多的收穫,就需要在不斷開闢新的研究領域,占有新的研究材料的同時,還要努力在研究方法上有所突破。因此,在研究的過程中,我們試圖從多個角度,運用多種方法來審視中古漢語助詞。具體方法大致如下:

(一)比較法

周及徐(2003:116)指出:"在語言學中,比較的目的是爲了從語言材料的差異中求得歷史的時間層次,即從比較中重建語言的歷史,這就如同達爾文在

---

① 關於《齊民要術》卷前《雜説》,目前學界一般認爲它並非賈思勰所作,故本書在查檢中古漢語助詞之時將其排除在外。

② 中古時期,佛教的傳入對漢語的影響不容忽視,因此我們在研究中古漢語助詞的過程中也非常重視漢譯佛經材料。

③ 除了這十六部文獻外,本書還使用了包括從上古到近現代大概幾百種文獻。詳見本書"徵引文獻"部分所列文獻目録。此外,本書還運用了諸如四庫全書、漢籍全文檢索系統、CBETA 檢索系統、北京大學 CCL 語料庫檢索系統(網絡版),以及自建語料庫等多種輔助手段查檢各個歷史時期的文獻。

不同物種的差異的比較中發現了它們進化的歷史一樣。因此,比較法是對積累了大量的材料的學科進行系統研究的一種方法,特別是對於建立歷史的研究,如自然史、社會史、科學史,有着特別重要的意義。比較法和歷史分析的結合,就成爲在這些學科中進行科學研究的利器。"①這足以顯示比較法在漢語史研究中的重要地位。法國語言學家梅耶(2008:1)指出:"進行比較工作有兩種不同的方式,一種是從比較中揭示普遍的規律,一種是從比較中找出歷史的情況。"②我們在進行中古漢語助詞研究時,這兩方面的工作都需要積極開展。通過歷時與共時的比較、中土文獻與漢譯佛經文獻的比較、方言與通語的比較、漢語與外族語言的比較等,可以更好地揭示中古漢語助詞的整體特徵,進而更好地使其在漢語史,乃至整個人類語言中準確定位。比如通過對中土文獻與漢譯佛經文獻的對比來看語氣助詞"邪"與"耶"。在我們所選定的十六部中古文獻中,漢譯佛經文獻只用"耶",不用"邪";而中土文獻則"邪"、"耶"並用,且"邪"的用例明顯多於"耶"。原因在於佛教對"邪"的常用義"不正、邪惡"義的抵制。佛教揚正抑邪,"邪"即爲"邪曲","正"即爲"中正"。一切法,隨順自性清净藏者,稱爲"内"、"正";若諸法違逆此理,則稱爲"外"、"邪"。"邪"雖爲人們所普遍摒棄,但在佛教中,這種揚正抑邪的觀念得到了更爲集中地表現,在翻譯佛經之時也會盡量避免對此類詞語的運用,故在翻譯佛經之時,在語助氣詞"邪"與"耶"之間選擇使用了"耶"。

(二)共時研究與歷時研究相結合

自從二十世紀初瑞士語言學家索緒爾在他的《普通語言學教程》中提出了"共時"與"歷時"這兩個範疇,並明確區分了兩種不同的語言研究之後,"共時"與"歷時"這一對範疇便逐漸進入到語言研究者自覺思考的領域之一。目前,大部分學者傾向於將共時與歷時研究結合起來對語言現象進行描寫和分析,使語言學研究,尤其是漢語史研究更加深入。我們對中古漢語助詞的研究也是以中古爲依託,上溯下探,力圖勾勒中古漢語助詞發展演變的全貌。在對助詞進行探源的過程中,往往追溯到甲骨文時期;在對其發展演變進行探討的過程中,往往論及近、現代漢語。例如我們對語氣助詞"無"的探討就是從甲骨卜辭中"無"的字形入手,之後又將其發展演變一直追溯到現代漢語的"嗎"和

---

① 參周及徐《歷史語言學論文集》,頁116。
② 參[法]梅耶《歷史語言學中的比較方法》,頁1。

"嘛",研究範圍遠遠超過了中古這一時期。中古漢語助詞研究以中古爲依託,上溯下探,最終的研究範圍往往不限於中古這一時期,這恐怕與中古漢語所處的過渡地位不無關係。

(三)傳統語言學與現代語言學相結合

包括文字、音韻、訓詁在内的傳統語言學以解經爲其主要目的,在研究内容和研究方法上存在着一定的局限性,然而不能否認傳統語言學中包含着很多前輩學者們深入、獨到的見解。此外,學者們重視第一手材料以及扎實的學風等,都需要我們去不遺餘力地繼承。現代語言學研究在理論與方法方面創獲頗多,但在理論本身及與漢語語言事實的結合方面尚待改進。如果能將傳統語言學和現代語言學結合起來,取長補短,這樣將會使我們的研究有更大的突破。因此,我們在對中古漢語助詞中的一些現象進行説明時,首先主要利用傳統語言學的方法對語料進行搜集和處理,再結合現代語言學理論進行分析和解釋,進而努力提取與此相關的理論與方法。

(四)定性研究與定量研究相結合

在研究的過程中,我們會運用統計學的知識對研究對象進行定量,在定量的基礎上定性,並試圖在定性的基礎上作出解釋。英國 Anthony Woods,Paul Fletcher 和 Arthur Hughes(1986/2000:7)指出:"進行一項語言研究,研究者首先面臨的問題是理解所收集的數據的意義並向別人解釋。在這一過程中,首要的一步就是尋找歸納數據的方法以揭示最明顯的數據特徵。倘若僅憑想象就得出結果,並且數據中的傾向性很明顯,就不需要進行複雜的分析了。"①我們在對中古漢語助詞進行研究的過程中,盡量做到窮盡式的統計。當然,有些助詞極爲常見(如"之、乎、者、也"等),做窮盡式的調查並不現實。對於這些極爲常見的詞,我們采用抽樣調查的方式進行定量分析,隨機變量的概率判斷方法也往往能夠使我們從樣本推斷總體。在定量研究做好之後,我們再進行定性分析,盡量使研究向精確化、科學化靠攏,從而在此基礎上對一些語言現象作出較爲合理的解釋。比如通過詳細地分析論證,將位於句末的"不"、"無"、"未"、"非"等定爲"否定性疑問語氣助詞"等等。

(五)紙質文獻與電子語料庫相結合,人工檢索與機器檢索相結合

傳統的文獻閱讀與資料搜集都是靠紙質文獻和人工檢索,學者們接觸到

---

① 參[英]Anthony Woods,Paul Fletcher & Arthur Hughes,*Statistics in Language Studies*. p7。

的都是第一手材料,它的優點不言而喻,然而在速度和效率上則會大打折扣。近些年,隨着計算機及信息技術的發展和普及,計算機與電子科技在我們的語言學研究中發揮了不可替代的作用。例如,我們在研究中古漢語助詞的過程中,有很多現有的大型語料庫可以利用,如"四庫全書檢索系統"、"漢籍全文檢索系統"、"CBETA 檢索系統"等,爲我們的文獻檢索提供了極大的便利。另外,我們還從研究中古漢語助詞的實際需要出發,自建了語料庫。語料庫的使用能夠使我們在手工檢索的基礎上擴大檢索範圍,提高檢索的準確度,同時也大大縮短了檢索時間。不過,目前電子語料庫本身的質量決定了我們從中獲得的信息還需要核對紙質文獻方才可靠。衆所周知,通過檢索電子文獻只能檢測我們腦子裏提前預設的信息,而對那些我們沒有提前想到的語言現象,計算機檢索恐怕很難發現。因此,在研究過程中,我們首先利用紙質文獻排查需要的語言現象,然後適當地運用電子文獻對觀察到的語言現象在更大的範圍内進行證實。只有把人工檢索和機器檢索巧妙地結合起來,才能使我們的研究具有質量和效率雙重保障。

第三節　擬解決的主要問題

我們以大量的文獻材料爲依託,以詳細的個案分析爲基礎,擬對下列主要問題作出探討:

一　揭示中古漢語助詞系統

中古時期漢語究竟有哪些助詞,其整體面貌如何? 這是我們要解決的首要問題。我們首先以現有的研究成果爲指導,從所選定的十六部文獻入手,找出其中所有的助詞,將其分類,並對每一類助詞作出描寫和分析,然後再從宏觀的角度將中古漢語助詞的整體面貌加以呈現。

然而僅僅憑藉這十六部文獻試圖找出真正屬於中古時期的漢語助詞系統尚存在着一定的困難。從兩漢開始,言文發生了分離,即使是口語性很強的文獻它也是書面語,書面語和口語之間必然存在着一定的差距,因此從文獻中找出的助詞不一定就是當時口語中實際使用的助詞。如此一來,我們從文獻中找出的這些助詞的歷史層次如何? 有哪些詞語是真正活躍在中古時期的口語中,有哪些詞語又面臨着消亡,又有哪些詞語剛剛產生或正處於萌芽的狀態?

這些也都是我們在探索中古漢語助詞系統時必須要解決的問題。這些工作做起來雖然有一定的難度,但只有這樣才能使我們的研究更加逼近當時的語言事實,盡量還原歷史的真相。從文獻記載來看,中古時期的漢語助詞有近五十個,但真正活躍於中古時期的助詞大概只有十幾個,它們各有分工、各司其職,故中古漢語助詞系統是一個比較簡潔的系統。

總之,我們這裏講的中古漢語助詞"系統"是一個真正屬於中古時期的助詞系統,與以往論及的"系統"存在着一定的差別。這樣可以更加清晰地呈現出中古漢語助詞的本來面貌,進而更好地使其在漢語史中準確定位。

二 歸納中古漢語助詞的特點

中古漢語助詞研究是斷代史研究,而斷代史研究可以使我們更加細緻地把握這一時期的一些語言特色。中古時期對於漢語史研究而言,是一個極爲重要的歷史時期,它上承上古,下啓近、現代,具有明顯的承上啓下的過渡性質,因此對這一時期的漢語助詞進行研究意義重大。當中古漢語助詞系統呈現出來之後,我們要繼續思考中古時期漢語助詞的特點是什麼? 這也是我們需要解決的重要問題之一。

我們通過對中古漢語助詞的描寫和分析,先説明助詞各次類的特點,然後説明整個中古時期漢語助詞的特點,進而把它們放到漢語史當中去審視,與上古和近、現代漢語助詞比較,突出中古漢語助詞的特色。

中古時期,漢語助詞的顯著特點是助詞次類變動大。句首語氣助詞和句中語氣助詞是即將消亡的助詞次類。結構助詞、句末語氣助詞、表數助詞和列舉助詞都是承襲上古而來,在中古依然活躍的助詞次類。動態助詞、事態助詞和嘗試態助詞則是中古新産生的助詞次類。雖然有些助詞次類還没有發展成熟,但漢語助詞系統在中古時期已經産生。漢語助詞系統在後代不斷完善,最終形成了現代漢語助詞系統現有的格局。可見,中古時期是漢語助詞産生變動的關鍵時期。

三 探索助詞演變的規律

在描寫的基礎上進行解釋,找出語言演變的規律,這已是語言工作者不可推卸的責任之一。我們在深入挖掘每一個助詞的來源、發展,以及用法特點,大致了解了中古漢語助詞的系統及其特點後,還需要對其中各式各樣的現象作出解釋，積極地作出一些理論方面的思考，並嘗試着揭示其中的一些規律，比如虛詞的來源及演變規律、實詞虛化等。不言而喻，語言一直在發展演變。中古漢語助詞必然有諸多不同於上古及近、現代漢語之處，甚至在中古漢語內部就存在着一些明顯差異。中古時期的助詞有些是從上古繼承而來，有些是中古新産生的，有些在上古就有的助詞在中古消失或者正在消失，還有一些助詞則處於萌芽的狀態，尚未發展成熟。這些現象爲什麼會發生，其機制是什麼，有什麼規律可循，這也是我們需要解決的另外一個主要問題。

第一章　助詞界説

在《馬氏文通》以前，我國没有系統的語法學專著。談到語法，大多是一些對虚詞的朦朧的看法，使用的術語也十分龐雜。要想理解古人的研究成果，利用古人的研究成果，首先要把古人所用的術語搞清楚，不然只能是一頭霧水，不知所云。據邵敬敏（2006：44—45）統計，現代稱爲“虚詞”的，在古代稱呼極多，有二三十種，用得最多的有“辭”、“詞”、“語助”、“語詞（辭）”等，其他還有用“詞助”、“句助”、“辭助”、“助詞”、“助句”、“助辭”、“助句辭”、“助語辭”、“語助辭”、“語動聲”、“發助聲”、“聲之助”、“句絶之餘聲”等稱呼者。清代以後，術語趨於統一，先稱“助字”、“虚字”，後逐步趨向於統稱“虚字”①。可見，古人所謂的“（X）助（X）”在很多情况下都是指虚詞而言，並非現在所謂的助詞。對此，我們要細加甄别，不能以今律古。

助詞是漢語詞類中非常特殊的一類，《馬氏文通》云：“助字者，華文所獨，所以濟夫動字不變之窮。”②助詞是一個封閉的詞類，數量不多，但在語言的實際運用當中却較爲常見。我國自古就講求“名正言順”，《論語·子路》：“必也正名乎！……名不正，則言不順；言不順，則事不成；事不成，則禮樂不興；禮樂不興，則刑罰不中；刑罰不中，則民無所措手足。”③《墨子·小取》：“夫辯者，將以明是非之分，審治亂之紀，明同異之處，察名實之理，處利害，決嫌疑。焉摹略萬物之然，論求群言之比，以名舉實，以辭抒意，以説出故，以類取，以類

---

① 參邵敬敏《漢語語法學史稿》，頁 44—45。
② 參馬建忠《馬氏文通》，頁 323。
③ 參劉寶楠撰，高流水點校《論語正義》，頁 517—522。

予。"①《荀子·正名》:"名無固宜,約之以命。約定俗成謂之宜,異於約則謂之不宜。"②"必也正名乎",我們在探討助詞之前,也先對其進行"界説":對助詞的本質特徵及其内涵、外延,給予適當地説明。《馬氏文通》有言曰:"凡立言,先正所用之名以定命義之所在者,曰界説。"馬氏自注曰:"界之云者,所以限其義之所止,使無越畔也。"③因此,只有在對研究對象作出科學的界定之後,才會使研究有更大的突破。

第一節　前人的研究成果

學術研究須在前人研究的基礎上進行,一味閉門造車恐怕會使研究走向狹隘。在對助詞作出界定之前,我們有必要先對以往關於助詞研究的基本狀況作出簡單回顧。

一　《馬氏文通》之前的助詞研究

先秦時期,我國的語言學(語文學)常與哲學、邏輯學(名學)交織在一起,諸子各家的思想(主要是邏輯思想)大多是圍繞"名實問題"和"正名問題"而展開。因此,上古時期我國學者對漢語詞類的研究主要集中在體詞(名詞、代詞)方面,對虛詞的關注較少。從漢朝開始,出現了大量的字書、注解書等,在這些著作中,出現了零星的關於虛詞(包括助詞)的論述。如東漢許慎的《説文》中有"乎,語之餘也"、"哉,言之閒也"、"矣,語已詞也"等説法,較早地對一些助詞的用法作了説明。《禮記·檀弓上》:"檀弓曰:'何居? 我未之前聞也。'"東漢鄭玄注:"'居'讀爲姬姓之姬,齊魯之間語助也。"④《史記·太史公自序》:"有司靡踵,彊弱之原云以世。"唐朝司馬貞《史記索隱》:"'以'字當作'已','世'當作'也',並誤之耳。云,已,也,皆語助之辭也。"⑤《漢書·地理志下》:"唉我於著乎而。"唐顏師古注:"乎而,語助也。"⑥然而,這些故訓舊注都只是爲了解經

---

① 參吳毓江撰,孫啓治點校《墨子校注》,頁 642。
② 參王先謙《荀子集解》,頁 420。
③ 參馬建忠《馬氏文通》,頁 19。
④ 參孔穎達《禮記正義》,頁 167。
⑤ 參司馬遷《史記》,頁 3304。
⑥ 參班固《漢書》,頁 1660。

服務，是小學的附庸，是古人在訓詁實踐中對虛詞（包括助詞）的解釋，並不是真正的語言學意義上的助詞研究，這種做法一直延續到後代。

從魏晉時期開始，筆記雜著逐漸興盛。在這些筆記雜著當中也有一些關於助詞的記載。如南朝劉勰《文心雕龍·章句》："又詩人以兮字入於句限，楚辭用之，字出句外。尋兮字成句，乃語助餘聲。舜詠南風，用之久矣，而魏武弗好，豈不以無益文義耶！至於夫惟蓋故者，發端之首唱；之而於以者，乃劄句之舊體；乎哉矣也，亦送末之常科。據事似閑，在用實切。巧者迴運，彌縫文體，將令數句之外，得一字之助矣。外字難謬，況章句歟！"①唐朝柳宗元《復杜温夫書》："所謂乎歟耶哉夫者，疑辭也。矣耳焉也者，決辭也。"②宋朝陳騤《文則》："文有助辭，猶禮之有儐，樂之有相也。禮無儐則不行，樂無相則不諧，文無助則不順。"③宋朝孔平仲《續世説》卷六《術解》："謂語助者，焉哉乎也。"④這些關於助詞的記載，表明古人已經對某些助詞（尤其是語氣助詞）的功能有了一些較爲理性的認識。

元朝盧以緯的《語助》是我國第一部研究漢語虛詞的專著，它"開創了匯解虛詞的先例"⑤。至此以後，專門研究漢語虛詞的著作不斷涌現。到了清朝，無論是在數量上，還是在質量上都達到了一個高峰。如王引之的《經傳釋詞》、袁仁林的《虛字説》、劉淇的《助字辨略》等都是專門解釋漢語虛詞的名著。其他如伍兆鼇的《虛字淺解》、張文炳的《虛字注釋》、朱孔彰的《經傳虛字義説》、丁守存的《四書虛字講義》、課虛齋主人的《虛字注釋》、吕堅的《虛字淺説》、謝鼎卿的《虛字闡義》，鄒麗中的《虛字賦》、俞樾的《虛字注解備考》等，也都對漢語虛詞有着深刻的見解。在這些研究虛詞的專著中，有很多都涉及到了助詞。然而這些研究也只是古人訓詁實踐的一部分，也不是真正語言學意義上的助詞研究。

總之，《馬氏文通》以前的著述中所出現的關於漢語助詞的記載，或從訓詁的角度加以訓釋（小學的附庸），或在筆記雜著中偶然論及，這些都不能算作是對助詞的專門研究，亦不應算作是自覺的、語法學意義上的助詞研究。在《馬

---

① 參范文瀾《文心雕龍注》，頁572。由此可見，劉勰不僅講了一些助詞的用法，而且較早地對助詞作了簡單的分類。

② 參柳宗元《柳宗元集》，頁890。

③ 參劉彥成《文則注譯》，頁27。

④ 參孔平仲《續世説》，文淵閣《四庫全書》子部"雜家類"。

⑤ 參王克仲《助語辭集注·前言》，頁2。

氏文通》以前，我國學者雖然對語法（包括助詞）有了模糊的認識，也有了一些零星的記載，但語法學始終沒有作爲一門獨立的學科確立起來。

二　《馬氏文通》及其後的助詞研究

我國現代語言學意義上的語法研究從清朝馬建忠的《馬氏文通》開始。《馬氏文通》是一部文言語法①專著，也是我國第一部語法學專著，其中"虛字卷之九"專門講助詞②。其《正名》卷之一云："凡虛字用以煞字與句讀者，曰助字。"③馬氏認爲，助詞可以"助字"、"助讀"、"助句"。自從《馬氏文通》初步建立了漢語語法體系後，涉及到漢語助詞的語法學著作屢見不鮮。早期如二十世紀上半葉，章士釗《中等國文典》、陳承澤《國文法草創》、楊樹達《高等國文法》、黎錦熙《新著國語文法》等著作中都有與漢語助詞相關的論述。新中國成立以來，漢語語法（包括助詞）的研究更是空前活躍，成果汗牛充棟，不可枚舉。

總體看來，目前關於對漢語助詞的看法，學者們分歧最大的是在對語氣助詞的分立問題上。有些學者認爲語氣助詞歸入助詞，有些學者則認爲語氣助詞應該獨立，稱爲語氣詞。從《馬氏文通》開始，就將漢語詞彙分出"助字（助詞）"一類，馬氏所謂的助字，也是就語氣詞而言。其後的著作大體分爲三種情況：其一，把助詞的範圍擴大，除了語氣助詞外，還包括結構助詞等。其二，將其改稱語氣詞，無助詞這一類。如王力的《中國現代語法》沒有助詞，只有語氣詞。呂叔湘的《中國文法要略》也沒有助詞，只有語氣詞。其三，將語氣助詞分立，改稱語氣詞，另外也設立助詞一類。現階段，隨着研究的不斷深入，助詞已經成爲一個獨立的詞類，而且越來越多的人傾向於第三種觀點，主張把語氣助詞從助詞中分離出去。實際上，以前的助詞一般指語氣助詞，後來隨着助詞外延的不斷擴大，語氣助詞又從助詞中分離出來，稱爲語氣詞。我們認爲還是將其歸入助詞比較好，原因有二：第一，語氣詞的説法較爲籠統，語氣副詞（如"難道"、"莫非"等）也可以表語氣；第二，附着於詞語或附着於句子都體現了助詞的附着性特徵，沒有必要將二者區分開。

---

① 　馬建忠所研究的文言語法主要是上古漢語語法。因爲其語料主要是"四書"、"三傳"、《史記》、《漢書》、韓愈文，兼及諸子、《國語》、《戰國策》，除了《漢書》和韓愈文外，都是上古的語料，而《漢書》語言古雅，韓愈推崇古文運動，提倡寫古文。實際上，馬氏所用的語料可以説是典範的上古文獻。

② 　馬建忠稱之爲"助字"。

③ 　參馬建忠《馬氏文通》，頁 23。

到目前爲止，助詞還沒有一個統一的定義。也就是說，助詞的内涵和外延都還並不明晰，而内涵與外延又相互制約，緊密聯繫：助詞的外延不確定，因此内涵就不明確；助詞的内涵不科學、不精密，因此外延也不能明確。這種狀況導致助詞成爲其他詞類的"編餘"。

第二節　詞類劃分的依據

詞類劃分問題一直是漢語語法研究中的一個非常棘手的問題，前輩學者已經作出了極大的努力，取得了很多成果，但也還存在着一些問題。

一　傳統觀點

談到分類，必然要先講分類的依據。關於詞類劃分的依據，傳統劃分方法一般有三個標準：意義、功能和形態。印歐語詞類劃分主要依據形態，而漢語（尤其是古代漢語）的形態標記並不顯著，那麼就只能以意義或功能作爲詞類劃分的標準。另外，從功能方面來考慮，在印歐語裏，詞類和句子成分基本上一一對應，而漢語詞類和句子成分往往不是一一對應，這就更加增加了漢語詞類劃分的難度。漢語的詞類劃分問題，並非僅僅依靠單一的標準就能解決，也就是說漢語的詞類劃分要同時考慮意義和功能。實詞的意義較爲實在，它的詞類劃分的依據應該是以意義爲主，同時參考功能。虛詞的意義較爲虛靈，它的詞類劃分的依據應該是以功能爲主，同時參考意義。因此，在對助詞進行界定之時，要重點考慮它的功能，同時參考意義。當然，詞類劃分需要考慮的意義除了詞彙意義外，還包括語用意義等；功能除了包括句法功能外，還包括語用功能等。

二　新觀點

隨着現代語言學的不斷發展，學者們對詞類劃分也會有一些新的看法。

(一)"原型範疇"和"連續統"理論

按照傳統觀點，詞類劃分仍存在着一定的困難，有時候會讓人進退兩難。面對這些困難，又有學者引進了"原型範疇"和"連續統"理論來解決詞類劃分問題。

第一，"原型範疇"理論。

沈家煊(1999:250)指出:"過去的詞類理論都認爲詞類的劃分建立在必要和充分條件的基礎上,符合某些必要和充分條件的詞屬於某一類詞,不符合這些必要和充分條件的詞則不屬於這一類詞。"[①]這種分類方式存在缺陷,正如沈先生所指出:"按照這種理論,詞類是離散性的,詞類與詞類之間有明確的界限,一個詞要麼屬於這一類,要麼不屬於這一類。即使承認有兼類詞,兼類詞的範圍也是明確界定的,一個詞要麼是兼類詞要麼不是兼類詞。"[②]

原型範疇理論認爲範疇内各成員的地位並不平等,有中心成員和邊緣成員之分。範疇是圍繞其原型,而不是憑充分必要條件建立,範疇之間的界限模糊。1995年,袁毓林已比較成功地將此理論運用到了詞類劃分領域,他認爲:"漢語詞類是一種原型範疇,是人們根據詞與詞之間的分布上的家族相似性而聚集成類的。……屬於同一詞類的詞有典型成員和非典型成員之別,典型成員是一類詞的原型,是非典型成員歸類時的參照標準。"[③]沈家煊(1999:251)也指出:"……詞類範疇也是典型範疇。詞類的典型理論認爲一類詞的内部具有不勻稱性,有些成員是這類詞的典型成員,有些則是非典型成員。一個詞類的確定是憑一些自然聚合在一起的特徵,但它們並不是什麼必要和充分條件。一個詞類的典型成員具備這些特徵的全部或大部分,非典型成員只具備這些特徵的一小部分。因此詞類的邊界不是明確的而是模糊的,詞類和詞類之間不是離散的而是連續的,對詞有定類這句話的理解不能絕對化。"[④]

第二,"連續統"理論。

"連續統"本來是一個數學概念,當人們籠統地説在實數集裏實數可以連續變動,也就可以説實數集是個連續統。語言學中所謂的"連續統",可能是借用了數學中的這一概念,但又與數學中講的連續統有所不同。詞類之間沒有明確的界限,形成一個連續統。

最初 Ross(1972)認爲在英語中,從動詞到名詞之間有一個逐漸過渡的連續統:即"動詞>現在分詞>完成式形式>被動式形式>形容詞>介詞>形容詞性的名詞>名詞"[⑤]。張伯江(1994)也建立了一個連續統,從而對漢語詞類

---

①　參沈家煊《不對稱和標記論》,頁 250。

②　參沈家煊《不對稱和標記論》,頁 250。

③　參袁毓林《詞類範疇的家族相似性》,《中國社會科學》1995 年第 1 期,頁 155—171。

④　參沈家煊《不對稱和標記論》,頁 251。

⑤　參 Ross,*The Category Squish:Endstation Hauptwort*,CLS 8—*Chicago Linguistic Society*,1972:316—328。

活用現象的自然程度作了解釋：即"名詞＞非謂形容詞＞形容詞＞不及物動詞＞及物動詞"①。沈家煊(1999)在"形容詞句法功能的標記模式"一章中也說明了漢語形容詞是一個典型範疇，其內部成員構成一個連續統②。吕叔湘(1999)也有過類似的觀點："詞和非詞(比詞小的，比詞大的)的界限，詞類的界限，各種句子成分的界限，劃分起來都難於'一刀切'。"③只是沒有用"連續統"這一術語。

范開泰、張亞軍(2000：51)指出："每種詞類中可能存在核心和邊緣兩部分，核心部分是該詞類的典型代表，邊緣部分則可能攙合有其他詞類的範疇意義或句法功能，這是語言中的客觀事實，劃分詞類過程中的'兩可'或'兩難'的現象是不可避免的。"④"原型範疇"和"連續統"理論可以較好地解釋爲什麽有些詞語不具備它所在的那一類詞的典型特徵，這與以前基於充分必要條件的離散性的詞類研究有很大的不同，從而使一些懸而未決、舉棋不定的現象有了説法。

(二)統計學理念的滲透與定量分析

語言是一個複雜的統一體，語言學的發展已經逐漸與其他相關學科的發展相協調，積極利用其他學科的研究成果來推動自身的發展。統計學是一門搜集、分析、解釋數據的科學。在現代社會，統計學被廣泛地應用於各個領域，語言學領域也不例外。統計學的作用就在於用一套科學的方法分析數據，探求數據背後所隱藏的現象，探求其發展變化的規律，以便使我們更加深刻地認識研究對象。眾所周知，定量分析與定性分析相結合是我們的常用研究方法之一，而其中的定量分析就是用數據統計的手段對語料進行研究，有量的説明才能使定性分析有據可依。袁毓林等的《漢語詞類劃分手冊》設計研製了"現代漢語詞類的隸屬度量表"，用來測量某個詞語從屬於該類詞的隸屬度有多大，最終衡量該詞到底是不是從屬於該詞類。郭鋭的《現代漢語詞類研究》則通過計算語法功能之間的相容度的辦法揭示了語法功能同詞類之間的關係，如此等等。這些嘗試對我們的研究都具有一定的借鑒意義。

當然，統計方法僅僅是一種有用的定量分析的工具，但能否用其解決我們

---

① 參張伯江《詞類活用的功能解釋》，《中國語文》1994年第5期，頁21—28。
② 參沈家煊《不對稱和標記論》，頁288—314。
③ 參吕叔湘《漢語語法論文集》，頁487。
④ 參范開泰、張亞軍《現代漢語語法分析》，頁51。

的實際問題還需要看使用統計工具的人能否正確地選擇統計方法，還要在定量分析的同時進行必要的定性分析，也就是要在運用統計方法進行定量分析的基礎上，應用我們的專業知識對統計結果作出合理的分析和解釋，這樣方能得出令人滿意的結論。

此外，隨着現代科學技術的迅猛發展，我們逐漸步入信息社會，傳統的定量統計手段已經無法滿足我們的需要。計算機在統計中的應用在一定程度上解決了對統計信息的存儲、整理、檢索和分析等問題。這不僅可以提高統計信息搜集、整理的速度，還可以及時、準確地將有關統計資料的參數迅速地提供給使用者以提供分析之用，特別是對一些數據量較大、難以手工完成的工作，計算機更加顯示出它的優越性。

在現有的理論與方法不能徹底解釋和解決問題時，適當地引進新的理論與方法有利於把研究向前推進，但也不能盲從新理論、新方法，我們對此必須時刻保持清醒的頭腦。

第三節　助詞的劃分依據及界定

助詞意義的虛靈程度較其他類虛詞要更高一些，因此它的鑒別必然是以功能（包括句法功能和語用功能）標準爲主。另外，助詞的内部成員之間的特徵也很難整齊劃一，這就更加增加了對其界定的困難。在前賢時彥研究的基礎上，我們把助詞的大體分類依據歸爲如下幾個方面：

一　附着於某個語法單位

助詞不能單獨使用，它需要附着於詞、短語或句子。例如結構助詞"之"一般是用在兩個詞語之間，"者"用於詞、或短語後，"所"用於詞或短語前，它們的作用都是幫助構成某種結構。再如語氣助詞有的附着於句末，有的附着於句首，有的附着於句中。這些助詞的具體功能各有不同，但它們有一個共同點就是都具有附着性。

二　幫助表示某種語法意義

虛詞的意義虛靈，它們所表達的大多是語法功能義。例如結構助詞"者"、"所"可以使動詞或動詞性的詞或詞組變爲名詞性的成分；嘗試態助詞"看"可以用來表示一種嘗試的狀態；句首語氣助詞一般是用來提示下文的議論之辭；句末語氣助詞有的用來表示疑問，有的用來表示感嘆，有的用來表示陳述，有的用來表示祈使，有的則是疑問、感嘆、陳述、祈使兼而有之。與實詞相比，助詞的詞彙意義較爲虛靈，但它們都可以用來表示某種特定的語法意義。

三　不充當句法成分

助詞總是用來幫助其他成分（詞、短語或句子），它本身不充當句法成分。助詞的這一特徵與其附着性特徵有一定的關係，但又不同於詞綴等的附着性。詞綴是與詞根聯合起來構成詞彙成分來充當句子成分，而助詞雖然也有很強的附着性，但它和與之附着的成分之間在句法層面上是各自獨立部分。助詞只起輔助作用，不單獨充當句法成分。

以上三點是漢語助詞共有的語法特徵。另外，針對不同種類的助詞，還有一些局部的共性。如：

四　位置固定

助詞所處的位置相對固定。這一特徵是針對具體的某一小類助詞而言，並非所有助詞的共性。如結構助詞一般位於句中，動態助詞一般位於動詞後，表數助詞一般位於數詞前後，列舉助詞一般位於 NP 後。語氣助詞有些位於句首，有些位於句中，有些則位於句末。這些詞語所處的句法位置也可以爲我們判斷它的詞性提供一定的輔助作用。

五　弱讀

因爲助詞只是用來幫助其他語言成分，它本身的詞彙意義不明顯，並不充當句子成分，因此它的讀音就會弱化。研究中古漢語助詞，語調已不可見，這就更加增加了對其界定的困難程度。如果僅僅憑藉現代漢語的語感往往會出現錯誤。因此在討論中古漢語助詞時，優先考慮它的功能。至於語音上的一些特徵，只能作爲旁證。

至此，我們可以對漢語助詞作出如下界定：**附着於某個語法單位，幫助表示某種語法意義，本身並不充當句法成分的一類虛詞。**虛詞沒有實在意義，只有語法意義，虛詞的主要作用在於它的語法功能。我們對助詞的界定也主要是依據其功能，但這並不代表意義對於助詞來説就不重要，恰恰相反，意義在這些虛詞具體的、細微的用法上發揮着重要作用。關於這一點，我們將在以後的相關章節中作出詳細論述。

第四節　助詞與詞綴及連詞的關係

有些助詞與詞綴或連詞在句法位置、意義、功能等方面有相似之處，它們既有聯繫，又有區別。對此，我們在這裏稍作説明。

一　助詞與詞綴

助詞與詞綴，尤其是謂詞後的助詞與後綴，它們所處的句法位置大體相同，功能也有一定的相似之處，因此它們之間的界限有時不太好把握。此外古人有時也會給我們造成一些迷惑，如宋朝歐陽修《六一詩話》中有這樣的記載："李白《戲杜甫》云：'借問別來太瘦生，總爲從前作詩苦。''太瘦生'，唐人語也，至今猶以爲語助，如作麼生、何似生之類是也。"①這裏的"生"實際上就是我們今天所説的"詞綴"，而歐陽修卻把它叫作"語助"②。

詞綴在古代也可以説是詞頭（前綴）、詞尾（後綴）。王力《古代漢語》："詞頭、詞尾不是一個詞，它們只是詞的構成部分，本身没有詞彙意義，只表示詞性。有些詞頭也不專門表示一種詞性。在那種情況下，就真正是有音無義了。"③詞綴和助詞都有一定的附着性，然而詞綴只構成詞的一部分，它本身並不是詞，而助詞本身就是詞。

因此，要區分一個語言成分是詞綴還是助詞，關鍵看它能不能單獨成詞。

二　助詞與連詞

有時位於句首的助詞與連詞很難區分。張誼生（2002：8）指出："作爲一個連詞，就必須始終位於前後兩個連接成分之間，絶不能脱離前後任何一項而依附於另一項。"並認爲"之"可以脱離修飾語而直接前附中心詞。因此，"之"是

---

① 參歐陽修《六一詩話》，頁 11—12。

② 上文已經指出，古人所謂"語助"大體等於現代漢語所説的"虛詞"，並不等於現代漢語的"助詞"。

③ 參王力主編《古代漢語》（第二册），頁 467。

助詞而非連詞①。

中古漢語句首語氣助詞，如"夫"、"蓋"、"唯/惟/維"、"且"、"故"等，它們都位於句首，與連詞的句法位置有一定的相似性，且"且"、"故"本來就具有連詞的詞性，因此它們之間有着一定的糾葛②。盡管如此，我們認爲"夫"、"蓋"、"唯/惟/維"、"且"、"故"等詞語置於句首，其主要作用並不是用來連接句子成分，而是在於表達一種語氣。因此，我們認爲它們是語氣助詞。

第五節　中古漢語助詞的次類劃分

我國較早地對助詞的分類提出自己看法的是南朝的劉勰，他在《文心雕龍·章句》中把一些"語助"③分成三類："發端之首唱"、"劄句之舊體"、"送末之常科"④。其中有兩類是我們現在所説的助詞，即"發端"（句首語氣助詞）和"送末"（句末語氣助詞）。唐朝柳宗元在《復杜温夫書》中提出了"助字"這一術語，而且將語氣助詞分爲"疑辭"和"決辭"兩類⑤。柳宗元所作出的分類要比劉勰稍顯細緻，但也只是對語氣助詞的分類。當然，這些學者對助詞作出的分類都不屬於自覺的助詞研究。清末馬建忠借鑒西方的語法理論，第一次自覺地對漢語助詞及其分類提出了自己的看法，他在《馬氏文通》中指出："凡虛字用以煞字與句讀者，曰助字。""字以達意，意之實處，自有動静諸字寫之。其虛處，若語氣之輕重，口吻之疑似，動静之字無是也，則惟有助字傳之。""助字所傳之語氣有二：曰信，曰疑。故助字有傳信者，有傳疑者。二者固不足以概助字之用，而大較則然矣。傳信助字，爲'也''矣''耳''已'等字，決辭也。傳疑助字，爲'乎''哉''耶''歟'等字，詰辭也。古籍中參用'兮''些''只''且'諸字，然皆用爲有韻之文，而非所施古文辭也，故不載。"⑥可見，馬氏實際上還是承襲了古人的分類，把"助字"分爲"傳信"和"傳疑"兩類。

《馬氏文通》以後，還有一些文言語法類著作對助詞作了分類研究，如章士

---

① 參張誼生《助詞與相關格式》，頁 8。
② 張誼生指出："兼有連接作用也是助詞的一項最重要的輔助功能。"（參張誼生《助詞與相關格式》，頁 9）
③ 古人所説的"語助"一般指的是虛詞，並非單指助詞。
④ 參范文瀾《文心雕龍注》，頁 572。
⑤ 參柳宗元《柳宗元集》，頁 890。
⑥ 參馬建忠《馬氏文通》，頁 323。

釗的《中等國文典》助詞分決定和疑問。陳承澤的《國文法草創》助詞分語末、語首、語間。楊樹達的《高等國文法》助詞分語首、語中、語末。黎錦熙的《新著國語文法》是我國第一部白話語法專著，他在語氣（助詞）一部分分決定、商榷、疑問、驚嘆。之後，現代漢語語法研究就成爲漢語語言學研究的主流。現代語語法對助詞的次類劃分不外如下兩種標準：一種是根據助詞所處的句法位置，分爲前置、中置、後置助詞三大類。這種分類方式是根據助詞的外在分布狀況而作出的分類，非常籠統，而且從邏輯上來看也只能有這三種分法。另一種是根據助詞所起的作用來分類。這種分類方式對助詞所分出的次類往往因人而異。現在我們要對漢語助詞進行次類劃分，一般采用後一標準。目前，助詞內部的分類越來越細，郭鋭（2002：236）根據助詞所起的作用，把助詞分成五類：結構助詞、體助詞、比況助詞、數助詞、其他助詞[①]。助詞本來就被認爲是"編餘"，而在這個"編餘"中，又分出一類叫"其他助詞"，成爲"編餘的編餘"，這種做法更是無奈。張誼生（2002：7）把助詞分成七類：時態助詞、時制助詞、結構助詞、比況助詞、表數助詞、列舉助詞、限定助詞，且每一次類中又分出了"典型成員"和"非典型成員"[②]。這種分類法更加細緻，也更加科學，如果能夠繼續解釋助詞典型與非典型分布狀況的成因，分出歷史層次，這樣也許會更好。現階段的研究成果多數把語氣助詞分立，設立"語氣詞"這一詞類，而在研究古漢語的著作中則多數傾向於將其歸入助詞。

　　概括地説，二十世紀以前，涉及到漢語語法，講的必然是文言語法，對助詞的次類劃分一般都比較簡單（包括《馬氏文通》），大體停留在劉勰和柳宗元的階段。這其實也不難理解，研究文言語法所用的語料一般都是上古時期（主要是先秦）的語料，而上古漢語的助詞系統與中古、近代，尤其是現代漢語的助詞系統很不一樣，從而造成了研究的局限。二十世紀以後，隨着研究的深入，我們對助詞的分類更加細緻，更加科學。當然，語言是發展變化的，助詞系統也在不斷地發展變化，學者們對助詞及其次類劃分的不同在某種程度上也反映了助詞的發展演變以及助詞的特點。

　　中古漢語助詞有其獨特之處。與現代漢語助詞系統相比，中古漢語助詞系統尚待進一步完善，且以句末語氣助詞居多。柳士鎮（2001：59）指出："助詞

---

①　參郭鋭《現代漢語詞類研究》，頁 236。

②　參張誼生《助詞與相關格式》，頁 7。

的變化主要有三點：一是隨着語法結構的日趨緊湊嚴密，上古漢語中大量語法作用較弱的語氣助詞自然趨於消亡，只保留了較爲常用的一小部分。二是個別新興的句末語氣助詞有了少量的運用，如表示疑問或反問的'那'字。三是'看、將、却、著'等幾個助詞正處於發展演變的過程之中。"①因此，中古漢語助詞的分類也有其特殊性，既體現了對上古漢語助詞的繼承性，也體現了在中古的發展情況，同時也揭示了近代、現代漢語助詞的一些發展趨勢。

在中古、近代漢語助詞研究方面，曹廣順曾立足於近代漢語語料，對近代漢語助詞作出了分類，把它們分爲結構助詞、動態助詞、事態助詞以及語氣助詞四類，爲後來的中古、近代漢語助詞研究者提供了一個很好的研究範式。本世紀初，龍國富將中古時期姚秦譯經中的助詞分爲五類，比曹廣順多了"嘗試態助詞"一類，爲我們初步展現了中古譯經中的助詞面貌等。這些研究成果都爲我們進一步的研究工作提供了很好的參考價值。

在前賢時彥研究的基礎上，我們從中古時期的語料中找出四十九個助詞，並主要依據功能將分爲如下七大類，九小類：

中古漢語助詞表

詞類 ＼ 詞目		中古漢語助詞
結構助詞		之、其、者、所
語氣助詞	句首語氣助詞	夫、蓋、唯/惟/維、且、故
	句中語氣助詞	也、乎、兮
	句末語氣助詞	也、矣、乎/諸、邪/耶、與/歟、哉、焉、耳、爾、已、夫、兮、爲、那、不/否、未、非、無、而已
表數助詞		餘、許、數、所、有、第
列舉助詞		云、云云、等
動態助詞		得
事態助詞		來
嘗試態助詞		看

---

① 參柳士鎮《試論中古語法的歷史地位》，載《漢語史學報》（第二輯），頁 54—61。

第二章　結構助詞^①

結構助詞是幫助説明某種結構關係的一類虚詞。漢語的形態不發達，用來表達語法意義及語法關係的主要手段是語序和虚詞。在漢語史的各個時期，結構助詞的數量都不是很多，但它們在闡明語法意義、表明語法關係等方面，發揮着極其重要的作用。

中古時期，漢語結構助詞有“之”、“其”、“者”和“所”四個，它們均承襲上古漢語而來。在上古及中古漢語，這四個結構助詞都極爲常見，毋庸置疑，它們

---

① 本章所討論的“之”、“其”、“者”和“所”在古漢語中都比較常見。由於這些詞語的常用性及其特殊性，本章討論的重點不在於對這些助詞共時用法的描繪，而在於從歷時方面對其發展演變過程的探討，並對其中一些有爭議的問題進行力所能及地梳理。此外，一些學者認爲結構助詞“地”産生於中古，如吕叔湘(1943/1984:130)、曹廣順(1995:125)等，然而只有一個孤證，即《世説新語·方正》：“使君，如馨地寧可鬥戰求勝?”(參吕叔湘《論“底”、“地”之辨及“底”字的由來》，載吕叔湘《漢語語法論文集》，頁 130;曹廣順《近代漢語助詞》，頁 125)殷正林(1984/2004:93—94)又舉出《搜神記》中一例：“祐知其爲鬼神曰：‘不幸疾篤，死在旦夕，遭卿，以性命相托。’答曰：‘……吾今見領兵三千，須卿，得度簿相付。如此地難得，不宜辭之。’”(參殷正林《〈世説新語〉中所反映的魏晉時期的新詞和新義》，載王雲路師、方一新《中古漢語研究》，頁 93—94)然而，汪維輝(1996)認爲這兩例中的“地”都不是結構助詞，前者爲“地方”義，後者爲“官位、地位”義，均有實在意義(參汪維輝《〈世説新語〉“如馨地”再討論》，《古漢語研究》1996 年第 4 期，頁 82—83)。就目前的研究狀況而言，結構助詞“地”在中古時期尚未發現確切的文獻用例。鑒於此，本章在討論中古漢語結構助詞時將“地”排除在外。

都是常用詞①。古人云"實字易訓,虛詞難釋"②,解釋常用的虛詞更是難上加難。比如這些詞語在文獻中出現的頻率高、兼職多,往往需要對其一一甄別。此外,以往涉及到常用詞的研究也大多是共時的平面描寫,缺乏歷時的探討。中古時期是一個承上啓下的歷史時期,因此對於中古漢語研究而言,我們在探源的同時還需要溯流。這是一項非常棘手的工作,它需要我們把上古、中古以及近、現代漢語加以勾連,立足於漢語史的高度對其進行整體觀照。

常用虛詞研究雖然困難重重,但目前研究常用詞還是具有很多優勢。比如前輩學者們的大力倡導和積極嘗試,甲骨文和金文的發掘以及識別,故訓舊注、字典辭書等給我們提供的參考,國外相關語言學理論及方法的引進等,這些都給我們現有的研究工作創造了良好的條件,提供了極大的啓發和借鑒意義。

在以往的研究當中,涉及到結構助詞"之"、"其"、"者"和"所"的論著不計其數,然而學者們的意見並不一致。我們在眾多學者研究的基礎上,試圖對一些相關問題作出重新思考。

第一節　之

"之"是古漢語常用詞,且兼職頗多,可以用作代詞(人稱代詞、指示代詞)、助詞(結構助詞、語氣助詞)等。以往的漢語詞彙研究,學者們關注較多的是"字面生澀而義晦"者或"字面普通而義別"者,像"之"這樣常用且重要的詞語

---

　　① 二十世紀五十年代末期,王力就開始對常用詞有所關注。他主編的《古代漢語》包括"文選"、"常用詞"和"通論"三個部分,其中的"常用詞"部分就收錄了一批上古及中古的常用詞,給我們的古漢語研究提供了新的思路,使漢語詞彙研究不僅僅局限於"字面普通而義別"和"字面生澀而義晦"者,它同時也包括了常用詞,大大拓寬了我們的研究領域。九十年代中期,張永言與汪維輝在《關於漢語詞彙史研究的一點思考》一文中提出了加強漢語詞彙史的研究,特別是加強常用詞研究的主張。王雲路師曾把這篇文章看作是二十世紀語言學界鮮明提出漢語詞彙研究應當注意方向性並加以引導的兩次之一。王雲路師認爲二十世紀語言學界鮮明提出漢語詞彙應當注意方向性問題並加以引導的主要有兩次,第一次爲五十年代張相提出"字面生澀而義晦"與"字面普通而義別者","皆在探討之列"。第二次即爲張永言與汪維輝合寫的《關於漢語詞彙史研究的一點思考》(參王雲路師《中古漢語詞彙史》上冊,頁48)。此後,常用詞研究逐漸引起學者們的關注。李宗江的《漢語常用詞演變研究》是關於常用詞研究的第一部專著。之後,汪維輝的《東漢—隋常用詞演變研究》是該領域的又一部力作。王雲路師在對俗語詞研究的同時,也非常注重對常用詞的研究,她在《中古漢語詞彙史》中專門設有"中古常用詞演變研究"一章,並指出:"常用詞在漢語詞彙史中占有着極其重要的歷史地位,研究常用詞的變化過程應當成爲漢語詞彙史的基本內容之一。"(參王雲路師《中古漢語詞彙史》下冊,頁913)

　　② 參阮元《經傳釋詞·序》,載王引之《經傳釋詞》,頁1。

却没能引起學界足够的關注。學者們對"之"的研究大多是共時平面的描寫,研究的深度和廣度都還有待拓展。目前,涉及到結構助詞"之"共時描寫的論著頗多,但系統地從歷時角度考察其來源及發展的論著尚不多見。我們在學者們研究的基礎上,從共時描寫與歷時分布相結合的角度出發,結合歷史語言學、認知語言學、語言類型學等相關學科的研究成果,對結構助詞"之"的來源及發展作出梳理。

一　結構助詞"之"的用法

在古漢語中,結構助詞"之"的典型用法有二:其一,用於定語和中心詞之間,表示領屬或修飾關係。如:

(1)余弟死,而子來,是而子殺余之弟也。(《左傳·襄公十四年》,頁1010)

(2)朽木不可雕也,糞土之墙不可杇也。(《論語·公冶長》,頁177)

(3)鵬之背,不知其幾千里也;怒而飛,其翼若垂天之雲。(《莊子·逍遥遊》,頁1)

例(1)表領屬關係,例(2)表修飾關係,例(3)前者表領屬關係,後者表修飾關係。

其二,用於主謂結構之間,取消句子的獨立性。

(1)若火之燎于原,不可嚮邇,其猶可撲滅。(《尚書·盤庚上》,頁344)

(2)及而子之壯也以賜之。(《史記·扁鵲傳》,頁2787)

取消句子獨立性的"之"可以使原來的句子變成句子成分,如例(2);也可以使原來的句子變成複句中的分句,如例(1)。

結構助詞"之"的這兩種基本用法一直沿用到後代,現代漢語書面語當中也還保留着這些用法[①]:(1)用在定語和中心詞之間,組成偏正詞組。如"赤子

---

① 參中國社會科學院語言研究所詞典編輯室《現代漢語詞典》(第7版),頁1675。

之心”、“鐘鼓之聲”等,表示領屬關係;再如“無價之寶”、“千里之外”等,表示一般的修飾關係。(2)用在主謂結構之間,取消它的獨立性,使變成偏正結構。如“戰鬥之激烈,簡直難以形容”等。

以上兩種用法在古漢語中極爲常見,就其詞性而言,有些學者認爲它是介詞,如王力(1958/2004:389)①等;有些學者認爲它是連詞,如郭錫良等(1999:346)②、方有國(2002:148)③等;有學者稱其爲規定詞,如高名凱(1948/1986:290)④;還有學者稱其爲介係詞,如史存直(2008:306)⑤。當然,更多的學者則傾向於將其看作結構助詞,如楊伯峻、何樂士(1992:488—489)⑥、向熹(1993/2010:195—197)⑦、張誼生(2002:7)⑧等。助詞是附着於某個語法單位,幫助表示某種語法意義,本身並不充當句法成分的一類虛詞。雖然各家説法都有一定的道理,然而就這種用法的“之”的語法功能及現階段詞類研究的成果而言,我們更傾向於將其歸入結構助詞。

在古漢語,尤其是上古漢語,“之”還可以作賓語前置的標誌,即用在賓語和動詞之間,構成“O＋之＋V”式,如:

(1)云誰之思? 美孟姜矣。(《詩經·鄘風·桑中》,頁 66)
(2)父母唯其疾之憂。(《論語·爲政》,頁 48)
(3)富而不驕者鮮,吾唯子之見。(《左傳·定公十三年》,頁 1592)
(4)然則夫子何方之依? (《莊子·大宗師》,頁 66)

這種用法的“之”有兩個作用,一是用作一般的賓語前置,如例(1)、(4);一是除了構成賓語前置外,還可以表示強調,如例(2)、(3)。

一般認爲這種用法的“之”爲代詞,其結構爲代詞複指賓語前置。實際上,此時的“之”就已經是結構助詞了,它幫助構成賓語前置這種結構。它所構成

① 參王力《漢語史稿》,頁 389。
② 參郭錫良等《古代漢語》,頁 346。
③ 參方有國《上古漢語語法研究》,頁 148。
④ 參高名凱《漢語語法論》,頁 290。
⑤ 參史存直《漢語史綱要》,頁 306。
⑥ 參楊伯峻、何樂士《古漢語語法及其發展》,頁 488—489。
⑦ 參向熹《簡明漢語史》,頁 195—197。
⑧ 參張誼生《助詞與相關格式》,頁 7。

的句子主幹爲"S＋O＋V",符合漢語賓語前置的一般規律。如若認爲它是代詞,那麼其句法結構爲"S＋O＋O＋V",這種句法結構在漢語語法中無法解釋。因此把這種用法的"之"看作結構助詞,用來幫助構成賓語前置之説更加符合漢語的語言事實。

二　結構助詞"之"的來源

關於結構助詞"之"的來源,目前學界大致有三種看法。其一,假借説。如中國社會科學院語言研究所古代漢語研究室《古代漢語虚詞詞典》等,這種説法較籠統。其二,動源説,即結構助詞"之"來源於動詞"之"。如高名凱(1948/1986:303)①等,持這種觀點的學者並不多,且尚無有力的證據。其三,代源説,即結構助詞"之"來源於代詞"之"。較多的學者持此看法,如王力(1958/2004:389)②、郭錫良(1989:88)③、方有國(2002:148,159)④、張敏(2003:287)⑤、張玉金(2005:13—17)⑥、史存直(2008:309)⑦等。我們也認爲代源説可能更加接近漢語的語言事實。

探求詞的本義是詞義研究的基礎性工作,知道了"之"的本義,就可以對它的其他義位加以串聯,或者可以知道其他義位與本義之間的關係。考察結構助詞"之"的來源,首先要從"之"的本義説起。"之"的字形在殷商卜辭中作"ⳬ"、"ⳬ"等,在兩周銘文中作"ⳬ"、"ⳬ"等。《説文·之部》依據其小篆形體"ⳬ"對其説解曰:"之,出也。"《爾雅·釋詁》:"之,往也。"從現存較早的文字(甲骨文和金文)字形來看,"之"有的如許慎所説,象植物長出地面,即所謂的"出"義,如"ⳬ"(甲骨文)、"ⳬ"(金文);有的如《爾雅》所説,象人之所之,則所謂的"往、到"義,如"ⳬ"(甲骨文)、"ⳬ"(金文)。無論如何,"之"的本義都應當是實

---

① 高名凱指出:"大約規定詞的來源是'之'的實義'出也'引申出來的,屬於某者是由某所從出。"但又指出:"但也可能是指示詞引申出來的。'麟之趾'也許竟是'麟這趾'引申出來的'麟的趾'的意思。現在口語還有説'你這管筆真好'去代替'你的筆真好'。但這兩説都是猜想,我們没有法子説哪一説對。"(參高名凱《漢語語法論》,頁303)

② 參王力《漢語史稿》,頁389。

③ 參郭錫良《試論上古漢語指示代詞的體系》,載吕叔湘等《語言文字學術論文集》,頁88。

④ 參方有國《上古漢語語法研究》,頁148、159。

⑤ 參張敏《從類型學看上古漢語定語標記"之"語法化的來源》,載吴福祥、洪波《語法化與語法研究》(一),頁287。

⑥ 參張玉金《甲骨文中的"之"和助詞"之"的來源》,《殷都學刊》2005年第2期,頁13—17。

⑦ 參史存直《漢語史綱要》,頁309。

義動詞,“出”強調了動作的起點,而“往、到”則強調了動作的過程或終點,二者的參照點不同。“出”的目的是“往、到”,“往”更強調過程,而“到”更強調結果。可見,“之”應當是個指事字,其本義當爲“去、往、到”①。

在甲骨卜辭中,“之”就已經假借爲代詞,既可以作指示代詞,相當於現代漢語的“這、那”;也可以作人稱代詞(第三人稱代詞),相當於現代漢語的“他、他們”。如:

(1)癸亥雨?之夕雨。(《殷契佚存》一一〇)

(2)翌辛其雨?之日允雨。(《殷契遺珠》一四七)

(3)王夢,唯之孽?(《殷虚文字綴合》17412)

(4)呼彡之,若?(《殷虚文字綴合》31232)

例(1)、(2)用作指示代詞,例(3)、(4)用作人稱代詞。“之”用於事物爲指示代詞,用於人則爲人稱代詞。邢福義(2002:107)指出:“代詞沒有獨立的足以把自己同其他詞類區別開來的語法特點。就句法功能而論這類詞能夠充當任何一種句子成分,是名、動、形、副、數量等成分詞的句法功能的總和。”②又(107-108)指出:“詞類系統中,代詞是又一類特殊的成分詞。……代詞的特殊性則表現爲它的游移泛代性。……作爲詞類系統中的一個特殊類別,代詞憑的是它的‘游移泛代性’。即:在任何寬泛的範圍內,可以游移地指代某一需要指代的對象。”③這些都是代詞的特點。中國社會科學院語言研究所古代漢語研究室《古代漢語虛詞詞典》也有類似的看法:“‘之’用於某些動詞後,指代作用趨於虛化,往往用來表示動作的持續、或對動作行爲的强調等。”④試看下面兩個例證:

(1)公將鼓之。(《左傳·莊公十年》,頁183)

(2)天油然作雲,沛然下雨,則苗浡然興之矣。(《孟子·梁惠王上》,

————————————

① 檢相關的甲骨文、金文字典,未見“之”的動詞用法。然而依據字形、早期字書、傳世文獻以及詞義演變的一般規律,“之”的本義當爲“去、往、到”。

② 參邢福義《漢語語法三百問》,頁107。

③ 參邢福義《漢語語法三百問》,頁107-108。

④ 參中國社會科學院語言研究所古代漢語研究室《古代漢語虛詞詞典》,頁836。

頁 72)

在這兩例中，"之"分別用在動詞"鼓"、"興"後。很明顯，它的指代作用已經虛化。

　　"之"的這些用法説明它作代詞時，有些有明確的指代對象，有些没有明確的指代對象，其指代功能已經游離，只是爲了補充語法上的某一空位，甚至成爲一種語法標記，其實在意義已經弱化。可見，代詞"之"雖是實詞，但在功能上却有一定的虛靈性。從本節開頭所舉的那些"之"用作結構助詞的例證當中也可以發現，結構助詞"之"在多數情況下依然含有一定的指代性，只是指代性没有代詞那麽强烈而已。這也説明了代詞"之"與結構助詞"之"之間的聯繫。

　　結構助詞"之"最典型的用法是用於定語和中心詞之間，表示領屬或修飾關係。那麽，在結構助詞"之"産生之前，定語和中心詞之間如何銜接？上古漢語以單音詞爲主，因此通常由兩個單音詞連用，構成偏正結構。如《甲骨文合集》376 正："我受黍年。"在我國的早期文字——甲骨卜辭中，定語和中心詞之間並不用結構助詞"之"來連接①。

　　結構助詞"之"産生的原因，除了代詞"之"本身的特點外，韻律可能也是導致代詞"之"迅速虛化的一個重要因素。早在十九世紀末，馬建忠曾在其文言語法名著《馬氏文通》中指出："偏正兩次之間，'之'字參否無常。惟語欲其偶，便於口誦，故偏正兩奇，合之爲偶者，則不參'之'字。"②馬氏的高屋建瓴使我們深感佩服。之後又有許多學者持此類看法，並有了較爲深入的研究，如太田辰夫(1958/2005:78)指出："多音節的名詞的修飾性不如它（單音節名詞），現代漢語中多帶'的'，古代漢語中多帶'之'來作爲修飾語。但在古代的文章中並不拘泥於此，而是有僅僅爲了構成偶數的音節而用或是不用'之'的傾向。"③王力(1989:140)指出："偏正結構用不用'之'字爲介，没有一定的標準。一般地説，要以節奏爲標準。……但是也有一些例外。"④理論方面，馮勝利(2000:78)認爲，單音不成步，兩個音節組成的音步是"標準音步"，構成"標準

---

①　張玉金曾指出："甲骨文中定語和中心詞之間從不用'之'來連接，'之'在甲骨文中雖較常見，但没有結構助詞的用法。"（參張玉金《甲骨文語法學》，頁 6）

②　參馬建忠《馬氏文通》，頁 91。

③　參[日]太田辰夫著，蔣紹愚、徐昌華譯《中國語歷史文法》，頁 78。

④　參王力《漢語語法史》，頁 140。

韻律詞",即漢語的"標準韻律詞"只能是兩個音節①。王雲路師(2007：258)指出："漢語詞語運用的規律是在表義明確的前提下注意音節的平衡與和諧。四字結構(即兩個音步)符合漢語韻律和諧的要求。"②構成四字格以體現韻律平衡與和諧在《尚書》中就已經頻頻出現,現略舉數例以窺其一斑：

> (1)好生之德,洽于民心,兹用不犯于有司。(《大禹謨》,頁 130)
> (2)立時人作卜筮。三人占,則從二人之言。(《洪範》,頁 467)
> (3)乃命建侯樹屏,在我後之人。(《康王之誥》,頁 748)
> (4)相時憸民,猶胥顧于箴言,其發有逸口,矧予制乃短長之命!(《盤庚上》,頁 344)

在以四言體著稱的《詩經》中表現得更爲明顯,或許在某種程度上可以説《詩經》推廣了結構助詞"之"的用法。《詩經》以前,原始的二言體如《彈歌》："斷竹,續竹。飛土,逐宍。"雖匀稱但略顯簡單。四言體的句型較之二言體,則在節奏、文字上翻了一番,篇幅也比二言體擴大了許多,它的某些句子已初具對仗的形式和駢偶的味道。如：

> (1)關關雎鳩,在河之洲。(《詩經·周南·關雎》,頁 1)
> (2)溥天之下,莫非王土,率土之濱,莫非王臣。(《詩經·小雅·北山》,頁 315)

《詩經》的四言體,雖體漫於戰國,却流行於漢魏六朝。劉勰《文心雕龍·明詩》："漢初四言,韋孟首唱,匡諫之義,繼軌周人。"③結構助詞"之"隨之泛濫。

三　助詞"之"來源於代詞"之"的類型學闡釋

由於代詞的指代作用有時具有游離性,在不確指的情況下,很容易衍生出助詞的用法。在漢語史中有很多助詞(不僅僅是結構助詞)由代詞(尤其是指

---

① 參馮勝利《漢語韻律句法學》,頁 78。
② 參王雲路師《試談韻律與某些雙音詞的形成》,《中國語文》2007 年第 3 期,頁 258。
③ 參范文瀾《文心雕龍注》,頁 66。

示代詞）演化而來。

（一）早期例證——夫（指示代詞→發語詞①/語氣助詞）

早期例證以"夫"進行説明。中國社會科學院語言研究所古代漢語研究室《古代漢語虚詞詞典》指出："'夫'作虚詞②，……西周時已産生。……'夫'作人稱代詞，先秦用得較多，西漢以後，罕有其例。'夫'的其他虚詞用法一直沿用至唐宋以後的書面語中，現代漢語已不用。"③"夫"在上古有代詞的用法，如：

(1)夫也不良，國人知之。（《詩經·陳風·墓門》，頁181）
(2)夫獨無族姻乎？（《左傳·襄公二十六年》，頁1120）
(3)夫既或治之，予何言哉？（《孟子·公孫丑下》，頁274）

同時，"夫"也可以作助詞，中國社會科學院語言研究所古代漢語研究室《古代漢語虚詞詞典》："'夫'作助詞是指代詞進一步虚化的結果，有時仍兼有微弱的指代作用。"④它可以出現在句首或句末。如：

(1)夫兵，猶火也；弗戢，將自焚也。（《左傳·隱公四年》，頁36）
(2)逝者如斯夫！不舍晝夜。（《論語·子罕》，頁349）
(3)率天下之人而禍仁義者，必子之言夫！（《孟子·告子上》，頁734）

由這些例證可以發現，位於句首的助詞"夫"尚保留着一定的指代性，而句末的"夫"就弱了很多。

（二）唐以後例證

唐以後以"他"和"這"爲例進行説明。

1. 他（旁指代詞→第三人稱代詞→助詞）

"他"的本義是"别的、另外的"，如：

---

① 古漢語一般稱爲發語詞，用現代語言學的觀點來看，它也是助詞中的一個次類。
② 《古代漢語虚詞詞典》中所謂的"虚詞"包括代詞。
③ 參中國社會科學院語言研究所古代漢語研究室《古代漢語虚詞詞典》，頁156。
④ 參中國社會科學院語言研究所古代漢語研究室《古代漢語虚詞詞典》，頁157。

(1)子不我思,豈無他士^①?(《詩經·鄭風·褰裳》,頁119)

(2)於是沛公乃夜引軍從他道還,偃旗幟,遲明,圍宛城三匝。(《漢書·高帝紀》,頁19)

也可指另外的人或事物,如:

(1)豈伊異人,兄弟匪他!(《詩經·小雅·頍弁》,頁338)

(2)王顧左右而言他。(《孟子·梁惠王下》,頁142)

大約從唐代開始,"他"可以稱自已和對方以外的某個人,泛指男性和女性^②,後代沿用。如:

(1)自隱多姿則,欺他獨自眠。(唐張鷟《遊仙窟》,頁2)

(2)今有進士潘起,才筆俊健,言行温粹,長安有户籍,今去就鄉薦,有投獻,必賜垂覽,得失即繫他程試也。(宋范仲淹《與韓魏公》,頁606)

大約從晚唐五代開始,"他"就可以用於虛指了,後代沿用。如:

(1)弟子雖聽一年,並不會他涅槃經中之義,終也不能説得姓名。(《廬山遠公話》,頁254)

(2)如是解時,不可斷他衆生善惡二根,可是菩提耶?(《祖堂集·司空山本净和尚》,頁183—184)

(3)看他古人,二十年參究。(宋圜悟克勤《碧巖録》,頁419)

(4)我如今帶儒冠着儒服,知他我那命裏有公侯也伯子男乎?(《全元曲》馬致遠《薦福碑》第一折,頁441)

(5)就敗露了,也只是一死,怕他甚麼?(明淩濛初《初刻拍案驚奇》卷二十九,頁348)

(6)阿彌陀佛,保佑弟子一年之内,生他三個兒子。(清李漁《奈何

---

① 鄭玄箋:"他士,猶他人也。"
② 現代漢語一般指男性。

天·逃禪》,頁 588)

由以上諸例可以看出,"他"的代詞意味明顯下降,助詞意味增強。

2. 這(近指代詞→結構助詞)

近指代詞"這"出現較晚,大約出現於唐朝。宋毛晃《增修互注禮部韻略·馬韻》:"者,凡稱此箇曰者箇,俗多用這字。"①如:

(1)笑問中庭老桐樹,這回歸去免來無?(唐白居易《商山路驛桐樹昔與微之前後題名處》,頁 1209)

(2)這次第,怎一個、愁字了得!(宋李清照《聲聲慢》,頁 65)

後來也出現了助詞用法,多用於金元戲曲中②。張相《詩詞曲語辭匯釋》:"這,語句中間之襯字,與作指示辭者異。"③如:

(1)待道是顛狂睡囈,兀的不青天這白日。(元關漢卿《謝天香》第三折,頁 353)

(2)小生也非乾的這病酒。(《全元曲》喬吉《金錢記》第三折,頁 1218)

(3)從來別恨曾經慣,都不似這今番。(《元曲選》鍾嗣成《馬玉郎過感皇恩采茶歌·四別·敘別》,頁 1359)

(4)他是個祗候人的所爲,可有那孟嘗君的這度量。(《全元曲》無名氏《凍蘇秦》第三折,頁 1572)

以上簡單列舉了幾例與"之"類似的詞語,相信它們不是全部。當然,這只能作爲旁證。結合上文的論證,不難看出結構助詞"之"與代詞"之"有着密切的關係,助詞"之"當來源於代詞"之",故"假借説"恐怕不妥當。從以上分析當中,我們更加注意到助詞"之"與代詞"之"的關係更爲密切,而與"往、到"義的動詞"之"相去甚遠,因此"動源説"恐怕也難以成立。

---

① 參文淵閣四庫全書本《增修互注禮部韻略》卷三,頁 73 下。
② 這種結構助詞也被稱爲"襯字"。
③ 參張相《詩詞曲語辭匯釋》,頁 747。

(三)英語中類似的現象

不僅漢語如此,其他語言也有類似現象,如英語中的"it"、"that",它們的典型用法都是代詞,然而也有用於虛指的情況:"it"除了用作第三人稱代詞外,還可以作形式主語和形式賓語。如:

(1)It is very important to remember this.

(2)We think it no use complaining.

例(1)作形式主語,例(2)作形式賓語,"it"只是形式上的主語或賓語,而並非真正的主語或賓語,從某種意義上説,它已經虛化了。

"that"除了其典型用法——遠指代詞外,也可以作關係代詞或連詞,構成較爲複雜的句子。如:

(1)Is he the man that want to see you?

(2) The package (that) you are carrying is about to come un-wrapped.

(3)That he is still alive is cheer luck.

例(1)、(2)中"that"爲關係代詞,且例(2)中的關係代詞還可以省略。例(3)中"that"爲連詞,它在句中不承擔任何成分,本身也没有意義。

當然,英語與漢語屬於不同的語言體系,其虛化的軌迹也不盡相同。英語中的"it"、"that"雖然都有虛化的用法,但始終都稱其爲代詞,而漢語却由代詞虛化爲助詞。造成這種差異的原因與語言、認知等因素不無關係,但這些都不影響客觀現象存在的真實性。

四 結構助詞"之"的發展

直接談到結構助詞"之"的去向的論著比較少見,但學者們在對某些詞語(如"底"、"地")探源時會追溯到它。結構助詞"底"、"地"都産生於近代前期(唐朝),與結構助詞"之"的某些用法具有一定的相似性,因此有些學者認爲結構助詞"底"、"地"由結構助詞"之"演化而來,然而事實並非如此。雖然結構助詞"底"、"地"的出現取代了結構助詞"之"的部分功能,但就目前的研究現狀而言,它們在語音以及功能上的繼承關係並不明朗。我們認爲可能並非結構助詞"之"演化爲結構助詞"底"、"地"①，而是與結構助詞"之"並無關係的結構助詞"底"、"地"的出現取代了一部分"之"的功能。"之"的演變流程大致如下圖所示：

"之" 演變簡圖

"之"在古漢語中是常用詞，且兼職頗多，代詞用法和助詞用法都是其常見用法。從近代初期開始，結構助詞"之"逐漸被結構助詞"底"、"地"替換，使其代詞用法和助詞用法發生了分化，從而減輕了"之"字的負擔。上圖爲"之"演變的主綫，每種新用法的出現都不是對舊用法的完全取代，而是存在着相當長的並存階段。隨着漢語表達方式的改變以及複句的發展，用於主謂之間，取消句子獨立性的結構助詞"之"在口語中逐漸式微；隨着漢語賓語前置的消失，用作賓語前置標誌的結構助詞"之"也逐漸消失。總之，中古以後，結構助詞"之"在漢語口語中的使用呈現出減少的趨勢。

五　從漢語史的角度看"之"的發展演變脈絡

語言是一個嚴密的系統，不僅語音、詞彙、語法之間存在着密切的關係，而且在語言之外還存在着諸多其他因素與語言的内部因素一起制約着語言的發展。石毓智和李訥在《語法化的歷程·題記》中指出："縱觀漢語幾千年的發展史，就如同一部交響樂。在它的發展過程中，有高潮，也有相對平静的時期。

---

① 關於結構助詞"底"的來源，目前學界看法不一，但一般認爲它來自代詞"底"，我們在上文"助詞'之'來源於代詞'之'的類型學闡釋"部分也可以證明。結構助詞"地"的來源至今不明。蔣紹愚、曹廣順(2005：272)指出："就目前的研究來看，材料不足使'地'的研究難以細化、深入；認爲結構助詞'地'源於處所名詞'地'的意見占多數，但還不能説這種看法已成定論。"我們認爲，在現存的書面語中，結構助詞"地"較爲可靠的用例出現於唐朝，而書面語往往滯後於口語，它很可能在某個或某些方言中已經出現。"地"可能是某種方言的記音，借用了表"大地、地面"義的名詞"地"的字形。當然，結構助詞"地"的來源不一定是某種因素單獨作用的結果，也有可能是受到多種因素的合力作用而成，要徹底考察清楚它的來源，還有待新材料的挖掘以及方言學、歷史語言學研究的進一步深入。但無論如何，結構助詞"底"、"地"的來源都與結構助詞"之"沒有直接關聯。

② 這裏並不是説助詞"之"完全被助詞"底"、"地"替換，而是助詞"底"、"地"的出現承擔了助詞"之"的一部分職能，助詞"之"並未完全消失。由於助詞"底"、"地"的出現，助詞"之"的使用範圍有所減少，使用頻率有所降低。

任何具體的變化都要符合一個主旋律。語法發展史不是孤立現象的產生和消亡的堆積，而是成系統的發展變化。語言規律的和諧與完美只有在歷史的長河中才能展現得淋漓盡致。"①因此，我們在對漢語助詞進行研究時也有必要將其看作是一個互相聯繫的系統來進行研究，這樣往往能抓住詞語的演變軌迹以及找出演變的機制和動因。

"之"的本義爲"往、到"②，而在上古漢語，表示"往、到"義的動詞除了"之"外，還有"往"、"到"、"至"等，如：

（1）我送舅氏，日至渭陽。（《詩經・秦風・渭陽》，頁174）

（2）道雖邇，不行不至；事雖小，不爲不成。（《荀子・修身》，頁32）

（3）寒往則暑來，暑往則寒來，寒暑相推而歲成焉。（《周易・繫辭下》，頁260）

（4）昔我往矣，楊柳依依。（《詩經・小雅・采薇》，頁229）

（5）民到於今稱之。（《論語・季氏》，頁666）

（6）蹶父孔武，靡國不到，爲韓姞相攸，莫如韓樂。（《詩經・大雅・韓奕》，頁458）

我們也可以看一些故訓舊注，如《説文・彳部》："往，之也。"《廣雅・釋詁一》："往，至也。"《説文・至部》："到，至也。"《説文・至部》："至，鳥飛從高下至地也。"可見，"至"的本義是鳥從高處飛到地上，引申有"到"義。《玉篇・至部》："至，到也。"由是觀之，"之"、"往"、"到"、"至"應該是同義詞，且它們在上古應該都是比較常見的表達"往、到"義的動詞，屬於"往、到"義動詞的核心成員。在上古還有一些表示"往、到"義的邊緣成員，如"就"、"趨"、"走"、"赴"、"如"、"適"、"逝"、"徂"等。這些詞一般都只是在某種場合或者某種方言中用來表示"往、到"之義。此外，漢語詞彙複音化趨勢的出現也給同類表達增添了活力。就"往、到"義動詞而言，複音化的結果可能是詞，也可能是詞組，在大部分情況下是詞組，如"往至"、"趨赴"、"奔赴"等：

（1）有一愚臣，輒便往至，挑仙人雙眼。（《百喻經》，0548b19）

---

① 參石毓智、李訥《漢語語法化的歷程・題記》。

② "往"指空間上由此到彼"線"的移動趨向，"到"一般指到達的"點"，二者都含有背離説話者的深層隱含義。類似的論述可參王錦慧《"往""來""去"歷時演變綜論》，頁101。

(2)臣前歲以久停官秩,去年蒙聖恩除替,便欲裂裳裹足,趨赴京師。
(唐柳宗元《柳州謝上表》,頁 1002)

(3)犇,古奔字也。有命則奔赴之,言應速也。(唐顏師古《漢書注》卷
七四《丙吉傳》,頁 3146)

　　正如《荀子・正名》所説:"單足以喻則單,單不足以喻則兼,單與兼無所相
避則共,雖共,不爲害矣。"①荀子在此雖講的是事物命名之理,但也從側面反
映了我們對客觀世界的認識規律以及語言表達功能的發展趨勢等問題。

　　後來,"之"又出現了代詞的用法,且迅速發展成爲常用詞。代詞"之"可以
作指示代詞,也可以作人稱代詞,一般爲第三人稱代詞。然而從六朝時開始,
相繼出現了一些其他的第三人稱代詞,如"伊"、"渠"、"他"等。王力(1989:52)
指出:"'伊'字大約起源於第四世紀到第五世紀,唐代繼續使用着。"②如王力
先生提到了《世説新語》中的一些例子:

　　(1)江家我顧伊,庾家伊顧我。(《方正》)
　　(2)伊詎可以形色加人不?(同上)
　　(3)伊必能克蜀。(《雅量》)
　　(4)使伊去,必能克定西楚。(同上)
　　(5)勿學汝兄,汝兄自不如伊。(《品藻》)

　　王力(1989:52)又説:"'渠'字始見於《三國志・吳志・趙達傳》:'女壻昨
來,必是渠所竊。''渠'字應該認爲是'其'字變來的。到了唐代,'渠'字就大量
出現了。"③王力先生僅從篇幅較短的《遊仙窟》一文中就舉出多例,如:

　　(1)今朝忽見渠姿首,不覺慇懃着心口。
　　(2)聞渠擲入火,定是欲相燃。
　　(3)渠未相撩撥,嬌從何處來?
　　(4)天生素面能留客,發意關情併在渠。

_____

① 參王先謙《荀子集解》,頁 418—419。
② 參王力《漢語語法史》,頁 52。
③ 參王力《漢語語法史》,頁 52。

(5)眼多本自令渠愛，口少元來每被侵。

(6)女人羞自嫁，方便待渠招。

(7)聊將代左腕，長夜枕渠頭。

(8)即今無自在，高下任渠攀。

到了唐朝，又出現了"他"作人稱代詞。太田辰夫（1958/2003：98）指出："'他'原來作'它'，是'蛇'的意思。據說在遠古時，人居住在草中，害怕蛇的侵害，在問候時也說'無它乎？'（沒有蛇吧？）（沒有變故吧？）這樣，'無它'就成爲'沒有變化''沒有異常'之意，成爲第三人稱代名詞。"①而且太田認爲第三人稱代詞"他"的可靠例證出現在唐代。如：

(1)曲岸深潭一山叟，駐眼看鉤不移手。世人欲得知姓名，良久問他不開口。（唐高適《漁父歌》）

(2)白莊曰："我早晚許你念經？"遠公當即不語，被左右到："將軍實是許他念經。"（《敦煌變文集·廬山遠公話》）

郭錫良（1980/2005：26）也認爲："初唐'他'開始具有第三人稱代詞的語法功能，盛唐以後才正式確立起作爲第三人稱代詞的地位。"②

宋朝以後，第三人稱"他"普遍應用，用例極夥，俯拾即是。自"他"發展爲第三人稱代詞後，"之"、"伊"、"渠"作第三人稱代詞的用法逐漸消失。王力（1989：53）指出："'伊'、'渠'在六朝、唐代的時候很重要。到了宋代，由於'他'字在口語裏更普遍地應用，'伊'、'渠'已經很少見了。到了現代，除普通話用'他'外，'伊'、'渠'仍在一些方言中使用着。"③在二十世紀初期，"他"又分化爲"他"（男性）、"她"（女性）、"它（牠）"（無生命者）④。

---

① 參［日］太田辰夫著，蔣紹愚、徐昌華譯《中國語歷史文法》，頁98。

② 參郭錫良《漢語第三人稱代詞的起源和發展》，載郭錫良《漢語史論集》，頁26。

③ 參王力《漢語語法史》，頁53。

④ "他"本無男女之分，在翻譯外國文學作品，或創作文學作品時，頗感不便。初時，人們以"伊"字作爲女性之"他"，如魯迅早期小說《阿Q正傳》、《祝福》等，均用"伊"字來代替女性之"他"。然而"他"與"伊"是截然不同的兩個字，用起來仍有不少麻煩。而且"伊"在中古及近代前期是作爲第三人稱的通稱，不分男女，與最初的"他"用法基本一致。因此二十世紀初，劉半農首創"她"字以作女性，得到社會的普遍承認，並載入字典，至今沿用。

　　"之"除了作人稱代詞外,還可以作指示代詞,爲近指代詞。大約到了唐朝又出現了近指代詞"者/這",如:

　　　　(1)爲報江南三二日,這回應見雪中人。(唐盧仝《送好約法師歸江南》,頁4403)
　　　　(2)笑問中庭老桐樹,這回歸去免來無?(唐白居易《商山路驛桐樹昔與微之前後題名處》,頁1209)
　　　　(3)青嶂這邊來已熟,紅塵那畔去應疏。(五代齊己《道林寓居》,頁9634)
　　　　(4)者邊走,那邊走,只是尋花柳。那邊走,者邊走,莫厭金杯酒。(《全唐五代詞》五代王衍《醉妝詞》,頁491)

　　由於"者/這"的出現及廣泛使用,指示代詞"之"也逐漸在口語中消失。至此,"之"的功能保留下來的就是定中之間的"之"和取消句子獨立性的"之"。而在定中之間的"之"也逐漸被"底(的)"、"地"所取代,例證見上文。
　　因此,"之"的這一系列用法的産生、消失與發展,大抵不外語言的競爭與替換,其網絡結構大致如下圖所示:

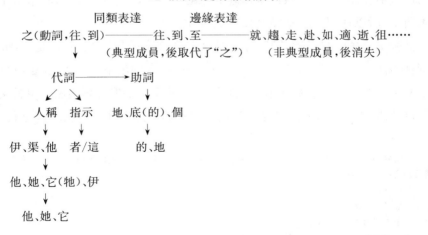

"之"發展演變網絡結構簡圖

由上圖可知,隨着語言的發展,"之"一步步地被邊緣化了。當然,語言的演變遠非如此簡單,要把語言演變的整個關係網絡説清楚也絕非易事,語言的演變往往很難孤立地去看待。

第二節 其

"其"在古漢語中也是個常用詞,它的常見用法是作副詞和代詞,用作結構助詞並不是其常見用法①。

一 結構助詞"其"的來源及用法

"其"的字形在殷商卜辭中作"𝕌"、"𝕌"等,在兩周銘文中作"𝕌"、"𝕌"等。《説文·箕部》不收"其",收"箕"。許慎依據小篆形體"箕"對其進行訓釋曰:"箕,簸也,从竹、𝕌象形,下其丌也。𝕌,古文箕省。𝕌,亦古文箕。𝕌,亦古文箕。𝕌,籀文箕。𝕌,籀文箕。"徐同柏《從古堂款識學·周丕箕敦》:"其,箕本字。"《甲骨金文字典》:"甲骨文與《説文》古文第一字形相同,象簸箕之形。金文加丌②,或又象人持箕之形③。"④可見,"其"的本義當爲"簸箕",本爲象形字。許慎説"下其丌也",可能許氏認爲"其"是個指事字。實際上,"丌"可能不僅僅是個指事符號,它還可以表音。關於這一點,蘇寶榮(2000:176)就已經指出:"許析形有誤,《説文》云'下其丌也',不可解,當作'丌聲'。"⑤並且《説文·丌部》云:"丌,下基也。薦物之丌,象形。讀若箕同。"可見,"箕"與"丌"音同。因爲"其"被借作副詞,後又爲其本義造了分化字"箕",大概是由於簸箕常常是用竹木所爲,所以在"其"的基礎上又加了義符"竹"。

據張玉金(2001)考察,"其"在甲骨文和金文中的用法相同,都是作副詞,有兩種用法:一種表示將要的意思,一種表示命令的語氣⑥。可見,在甲骨文和金文中,"其"只有副詞(語氣副詞)的用法,並沒有出現代詞用法。甲骨文中有一例:"庚寅卜,王余燎於其配。"(英國,1864)⑦句中的"其"被認爲是代詞。

---

① 由於"其"副詞、代詞用法的常用性,給我們的研究工作造成了一定的困難,例如在文獻檢索及例證分析方面,往往頗爲費力。

② 如"𝕌"、"𝕌"。

③ 如"𝕌"、"𝕌"。

④ 參方述鑫等《甲骨金文字典》,頁 340。

⑤ 參蘇寶榮《〈説文解字〉今注》,頁 176。

⑥ 參張玉金《甲骨金文中"其"字意義的研究》,《殷都學刊》2001 年第 1 期,頁 12—20。

⑦ 轉引自張玉金《甲骨金文中"其"字意義的研究》,《殷都學刊》2001 年第 1 期,頁 19。

然而據張玉金考證，這個"其"也還是副詞，並非代詞。原因在於這種用法的"其"在甲骨文中是孤證，在金文中沒有出現，直到春秋戰國時才出現，這種狀況並不符合語言的發展規律①。張説頗有道理，筆者同意這種看法。因此，代詞"其"應該是産生於春秋戰國時期，且"其"的代詞用法當爲假借用法。如：

（1）都！亦行有九德。亦言其人有德，乃言曰載采采。（《尚書·皋陶謨》，頁146）

（2）之子于歸，宜其室家。（《詩經·周南·桃夭》，頁8）

（3）曩者霸上、棘門軍，若兒戲耳，其將固可襲而虜也。（《史記·絳侯周勃世家》，頁2075）

（4）鄴三老、廷掾常歲賦斂百姓，收取其錢得數百萬，用其二三十萬爲河伯取婦，與祝巫共分其餘錢持歸。（《史記·滑稽列傳》，頁3211）

（5）虞常等七十餘人欲發，其一人夜亡，告之。（《漢書·蘇武傳》，頁2460）

（6）曹公衆弱，其得我必喜，其宜從二也。（《三國志·魏志·賈詡傳》，頁329）

結構助詞"其"亦當産生於春秋戰國時期，或者稍晚一些。"其"作助詞也還帶有一定的指示性，這是"其"的代詞用法在助詞用法上的語義滯留。如：

（1）苟余心其端直兮，雖僻遠之何傷？（《楚辭·九章·涉江》，頁130）

（2）溱與洧，瀏其清矣。士與女，殷其盈矣。（《詩經·鄭風·溱洧》，頁126）

（3）言念君子，温其如玉。（《詩經·秦風·小戎》，頁165）

（4）既見君子，云何其憂？（《詩經·唐風·揚之水》，頁153）

（5）北風其涼，雨雪其雱。（《詩經·邶風·北風》，頁58）

（6）擊鼓其鏜，踴躍用兵。（《詩經·邶風·擊鼓》，頁42）

（7）彼其之子，不與我戍申。（《詩經·王風·揚之水》，頁99）

---

① 參張玉金《甲骨金文中"其"字意義的研究》，《殷都學刊》2001年第1期，頁19。

(8)彼其之子,舍命不渝。(《詩經·鄭風·羔裘》,頁113)

(9)彼其之子,不稱其服。(《詩經·曹風·候人》,頁194)

(10)彼其髮短而心甚長,其或寢處我矣。(《左傳·昭公三年》,頁1242—1243)

(11)既獲姻親,又欲耻之,以召寇讎,備之若何,誰其重此?(《左傳·昭公五年》,頁1268)

(12)悲夫!士何其易得而難用也!(《戰國策·齊策四》,頁421)

(13)有是哉,子之迂也!奚其正?(《論語·子路》,頁521)

以上例證中有很多是"代詞+其",這也可以幫助説明"其"的助詞身份。在"代詞+其"式中,指代作用主要由"其"前面的代詞(一般是"彼",也可以是"何"、"誰"等)來承擔,"其"的指代性大大削弱。"其"作助詞,"其"後可以是名詞性成分,構成"其助+NP"式,也可以是謂詞性成分,構成"其助+VP"式。而"其"用作副詞用在謂詞性詞語的前面,構成"其副+VP"式;作代詞用在名詞性成分前面,構成"其代+NP"式。據此,結構助詞"其"的產生可能受到了副詞"其"和代詞"其"的雙重影響。結構助詞"其"的產生過程如下圖所示:

結構助詞"其"的產生過程圖

假借 ↗ 副詞(自甲骨文始) ↘ 引申

名詞(本義,甲骨文)——————   ————→結構助詞(自春秋戰國始)

↘代詞(自春秋戰國始)↗

二 結構助詞"其"在中古及後代的發展

(一)總體發展趨勢——減少

較之上古漢語,中古漢語結構助詞"其"的使用數量明顯減少。這種迹象實際上在甲骨卜辭中就已經出現,趙誠《甲骨文簡明詞典——卜辭分類讀本》"其"條下云:"其字表示將來的語氣在甲骨文時代大量存在,到了周代雖然還有所保留,如《詩經》的'其雨其雨',但顯著地減少了;到了後代則完全消失。那麼這種用法在甚麼時代開始衰弱而逐步消失的呢?從卜辭來看,甲骨文時代已經有這種迹象,如'乙丑卜,叩貞,王其田,往來亡災?'(京四五二九)和'戊辰卜,貞,王田,往來亡災?'(續三·三二·九)辭例一樣,文意相同。但是一用了'其'字,一不用'其'字,可見'其'字表示'將來'的語氣已經衰弱甚至沒有,所以可省去不用。……是將被淘汰的成份。"①當然,甲骨文中的"其"是副詞用法,當它可有可無的時候,就有了被省略的可能。而結構助詞"其"的使用在很多情況下都只是爲了湊足音節以達到韻律的和諧,因此在多數情況下,結構助詞"其"在表義上成爲一個可有可無的成分,其作用在很大程度上體現在形式(韻律)方面。

(二)結構助詞"其"減少的原因

結構助詞"其"自中古就已呈現出逐漸減少的趨勢了,原因大體如下:

1. 先秦時期,結構助詞"其"的廣泛使用可能與以《詩經》爲代表的詩歌等體裁的要求有關。例如《詩經》的句式以四言爲主,且是二節拍的四字句,在韻律上極富節奏感。而《詩經》所處的上古時期以單音詞爲主,要湊成這種四字句不免會需要一些助詞來幫助構成這種韻律和諧的四字句。在這種情況下,"其"義不容辭地充當了這一角色。一時代有一時代之文學,也有一時代文學之載體——語言。到了中古(東漢魏晉南北朝隋)時期,我國的主流文學樣式發生了變化,在語言方面的表現則是由四言爲主發展到四言、五言、六言、七言、雜言等,句式上比較靈活多樣。

2. 從漢朝開始,漢語詞彙複音化的趨勢明顯增強,詞彙量大大擴展,這就有足夠的單音詞、複音詞爲語言表達提供源源不斷的素材,從而沖淡了起湊足音節作用的結構助詞"其"的使用頻率。

3. 從語體方面來看,結構助詞"其"在中古時期大概就已經開始在口語中逐漸消失。而從漢朝開始,我國文學史上口語化的作品不斷涌現,東漢時期還出現了口語性較強的漢譯佛經,如此等等,從而降低了具有書面語色彩的結構助詞"其"的使用頻率。

4. 在古漢語中,"其"的常見用法有兩種,分別是作代詞和副詞。結構助詞"其"減少,正好可以減輕"其"的負擔,在一定程度上分化了"其"的職能,使"其"在古漢語中的作用主要集中在了代詞和副詞上。

總之,上述種種原因導致了結構助詞"其"的使用頻率逐漸降低。

第三節　者、所

中古漢語的結構助詞"者"和"所"也是繼承上古而來,沿用至近、現代漢語。

---

① 參趙誠《甲骨文簡明詞典——卜辭分類讀本》,頁 296。

一 "者"、"所"的詞性問題

關於"者"和"所"的詞性,有些學者認爲是代詞,有些學者則認爲是助詞,具體觀點如下:

認爲"者"和"所"是代詞的説法,如王引之《經傳釋詞》指出:"《説文》:'者,別事詞也'。或指其事,或指其物,或指其人,或言者,或言也者,皆常語也。"① 又指出:"所者,指事之詞。若視其所以觀其所由之屬是也。常語也。"②可見,王引之將它們看作指示代詞。馬建忠《馬氏文通》稱"者"和"所"爲"接讀代字","接讀代字,頂接前文,自成一讀也。字有三:一'其'字,獨踞讀首。二'所'字,常位讀領。三'者'字,以煞讀脚。三字所指,不一其義,而用法殊焉"③。黎錦熙《新著國語文法》稱"者"和"所"都是"聯接代名詞"④。呂叔湘《中國文法要略》稱"者"和"所"爲"指稱詞",並指出:"這個'者'字⑤有一種'完形作用'。""'所'字有兩個作用,一是指示,一是完形。"⑥王力在其《中國語法理論》把"者"放在"被飾代詞"下加以介紹,説"者"字並不是一般所謂"關係代詞"。它也像"所"字一樣,並不曾居於兩個句子形式的中間,擔任連結的職務。而將"所"定爲"動詞的前附號"⑦。而稍後在《漢語史稿》中說"它們都是指示代詞之一種"⑧。《漢語語法史》是在《漢語史稿》的基礎上出版的關於漢語語法史的單行本,在談"者"和"所"之前有一段總述:"《馬氏文通》把'者'和'所'都認爲是接讀代字,這是對的。黎錦熙在他的《國語文法》裏稱爲聯接代名詞,也是對的。楊樹達認爲'者'字是指示代名詞,也是對的;但是他認爲'所'字是被動助動詞,則是錯誤的。我在《中國現代語法》中認爲'所'字是一種'記號',那也不妥。最後,我還是采用了《馬氏文通》的説法,認爲'所'字是一種特殊代詞。"⑨

認爲"者"和"所"是助詞的説法,如劉淇《助字辨略》卷三稱"所":"處所也,

---

① 參王引之《經傳釋詞》卷九,頁 87。
② 參王引之《經傳釋詞》卷九,頁 93。
③ 參馬建忠《馬氏文通》,頁 58。
④ 參黎錦熙《新著國語文法》,頁 107。
⑤ 指構成"者"字結構的結構助詞"者"。
⑥ 參呂叔湘《中國文法要略》,載呂叔湘《呂叔湘文集》(第 1 卷),頁 77、80。
⑦ 參王力《中國語法理論》,載王力《王力文集》(第一卷),頁 291、189。
⑧ 參王力《漢語史稿》,頁 343。
⑨ 參王力《漢語語法史》,頁 71。

借爲語助。然凡云所,皆有所在,雖不爲義,要自與而以之屬別。"①陳承澤《國文法草創》將"者"定爲"近指助字",放在"專用於指示之助字"中加以介紹②;稱"所"爲"助字之含有指示作用者"③。楊伯峻、何樂士(1992:491)認爲"者"、"所"能把動詞形容詞(或其短語)、句子變成名詞性短語,改變原結構的性質,將它們歸入助詞一章加以介紹。張誼生《助詞與相關格式》指出:"'所'、'等、等等'確實具有一定的替代作用。……所以有人認爲'所、等、等等'可以歸入代詞。我們之所以認爲它們還是助詞,主要有兩點理由:其一是現代漢語中具有一定替代或指代功能的虛詞和實詞還有不少,……都没有因爲具有指代功能而歸入代詞,所以,'所、等、等等'當然也無需歸入代詞,因爲這種替代功能實際上都是一種篇章層面上的語用功能。其二是'所、等、等等'並不是在任何情況下都具有替代功能的。"④齊滬揚、張誼生、陳昌來《現代漢語虛詞研究綜述》對助詞"所"進行了較爲詳細的綜述,指出現階段對"所"的研究常常和"所"字結構結合在一起,主要考察"所"和"所"字結構的性質、功用,觀點的差異主要取決於"所"的詞性。對"所"詞性的解釋主要有三種,分別是:(1)代詞説。(2)助詞説。(3)兩分説,即一是詞綴(或構詞成分),一是助詞。並作出總結:"在語言事實中,我們可以發現,'所'在分布、功能上和結構助詞有很多差別,因此'所'獨立爲助詞的一類、歸入'其他助詞'這一大類是可行的。"⑤

關於"者"、"所"的性質問題,學界之所以會衆説紛紜,這恐怕與"者"、"所"本身的特點不無關係:它們一方面不單獨作句法成分,也不單獨表義,具有助詞的特性;另一方面,"者"字結構、"所"字結構又都有一定的指代性。總體來看,"者"和"所"作爲詞語,無論在古漢語還是在現代漢語,它們都較爲特殊,雖然其特點鮮明,但却難於歸類。齊滬揚等學者所提及的"兩分説",其中之一是"詞綴(或構詞成分)",那麽這時的"所"已經不是詞了,如果就更小的語言單位語素而言,則是個不成詞的語素。如前所説,陳承澤《國文法草創》將"所"定爲"助字之含有指示作用者"⑥。實際上,上文所述吕叔湘所説的"者"和"所"的

---

① 參劉淇《助字辨略》,頁 142。
② 參陳承澤《國文法草創》,頁 69。
③ 參陳承澤《國文法草創》,頁 14。
④ 參張誼生《助詞與相關格式》,頁 9。
⑤ 參齊滬揚、張誼生、陳昌來《現代漢語虛詞研究綜述》,頁 280—282。
⑥ 參陳承澤《國文法草創》,頁 14。

"完形作用",就是完成"者"字結構和"所"字結構,即爲結構助詞的作用。而最終將它們歸入"指稱詞",也就是由"者"和"所"構成的相關結構具有一定的指示作用。易孟醇(2005:248-249)雖然同意"者"、"所"歸爲代詞,但也說:"誠然,'者、所'跟一般代詞有很大的不同,即它們不能單獨使用,不能單獨充當句子成分。它們必須附着於其他詞或短語之前("所")、之後("者")。故有人稱之爲結構助詞,或另立名目,稱之爲小品詞。這裏强調了'者、所'的虛的一面。結構助詞無任何實義,是十足的虛詞。而'者、所'與其他詞或短語結合後,却可代人、代事、代物,獲得了實義。特殊代詞的特殊,正是由於它們有這個不能單獨使用的特點,才與人稱、指示、疑問、無定等四類代詞有所區別。"①

綜上所述,雖然將"者"和"所"歸入代詞的說法也有一定的道理,但是我們還是認爲把它們歸入助詞更好一些。原因在於"者"和"所"本身並不具有指代作用,而是幫助構成具有指代作用的"者"字結構和"所"字結構。因此,可以將它們歸入助詞中的結構助詞這一次類。

二 者

(一)結構助詞"者"的來源

關於"者"的字形,殷商卜辭從"火",作"𣥂"、"𣥂"、"𣥂"、"𣥂"、"𣥂"等。兩周銘文從"口",作"𣥂"、"𣥂"、"𣥂"、"𣥂"、"𣥂"、"𣥂"、"𣥂"等。小篆從"白",作"𣥂",《說文·白部》依據小篆形體對其說解曰:"者,別事詞也。"許慎認爲"者"是個虛詞。蘇寶榮《〈說文解字〉今注》指出:"'者'字形、義來源不詳。"②也有學者說金文"者"所從之"口"是"火"之訛,我們認爲這種觀點有一定的道理。"者"可能是"煮"的初文。從"者"字的早期字形——甲骨文來看,它象火上煮物之形,"者"的本義當爲"煮"。在金文中,"火"被訛作"口",小篆又訛作"白",遠遠背離了它的本義,以至於人們爲"煮"造字時,下面又加了"灬(火)",這是人們已經不知道"者"本來就從"火"而爲之。此類現象也並非僅此一例,我們可以舉一個廣爲人知的例子:"然"字從"火(灬)",《說文·火部》:"然,燒也。从火,狀聲。"可見,"然"的本義爲"燃燒",但後來"然"被借作虛詞後,又爲其本義造了"燃",而這個"燃"就是在本字的基礎上又加了示義的"火"。

---

① 參易孟醇《先秦語法》,頁 248-249。
② 參蘇寶榮《〈說文解字〉今注》,頁 138。

就筆者所見,結構助詞"者"在殷商卜辭和兩周銘文中均未出現。就意義方面而言,結構助詞"者"與"煮"義之"者"似乎没有關係,從"者"的甲骨文字形以及早期用例來看,"者"的結構助詞用法可能是借用了同音的實詞"者"。

(二)結構助詞"者"的用法

結構助詞"者"的用法相對簡單,加之學者們的論述頗多,現僅擇要述之:

1. 構成"者"字結構,可以表示人、事物、時間等,這是《説文・白部》所謂的"别事詞"的用法,也是"者"最常見的用法。如[①]:

(1)近者説,遠者來。(《論語・子路》,頁535)

(2)雖行不軌如厲王者,令之不肯聽,召之安可致乎!(《漢書・賈誼傳》,頁2234)

(3)雖有至明,而有形者不可畢見焉。(《抱朴子内篇・仙論》,頁12)

2. 用在複句中,表示某種關係(一般是因果關係或假設關係)。

第一,表示因果關係,如:

(1)攻而必取者,取其所不守也。(《孫子兵法・虚實》,頁37)

(2)事不同,皆王者,時異也。(《商君書・畫策》,頁64)

(3)人君無愚智賢不肖,莫不欲求忠以自爲,舉賢以自佐,然亡國破家相隨屬,而聖君治國累世而不見者,其所謂忠者不忠,而所謂賢者不賢也。(《史記・屈原傳》,頁2485)

(4)曹操比於袁紹,則名微而衆寡,然操遂能克邵,以弱爲强者,非惟天時,抑亦人謀也。(《三國志・蜀書・諸葛亮傳》,頁912)

第二,表示假設關係,如:

(1)民衆而不用者,與無民同。(《商君書・算地》,頁26)

(2)所不與舅氏同心者,有如白水!(《左傳・僖公二十四年》,頁413)

---

① 由於中古漢語的結構助詞"者"繼承上古而來,在中古的用法没有什麽變化,我們的例證也囊括上古和中古兩個時期。

(3)使其主有大失於上,臣有大罪於下,索國之不亡者,不可得也。
(《韓非子·孤憤》,頁85)

不難看出,"者"與其他詞語組合,構成"者"字結構是結構助詞"者"最基本的用法。用在複句中的"者"要相對晚出,而且其指稱意義較構成"者"字結構的"者"的用法更爲虛靈。

(三)結構助詞"者"的發展

關於結構助詞"者"的發展,我們可以從現代漢語入手,在比較中來窺探它的發展。《現代漢語詞典》(第7版)標注"者"爲助詞,用作結構助詞有三種用法[①]:(1)用在形容詞、動詞,或形容詞性詞組、動詞性詞組後面,表示有此屬性或做此動作的人或事物。如"强者"、"老者"、"作者"、"讀者"、"勝利者"、"未渡者"、"賣柑者"、"符合標準者"等。(2)用在某某工作、某某主義後面,表示從事某項工作或信仰某個主義的人。如"文藝工作者"、"共産主義者"等。(3)用在"二、三"等數詞和"前、後"等方位詞後面,指上文所説的事物。如"前者"、"後者"、"二者必居其一"、"兩者缺一不可"等。

通過比較可以發現:古漢語中的結構助詞"者"與現代漢語的結構助詞"者"已經有了區別。其中(1)、(2)兩種用法,《現代漢語詞典》(第7版)雖然標注詞性爲助詞,我們認爲就目前的狀況而言,將它們歸爲詞綴似乎更加合理。用法(3)是現代漢語新生的,與古漢語有一定的繼承性,但也不同,似乎指代性更强一些。不過總體而言,從古至今助詞"者"的作用基本没有改變,即"位於動詞、形容詞、短語或句子之後,使之變成以'者'字結尾的名詞性短語,它的變化的規則是:'動詞(形容詞、短語、句)+者→名詞性短語'。"[②]

直接論述結構助詞"者"的去向的學者比較少,但一些學者在對近、現代漢語的某些助詞探源時,會追溯到它,這也能爲"者"的助詞身份而非代詞身份提供佐證。王力認爲:"'者'字的用法一直保留在文言文裏,但是後來在口語裏又産生了一種新的形式,就是'的'字。……這種'的'字和'者'字的性質是不同的:……依我們看來,'的'和'者'在語音上雖有相似之處,但並没有歷史的關係。"[③]又説:"'所'字這兩種主要的用法一直沿用到今天,但也不是没有發

---

① 參中國社會科學院語言研究所詞典編輯室《現代漢語詞典》(第7版),頁1659。
② 參楊伯峻、何樂士《古漢語語法及其發展》,頁494。
③ 參王力《漢語史稿》,頁344。

展的。……'所'字在現代一般口語裏已經很少用了,甚至完全不用。……但是,'所'字仍然應該在文學語言中保留下來,因爲在某些情況下它是能够增强語言的明確性的。"①吕叔湘認爲:"底出於者","底是者的繼承者",在由"者"向"底"的發展過程中,"者"的功能逐步擴展到"之"的範圍裏②。

　　學者們之所以對結構助詞"者"的發展看法不一,無從定論,我們認爲這可能是由於"底—的"與"者"並没有直接的演化關係,而是詞語的替換關係。當結構助詞"底—的"產生後,逐步完成了對"者"的替換。"者"的演變情況大體如下圖所示③:

"者"演變流程圖

假借　　　　　　發展　　　　　　　　　　　　　　　替換　　　　　發展

者 ⟶ 者 ⟶ 者(合併了一部分"之"的功能) ⟶ 底 ⟶ 的
(本義"煮")　(助詞)　　(助詞)　　　　　　　　　　　　(助詞)　　(助詞)

三　所

(一)結構助詞"所"的來源

　　結構助詞"所"的來源並不複雜,我們依然從其早期字形説起。"所"不見於殷商卜辭、兩周銘文,小篆作"所",從"斤","户"聲。《説文·斤部》:"所,伐木聲也。"並引《詩經·小雅·伐木》曰:"伐木所所。"④段玉裁《説文解字注》:"伐木聲乃此字本義。用爲處所者,假借爲處字也。"可見,"所"的本義是"伐木聲",用作表示"處所"義的名詞和用作結構助詞都是假借用法。用作結構助詞的"所"是借用了表示"伐木聲"的"所"的字形。"所"的演變情況大體如下圖所示:

---

①　參王力《漢語史稿》,頁 345—246。

②　參吕叔湘《論"底"、"地"之辨及"底"字的由來》,載吕叔湘《漢語語法論文集》,頁 122—131。

③　這種演化模式主要是就語義和語法的角度來考慮的。在語音上,這些詞語("之"、"者"、"底")之間的聯繫還有待考證。吕叔湘(1943/1984:127)指出:"底是否之、者的音變,牽涉到古代的語音,難於論證。要是就之和者來比較,之和底韻母較近,者和底聲調相同,可能性的大小也差不多。"(參吕叔湘《論"底"、"地"之辨及"底"字的由來》,載吕叔湘《漢語語法論文集》,頁 127)王力(1958/2004:372)從語音上更加相信"底"字是從"之"字來的(參王力《漢語史稿》,頁 372)。梅祖麟從語音的角度出發,得出"底"的來源是"之",不是"者"。他指出:"音韻部分説明'之'字文讀保存-j-介音仍舊是'之',白讀失落-j-而變成'底';同時也説明'者'字不能變作'底'。"(參梅祖麟《詞尾"底"、"的"的來源》,載梅祖麟《梅祖麟語言學論文集》,頁 112)

④　現《詩經·小雅·伐木》一般作"伐木許許",許慎引作"伐木所所"。朱駿聲在《説文通訓定聲》中也指出:"毛本作'許許'。按,鋸聲也。"(參朱駿聲《説文通訓定聲》,頁 404 上)

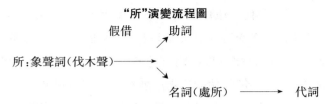

"所"演變流程圖

(二)結構助詞"所"的用法

關於結構助詞"所"的用法,學者們的論述比較多,現擇要述之。

1. 構成某種結構。

第一,構成"所"字結構,如:

(1)彼都人士,孤裘黃黃,其容不改,出言有章,行歸於周,萬民所望。(《詩經·小雅·都人士》,頁 354)

(2)常人安於故俗,學者溺於所聞。(《史記·商君列傳》,頁 2229)

(3)公長民短,臨時不知所言,既後覺其不可耳。(《世説新語·政事》,頁 88)

"所＋V","V"一般是單音節動詞,因此加"所"有可能是出於韻律的要求。

第二,用在作主謂結構的謂詞前,相當於"之"、"的"。裴學海《古書虛字集釋》卷九:"所,猶之也。"如:

(1)夫禮,坊民所淫,章民之別,使民無嫌,以爲民紀者也。(《禮記·坊記》,頁 1979)

(2)東方物所始生,西方物之成孰。(《史記·六國年表》,頁 686)

(3)《禹貢》九州,各因其土地所宜,人民所多少而納職焉。(《史記·平準書》,頁 1442)

第三,用作賓語提前的標記,多與"唯"配合使用,相當於"是"。裴學海《古書虛字集釋》卷九:"所,猶是也。"①如:

(1)《易》之爲書也不可遠,爲道也屢遷,變動不居,周流六虛,上下無

_____

① 參裴學海《古書虛字集釋》,頁 789。

常,剛柔相易,不可爲典要,唯變所適。(《周易·繫辭下》,頁 269)

(2)唯命所從。(《列子·湯問》,頁 184)

(3)唯天所相,不可與争,況諸侯乎?(西漢劉向《新序》,頁 60)

(4)前者變故卒至,禍同發機,誠欲委身守死,唯命所裁。(《三國志·魏書·高貴鄉公髦少帝紀》,頁 145)

在以上三種用法中,第一種用法是"所"最常見的用法,第二和第三種用法並不常見,也没有很强的生命力。

2. 表示被動,多與"爲"配合使用,相當於"被",如:

(1)漢軍却,爲楚所擠,多殺,漢卒十餘萬人皆入睢水,睢水爲之不流。(《史記·項羽本紀》,頁 322)

(2)征和二年,衛太子爲江沖所敗,而燕王旦、廣陵王胥皆多過矣。(《漢書·霍光傳》,頁 2932)

(3)范睢爲須賈所讒,魏齊僇之,折幹摺脅。(《論衡·變動》,頁 659)

(4)岱不從,遂與戰,果爲所殺。(《三國志·魏書·武帝紀》,頁 9)

與結構助詞"者"相類似,結構助詞"所"在古漢語中的主要作用也是用在謂詞性詞語前面,構成"所"字結構。

(三)結構助詞"所"的發展

在古漢語中,"所"也是個常用詞,與"之"、"其"、"者"的不同之處在於它還活躍在現代漢語當中。用法如下[①]:(1)跟"爲"或"被"合用,表示被動。如"爲人所笑"、"看問題片面,容易被表面現象所迷惑"等。(2)用在做定語的主謂結構的動詞前面,表示中心詞是受事。如"我所認識的人"、"大家所提的意見"等。(3)用在"是……的"中的名詞、代詞和動詞之間,强調施事和動作的關係。如"全國的形勢,是同志們所關心的"等。(4)用在動詞前面,跟動詞構成名詞結構。如"各盡所能"、"聞所未聞"等。與古漢語相比,結構助詞"所"的基本功能没有改變,但走向書面化了,原因如下:

---

① 參中國社會科學院語言研究所詞典編輯室《現代漢語詞典》(第 7 版),頁 1257。

1. 漢語被動式的發展。在詞語的興替方面,王力講"概念是怎樣變了名稱的"①,大致是就實詞的演變而言。對於虛詞而言,恐怕講"怎樣換了功能的"更加貼切。二十世紀五十年代,王力就曾對漢語被動式的歷史做過研究,據他考證,先秦時期真正的被動式比較少見,且被動式的出現也已經是春秋以後的事了。當時的被動式可以大致分爲三個類型:第一類是"於"字句;第二類是"爲"字句;第三類是"見"字句。到了漢代,被動式有了新的發展。主要表現在兩種形式:第一種是"爲……所"式;第二種是"被"字句②。到了中古時期③,被動式又有了新的發展。不僅"被"字句用得更普遍了,更重要的是:"被"字句也能插入關係語(施事者),它在一般口語裏逐漸替代了"爲……所"式④。王力重點討論了以上幾種被動式。衆所周知,在中古以後還出現了"蒙"字句、"吃"字句、"教(叫)"字句、"給"字句、"讓"字句等。近代前期"被"字句、"蒙"字句、"吃"字句、"教(叫)"字句較爲常見,近代後期和現代"被"字句、"叫"字句、"給"字句、"讓"字句比較常見。有這麼多作用大體相同且口語性更強的句式可以代替"爲……所"式,因此"爲……所"式就逐漸減少,以至於最後在口語中幾乎完全退出了歷史的舞臺。

2. 就目前的研究成果來看,漢語從古至今都屬於"SVO"型語言,當然也有一些例外,即所謂的"賓語前置"。而結構助詞"所"有一種用法就是用作賓語前置的標誌。在先秦時期,有條件的賓語前置還比較常見,但從漢朝以後,疑問代詞賓語和否定句中代詞賓語就基本以後置爲常了。王力(1989:208—209)指出:"到了漢代,疑問代詞賓語後置的結構逐漸發展出來了。……至於否定句中的代詞賓語,到了漢代,後置的情況表現得更爲明顯了。……到了南北朝以後,這種疑問代詞賓語和否定句中代詞賓語後置的發展已經在口語中完成了。從此以後,凡是在書面語裏運用先秦時代那種代詞賓語前置的結構的(如古文作家),那只是仿古,而並不反映口語。"⑤從中古到現代,疑問代詞賓語和否定句中代詞賓語都不前置了,正常的語序爲"SVO",因此就不需要

---

① 參王力《漢語史稿》,頁655。
② 參王力《漢語史稿》,頁485。
③ 王力所說的"中古時期",是指公元四世紀到十二世紀(南宋前半),與我們所說的"中古時期"(東漢魏晉南北朝隋)略有不同。
④ 參王力《漢語史稿》,頁492。
⑤ 參王力《漢語語法史》,頁208—209。

前置的標誌"所"等了，"所"這個所謂的賓語前置的標誌也就失去了存在的必要。

3. 分化"所"字的職能。"所"在古漢語中的常用義是表示"處所"，與空間有關。而"被動式"應該與動作相關，後來表被動的詞語無論是"被"、"蒙"、"吃"還是"給"、"教（叫）"、"讓"，其源頭都是動詞，用這些動源的詞語更加符合語言的使用習慣和人們的思維習慣，這可能也是"爲……所"式逐漸消失的原因之一。

總之，結構助詞"所"在口語中漸趨消亡。

第三章　語氣助詞

古漢語語氣助詞系統和現代漢語語氣助詞系統存在着較大的差異。按照語氣助詞在句中所處的位置，古漢語語氣助詞可以分爲句首語氣助詞、句中語氣助詞和句末語氣助詞三類。發展到現代漢語，典型的語氣助詞一般位於句末，句首語氣助詞和句中語氣助詞基本上消失了。在現代漢語，語氣助詞常與助詞分立，稱爲語氣詞。在此，我們還是傾向於將其稱作語氣助詞，原因在於：漢語不僅僅是助詞可以傳達語氣，語氣副詞（如"莫非"、"難道"等）也可以傳達語氣。因此，如果籠統地説語氣詞，那麼語氣助詞和語氣副詞就難以區分了。

中古時期，語氣助詞的數量較多，占全部助詞的一半左右。本章試圖對這些語氣助詞進行描寫和分析，探尋其發展演變的軌迹。

第一節　句首語氣助詞

句首語氣助詞是位於句子的開頭，常用於引起下文的議論之辭，幫助表達某種語氣的一類詞語。就其用途而言，也有學者稱其爲發語詞。句首語氣助詞在上古時期比較常見，中古時期用法基本承襲上古，但用例相對減少。

一　中古時期句首語氣助詞概況

中古時期，句首語氣助詞主要有"夫"、"蓋"、"唯/惟/維"、"且"、"故"等。以下將對這些詞語的大致情況分別進行説明。

(一)夫

在中古時期，"夫"是比較典型的句首語氣助詞。在助詞方面，"夫"除了可以作句首語氣助詞外，還可以作句末語氣助詞，在此我們先分析它的句首語氣助詞的用法。

"夫"的字形，在殷商卜辭中作"𤰃"、"𤰃"，在兩周銘文中作"𤰃"、"𤰃"、"𤰃"、"夫"、"𤰃"，《説文·夫部》依據小篆形體"𤰃"對其本義進行説解曰："夫，丈夫也。從大，一以象簪也。"由"夫"的早期字形以及許氏的説解可知"夫"的本義是成年男子的通稱。"夫"在上古漢語中也經常作指示代詞，這並不陌生，語氣助詞"夫"就是由代詞"夫"演化而來①。"夫"作語氣助詞，其典型用法是位於句首，用作句首語氣助詞。宋本《玉篇·夫部》有："夫，又音扶，語助也。"②句首語氣助詞"夫"具有提示下文的作用，這種作用恐怕就是其指示代詞功能在語氣助詞中的延續，使得句首語氣助詞"夫"還具有微弱的指代性。句首語氣助詞"夫"在上古時期就已經出現，如：

(1)夫君子之居喪，食旨不甘，聞樂不樂，居處不安，故不爲也。(《論語·陽貨》，頁 703)

(2)夫明堂者，王者之堂也。(《孟子·梁惠王下》，頁 132)

(3)何桀紂之猖披兮，夫唯捷徑以窘步。(《楚辭·離騷》，頁 8)

(4)夫寵而不驕，驕而能降，降而不憾，憾而能眕者，鮮矣。(《左傳·隱公三年》，頁 32)③

(5)夫晉侯之命在諸侯矣，可不敬乎！(《左傳·成公四年》，頁 818)

(6)夫得言不可以不察，數傳而白爲黑，黑爲白。(《吕氏春秋·察傳》，頁 617)

(7)夫狄近晉而不通，愚陋而多怨，走之易達。(《國語·晉語二》，頁 293)

(8)夫孿子之相似者，唯其母知之而已；利害之相似者，唯智者知之而已。(《戰國策·韓策三》，頁 1003)

中古時期沿用，如：

---

① 相關論述可參第二章第一節。
② 參顧野王撰，孫强增字，陳彭年等重修《大廣益會玉篇》，頁 16 上。
③ 陸德明《經典釋文》："夫，發句之端。"

59

(1)夫以大才干小才,小才不能受,不遇固宜。(《論衡‧逢遇》,頁2)

(2)夫罪莫大於去正入邪,爲悖逆之行者矣。(《六度集經》,0006c11)

(3)夫有行之士未必能進取,進取之士未必能有行也。(《三國志‧魏書‧武帝紀》,頁44)

(4)夫爲王者以庫藏珍寶以爲力用,今應遮截莫使費盡。(《阿育王傳》,0110b11)

(5)夫爲王者,憂念民物。何有人王,傷截人指。(《摩訶僧祇律》,0242b26)

(6)夫玄道者,得之乎内,守之者外,用之者神,忘之者器,此思玄道之要言也。(《抱朴子内篇‧暢玄》,頁2)

(7)夫無者,誠萬物之所資,聖人莫肯致言,而老子申之無已,何邪?(《世說新語‧文學》,頁107)

(8)夫爲學者,研思精微,博通多識,宜應履行,遠求勝果。(《百喻經》,0549c19)

(9)夫耕藉所以表敬,親載所以率民。(《南齊書‧武帝本紀》,頁51)

(10)夫法不自生,緣會故生。(《高僧傳‧佛陀跋陀羅傳》,頁71)

(11)夫聖賢之書,教人誠孝,慎言檢迹,立身揚名,亦已備矣。(《顏氏家訓‧序致》,頁1)

(12)夫鬥戰法,以殘他爲勝。(《雜寶藏經》,0459c05)

中古時期,"夫"用作句首語氣助詞比較常見,中土文獻和漢譯佛經文獻都有用例。

(二)蓋

《説文‧艸部》:"蓋,苫也。"邵瑛《群經正字》:"今經典多作蓋。"《爾雅‧釋器》:"白蓋謂之苫。"東晉郭璞注曰:"白茅苫也,今江東呼爲蓋。"可見,"蓋"本爲名詞,義爲蓋屋的茅苫,泛指用白茅等編的覆蓋物。後來可以用爲副詞,表示"大概"義,也可以用爲連詞,表示原因和理由。"蓋"用作句首語氣助詞上古已經出現了,其用法與"夫"相似,具有提示下文的作用,但其虛化程度似乎沒有"夫"高。如:

(1)蓋聞善攝生者,陸行不遇兕虎,入軍不被甲兵。(《老子‧德經》,

頁 128)

(2)蓋帝堯長,帝舜短,文王長,周公短,仲尼長,子弓短。(《荀子·非相》,頁 73)

(3)蓋玄武者,貌之最嚴有威者也,其像在後,其服反居首,武之至而不用矣。(《春秋繁露·服制像》,頁 153)

(4)蓋聞士之居世也,衣服足以勝身,食飲足以供親,內足以相恤,外不求於人。(《鹽鐵論·論誹》,頁 301)

(5)蓋聞聖人遷徙無常,就變而從時,見末而知本,觀指而睹歸。(《史記·李斯傳》,頁 2550)

"蓋"用作句首語氣助詞,其後可以是動詞性的成分,如例(1)、(4)、(5),"蓋"後的動詞一般是"聞";也可以是名詞性的成分,如例(2)、(3)。如果"蓋"後是名詞性的成分,恐怕其虛化的程度要更高一些,因爲其後的名詞性成分直接作主語,句子主語、謂語齊備,"蓋"自然成爲虛化程度極高的句首語氣助詞。上古時期句首語氣助詞"蓋"用得還不是很多,中古時期沿用,用例有所增加,如:

(1)蓋天命當興,聖王當出,前後氣驗,照察明著。(《論衡·吉驗》,頁 97)

(2)蓋以精神不能若孔子,彊力自極,精華竭盡,故早夭死。(《論衡·書虛》,頁 171)

(3)蓋聞沙門之爲道也,舍家妻子,捐棄愛欲,斷絕六情,守戒無爲,得一心者,則萬邪滅矣。(《修行本起經》,0467a24)

(4)蓋舜葬蒼梧,二妃不從,延陵葬子,遠在嬴、博,魂而有靈,無不之也,一澗之閒,不足爲遠。(《三國志·魏書·文帝紀》,頁 82)

(5)蓋聞人君之道,德厚侔天地,潤澤施四海,先之以慈愛,示之以好惡,然後教化行於上,兆民聽於下。(《三國志·魏書·高貴鄉公少帝紀》,頁 132)

(6)蓋聞身體不傷,謂之終孝,況得仙道,長生久視,天地相畢,過於受全歸完,不亦遠乎?(《抱朴子內篇·對俗》,頁 52)

(7)蓋上士所以密勿而僅免,凡庸所以不得其欲矣。(《抱朴子內篇·微旨》,頁 127)

(8)蓋聞聖帝明王之治天下也，莫不尊奉天地，崇敬日月，故冬至祀天於圓丘，夏至祭地於方澤，春分朝日，秋分夕月，所以訓民事君之道，化下嚴上之義也。（《南齊書·禮志上》，頁140）

(9)蓋因情而可感，學以從政，夫豈必然。（《南齊書·安陸昭王緬傳》，頁796）

(10)蓋沙門之義，法出佛聖，彫純反朴，絕欲歸宗。（《高僧傳·支遁傳》，頁161）

(11)蓋聞大道之行，嘉遁得肆其志。（《高僧傳·竺道壹傳》，頁207）

(12)蓋君子之不親教其子也，詩有諷刺之辭，禮有嫌疑之誡，書有悖亂之事，春秋有邪僻之譏，易有備物之象：皆非父子之可通言，故不親授耳。（《顏氏家訓·教子》，頁15）

(13)蓋由土中先有大魚子，得水即生也。（《齊民要術·養魚》，頁461）

中古時期，句首語氣助詞"蓋"的用例雖然有所增加，但就其用法而言，基本承襲上古，幾乎沒有變化。

(三)唯/惟/維

"唯"、"惟"、"維"作句首語氣助詞可以通用①，三者都從"隹"。"隹"見於甲骨文，字形作"𤔣"、"𩾆"、"𥄂"，"隹"本象鳥形，本義爲"鳥"。金文出現了增加義符"口"的"𤰞"、"𤴆"、"𧄸"，即我們現在的"唯"，表示"唯諾"義。"惟"和"維"不見於甲骨文和金文，它們出現的時間相對晚些。"唯"、"惟"、"維"應當都是"隹"的後起分化字。在"隹"的基礎上加義符"口"，表示"唯諾"，加"忄"表示"思維"，加"糸"表示"繫物的大繩"，從而分化了"隹"的職能。這三個詞作句首語氣助詞，在上古時期都已經出現，如：

(1)惟十有三祀，王訪于箕子。（《尚書·洪範》，頁446）

(2)維此六月，既成我服。（《詩經·小雅·六月》，頁244）

(3)與其進也，不與其退也，唯何甚？（《論語·述而》，頁278）

---

① 王引之《經傳釋詞》卷三："惟，發語詞也，……字或作唯，或作維。"（參《經傳釋詞》，頁28下）

　　(4)惟士無田，則亦不祭。(《孟子·滕文公下》，頁 422)①
　　　　·
　　(5)維昔黄帝，法天則地，四聖遵序，各成法度。(《史記·太史公自
序》，頁 3301)

　　中古時期，這三個句首語氣助詞還繼續使用，幾乎没有變化，在我們調查
的十六部文獻中，只有"惟"有用例，即：

　　　惟人性命，長短有期，人亦蟲物，生死一時。(《論衡·自紀》，頁
　　　·
　　1209)

　　用作句首語氣助詞的"唯"和"維"在我們所查檢的十六部文獻中没有用
例，但依據我們選定的這十六部文獻以外的其他文獻，它們作句首語氣助詞在
中古時期還有用例。如：

　　　(1)今乃立六國後，唯無復立者，游士各歸事其主，從親戚，反故舊，陛
　　　　　　　　　　　·
　　下誰與取天下乎？(《漢書·張良傳》，頁 2030)②
　　　(2)惟岷山之導江，初發源乎濫觴。(晉郭璞《江賦》，頁 557)③
　　　　　·
　　　(3)維永和十一年三月癸卯朔，九日辛亥，小子羲之敢告二尊之靈。
　　　　　·
　　(《晉書·王羲之傳》，頁 2101)④
　　　(4)維梁受命四載，元符既臻，協律之事具舉，膠庠之教必陳，檀輿之
　　　　　·
　　用已偃，玉輅之御方巡。(《梁書·張率傳》，頁 476)⑤

　　總之，"唯"、"惟"、"維"作句首語氣助詞在中古時期並不常見，可能它們在
當時的口語中已經消失。
　　(四)且
　　甲骨文作"𝌆"、"𝌆"、"𝌆"、"𝌆"，金文作"𝌆"、"𝌆"、"𝌆"、"𝌆"。《説文·且部》依

---

① 趙岐注："惟，辭也。"(參《孟子正義》，頁 422)
② 顔師古注："唯，發語之辭。"(參《漢書》，頁 2031)
③ 李善注："惟，發語之辭也。"(參《文選》，頁 557)
④ 《晉書》雖爲唐房玄齡等所撰，但本例是引述晉王羲之之語，故可視爲中古時期的語料。
⑤ 《梁書》雖爲唐姚思廉所撰，但本例是引述梁張率之賦，故可視爲中古時期的語料。

據小篆形體"且"對其本義進行説解曰："且,薦也。"王筠《説文釋例》："且,蓋古俎字。借爲語詞既久,始从半肉定之。經典分用。"《甲骨金文字典》："《説文》：'且,薦也。从几,足有二横,一其地也。'段玉裁注:'所以承籍進物者。'甲骨文象俎形,古置肉於俎上以祭祀先祖,故金文或增從手,或增從几,或增從示,後作祖。"[1]在説解"祖"字時又曰："《説文》：'祖,始廟也。从示,且聲。''且'本象盛肉之俎,以斷木薦切肉之用,後亦用於祭祀神載肉之禮器。借爲祖。"[2]

　　根據甲骨文、金文字形以及前輩學者的研究成果,我們對"且"早期意義及大概演變途徑有了基本的看法："且"最初可能是盛肉的器具,它經常盛肉用於祭祀,而祭祀祖先又是祭祀的一項重要活動,所以"且"就可以用來表示"祖先"之"祖"義了。後來,"且"被假借爲其他用法,表示"祖先"之"祖"義的"且"又造了"祖"作爲後起分化字,其本義也造了後起分化字"俎",其假借用法——用作連詞,成爲"且"的主要用法。筆者認爲句首語氣助詞來源於連詞(表並列),"且"本應放在複句中後一分句的開頭,可能由於强調,它被置於句首,久而久之,表並列的意味虛化爲引起議論的句首語氣助詞。

　　從上古開始,"且"出現了句首語氣助詞的用法,不表示實在意義。清王引之《經傳釋詞》卷八："且,猶夫也。"如：

　　(1)且天之有彗也,以除穢也。(《左傳·昭公二十六年》,頁1479)

　　(2)且今天下之士君子,將欲辯是非利害之故,當天有命者,不可不疾非也。(《墨子·非命中》,頁415)

　　(3)且提一匕首入不測之彊秦,僕所以留者,待吾客與俱。(《史記·刺客列傳》,頁2533)

由以上例證可以看出,"且"有時還帶有連詞"而且"的義味。這種用法的"且"中古時期沿用,幾乎沒有發展,如：

　　(1)且物之變,隨氣,若應政治,有所象爲,非天所欲壽長之故,變易其形也,又非得神草珍藥食之而變化也。(《論衡·無形》,頁62)

---

① 參方述鑫等《甲骨金文字典》,頁1105。

② 參方述鑫等《甲骨金文字典》,頁15。

（2）且夫婦不故生子，以知天不故生人也。（《論衡·物勢》，頁144）

（3）且陶謙雖死，徐州未易亡也。（《三國志·魏書·荀彧傳》，頁309）

（4）且觀畿去就，於門下斬殺主簿已下三十餘人，畿舉動自若。（《三國志·魏書·杜畿傳》，頁495）

（5）且邁遠置辭，無乃侵慢，民作符檄，肆言詈辱，放筆出手，即就齏粉。（《南齊書·丘巨源傳》，頁895）

此外，結合以上文獻的上下文可以看出，"且"大多用於一句議論的後一分句或一段議論的後一句話，表示遞進或條件。這與其連詞用法有着密切的關係，也説明了它與連詞"且"的用法具有一脈相承的關係。這種用法的"且"與連詞"且"的不同之處在於：第一，用作連詞的"且"表示並列的關係，而用作語氣助詞的"且"只是加強了句子的語氣或是引出議論之辭，"且"前後兩個分句或事件之間並沒有很明顯的並列關係，而且往往是遞進關係。第二，就所處的句法位置而言，句首語氣助詞"且"可以出現在一句話或前一分句的開頭，而連詞"且"一般而言只出現於複句後一分句的開頭。如例（1）"且"出現在一段話的開頭，説明它是助詞而非連詞。

（五）故

《説文·支部》："故，使爲之也。""故"的早期意義當爲"原因、根由"。"故"置於句首，用作語氣助詞，其作用相當於句首語氣助詞"夫"。清吳昌瑩《經詞衍釋》卷五："故，猶夫也。"用作句首語氣助詞的"故"在上古時期就已經出現了，如：

（1）故君子名之必可言也，言之必可行也。（《論語·子路》，頁522）

（2）故爲人臣者，窺覘其君心也，無須臾之休，而人主怠傲處其上，此世所以有劫君弑主也。（《韓非子·備內》，頁115）

（3）故至安之世，法如朝露，純樸不散；心無結怨，口無煩言。（《韓非子·大體》，頁210）

（4）故寒暑燥濕，以類相從；聲響疾徐，以音相應也。（《淮南子·泰族》，頁1374）

（5）故古之王者，冕而前旒，所以蔽明也；黈纊塞耳，所以掩聰；天子外

屏,所以自障。(《淮南子·主術》,頁606—607)

(6)故賢主之求有道之士無不以也,有道之士求賢主無不行也,相得然後樂。(《呂氏春秋·本味》,頁311)

(7)故天子有不勝細民者,天下有不勝千乘者。(《呂氏春秋·不苟》,頁642)

(8)故聖人參於天地,並於鬼神,以治政也。(《禮記·禮運》,頁911)

中古時期沿用。在我們所選的十六部文獻中,用例不多,也不典型。如:

(1)故至言棄捐,聖賢距逆,非憎聖賢,不甘至言也。(《論衡·逢遇》,頁2)

(2)故爲善於不欲得善之主,雖善不見愛;爲不善於欲得不善之主,雖不善不見憎。(《論衡·逢遇》,頁5)

(3)故五戒十善因,爲天人説,空無相願,六度無極,四等四恩,不在生死,不住滅度,乃入正真,勇果之徒,處神通乘,周旋三界,度脱一切。(《生經》,0099c27)

(4)故堯放許由於箕山,文軾干木於魏國,高祖縱四皓於終南,叔度辭蒲輪於漢岳,蓋以適賢之性爲得賢也。(《高僧傳·釋道恒傳》,頁247)

(5)故佛澄適趙,二石減暴;靈塔放光,符健損虐。(《高僧傳·釋慧嚴傳》,頁262)

(6)故知捶撻自難爲人,冀小却當復差耳。(《世説新語·品藻》,頁297)

(7)故篤俗昌治,莫先道教,不得以夷險革慮,儉泰移業。(《南齊書·崔祖思傳》,頁518)

(8)故聖人欲其魚鱗鳳翼,雜遝參差,不絶於世,豈不弘哉?(《顏氏家訓·名實》,頁313)

(9)故治官則不了,營家則不辦,皆優閑之過也。(《顏氏家訓·涉務》,頁324)

除了選定的十六部文獻外,我們還查檢了中古時期其他文獻中句首語氣助詞"故"的用例,如:

（1）故二千石有治理效，輒以璽書勉厲，增秩賜金，或爵至關内侯，公卿缺則選諸所表以次用之。（《漢書・循吏列傳》，頁 3624）

（2）故人知之至於念想，猶豻獺之自然也，顧古質略而後文飾耳。（《後漢書・祭祀志上》，頁 3157）

（3）故臨民之職，專事威斷，族滅姦軌，先行後聞。（《後漢書・酷吏列傳》，頁 2487）

（4）故能影響二儀，甄陶萬有。（《宋書・符瑞志下》，頁 830）

（5）故聖人或就迹以助教，或因迹以成罪，屈申與奪，難可等齊，舉其阡陌，皆可略言矣。（《宋書・鄭鮮之傳》，頁 1691）

（6）故五帝異規而化興，三王殊禮而致治，用能憲章萬祀，垂範百王，歷葉所以挹其遺風，後君所以酌其軌度。（《魏書・高閭傳》，頁 1196－1197）

　　“故”的典型用法是作連詞，表示原因。句首語氣助詞“故”受到其典型用法的影響，也帶有一定的“原因”意味在其中，但如果一句話以“故”領起，則強調原因的意味就不明顯了，其作用多爲引起下文的議論之辭。因此，我們就姑且把它算作是句首語氣助詞，但它絶非典型的句首語氣助詞。

二　中古時期句首語氣助詞的特點

　　中古時期，句首語氣助詞的特點有如下兩個：

（一）統領全句，但無明顯實義

　　從句法位置而言，位於句首的詞頭（或稱前綴）與句首語氣助詞有相似之處，但它們之間又有着明顯的區別。句首語氣助詞統領整個句子，主要在句法層面起作用，而詞頭是詞語的構成成分，主要在詞法層面起作用。此外，詞頭既然是構詞成分，那麽由“詞頭＋詞根”所構成的派生詞就不一定要位於句首。因此，詞頭不一定出現於句首，而句首語氣助詞只能出現於句首。王力（1999/2001：467）曾經指出：“詞頭、詞尾不是一個詞，它們只是詞的構成部分，本身没有詞彙意義，只表示詞性。有些詞頭也不專門表示一種詞性。在那種情況下，就真正是有音無義了。”①我們以詞頭“載”爲例進行簡單説明：

---

① 　參王力主編《古代漢語》（第二册），頁 467。

"載"的本義爲"乘坐",《説文·車部》:"載,乘也。""載"用作詞頭是其動詞"乘坐"義的假借用法,如:

(1)載馳載驅,歸唁衛侯。(《詩經·鄘風·載馳》,頁76)①
(2)秋蘭茝蕙,江離載菁。(戰國宋玉《高唐賦》,頁880)

"載"在上古是一個比較常見的詞頭。至於中古,在我們所查檢的十六種文獻中没有"載"用作詞頭的例證,但近代漢語中仍有用例,如:

(1)皇謨載大,惟人之慶。(唐柳宗元《唐鐃歌鼓吹曲》,頁22)
(2)載瞻載思,罔不由聖。(元揭傒斯《孔林圖詩》,頁31)
(3)有爥者螢,載飛載揚。(明劉基《秋懷》之五,頁309)
(4)載闢載被,會於中權。(《清詩别裁集》陳廷敬《平滇雅·湘東》,頁86)

詞頭"載"在後代文獻中的書面色彩非常濃厚,大多是文人的仿古之作。詞頭"載"大概在中古時期的口語中就已經消失了。由上面的例證可以看出,"載"所轄的範圍只是一個詞,如"載馳"、"載驅"、"載菁"、"載大"、"載瞻"、"載思"、"載飛"、"載揚"、"載闢"、"載被"等,它們都是作爲構詞語素幫助構成一個詞語,是詞語的一部分,在詞法層面上起作用。然而我們所討論的句首語氣助詞都是統領全句,它們可以增强全句的語氣,去掉這些句首語氣助詞之後也不會改變全句的意思,其句法結構也不會改變。

(二)兼職多且句首語氣助詞並非其典型用法

"夫"、"蓋"、"唯/惟/維"、"且"、"故"等詞語,它們一般都是身兼數職,其常見用法都不是作句首語氣助詞,作句首語氣助詞只是它們的邊緣用法。我們試以"且"爲例舉例進行簡單説明:查檢《漢語大字典》,"且"(qiě)有動詞用法一種,代詞用法一種,副詞用法六種,連詞用法五種,助詞用法兩種,專有用法一種。相對而言,在"且"的諸多用法當中,副詞用法和連詞用法是它的典型用

---

① 毛傳:"載,辭也。"陳奂傳疏:"假借之爲語詞,《傳》爲全詩載字發凡也。"高亨注:"載,猶乃也,發語詞。"

法。"且"作助詞,尤其是作句首語氣助詞是它的邊緣用法。句首語氣助詞"且"處於這樣的邊緣地位,其結果必然是走向消亡。

三 句首語氣助詞的發展趨勢——漸趨消亡

句首語氣助詞發展的總趨勢是漸趨消亡。大體看來,導致句首語氣助詞消亡的原因如下:

(一)書寫形式方面

上文已經提到,古漢語句首語氣助詞的書寫形式——漢字的兼職太多,且作句首語氣助詞既非其本義,也非其典型用法。一詞多義或同形異義,都有可能加重人們對語言理解的負擔,它必然會在適當的條件下發生分化,使語言的表達更加清晰、精確,分化的結果是導致其本來就邊緣化的句首語氣助詞的用法更加邊緣了,直到最終走向消亡。

(二)句法、語義(包括語用)方面

句首語氣助詞位於句首,統領全句,表達的語氣較爲籠統。隨着漢語表達功能的逐步發展、完善,句首語氣助詞也會逐漸消失。漢語是"SVO"型語言,處於句首的句法成分一般是主語,由名詞、代詞來承擔,若沒有(或省略)主語,在句子的開頭一般是動詞,在複句中還可以把連詞置於句首。就人類的認知而言,句首出現的句法成分大多比較重要,一般由名詞、動詞、代詞等實詞來承擔。句首語氣助詞是虛化程度較高的一類虛詞,一個不太重要的句法成分占據了主要的句法位置——句首,這在句法表達上就必然存在問題。在意義的表達上,句首語氣助詞一般都只是起到提醒後面所述內容的作用,整個句子的話語中心並不是它,但是它卻占據了一個重要的句法位置,它本身的作用在全句中基本上最小。這樣看來,它的存在價值就受到了極大的衝擊。因此,在主流句式以及語言表達的推動下,句首語氣助詞也不可避免地走向了滅亡。

第二節 句中語氣助詞

句中語氣助詞是用在句子(或小句)中間,表示語氣的停頓,幫助舒緩句子的語氣的一類助詞。中古時期,句中語氣助詞的數量並不多,比較典型的有"也"、"乎"、"兮"等。由於這些句中語氣助詞產生於上古,在中古時期基本上處於消亡的狀態,所以我們的例證一般來自上古和中古,上古時期我們查檢了

一些寫作年代較爲可靠的文獻，如《詩經》、《楚辭》（部分創作年代可靠者）、《論語》、《孟子》、《荀子》、《韓非子》、《呂氏春秋》、《國語》、《戰國策》、《左傳》、《公羊傳》、《穀梁傳》、《史記》等。句中語氣助詞的運用在中古時期比較罕見，因此關於中古時期的語料，不僅窮盡性地調查了我們所選定的十六部文獻，還查檢了一些中古時期的其他文獻。

一　中古時期句中語氣助詞概況

（一）也

"也"在古漢語中是一個非常活躍的語氣詞，它可以用在句中（包括小句），也可以用在句末（包括小句）。"也"用於句末極爲常見，用於句中表示停頓則相對少些。清王引之《經傳釋詞》卷四："也，有在句中助語者。""也"作句中語氣助詞在上古時期就已經出現了，如：

（1）今也每食無餘。（《詩經·秦風·權輿》，頁175）

（2）夫也不良，國人知之。（《詩經·陳風·墓門》，頁181）

（3）穀也食子，難也收子，穀也豐下，必有後於魯國。（《左傳·文公元年》，頁510）

（4）仁者，其言也訒。（《論語·顏淵》，頁486）

（5）必也正名乎！（《論語·子路》，頁517）

（6）由也好勇過我，無所取材。（《論語·公冶長》，頁172）

（7）是故舜之刑也殛鯀，其舉也興禹。（《國語·晉語五》，頁393）

（8）故短之臨高也以位，不肖之制賢也以勢。（《韓非子·功名》，頁208）

（9）仁也者，仁乎其類者也。（《呂氏春秋·愛類》，頁593）

上古時期，句中語氣助詞"也"的用例雖然遠沒有句末語氣助詞"也"的用例多，但還是有數量不少的例證。中古時期，句中語氣助詞"也"尚有用例，用法大體與上古一致，如：

（1）物生也色青，其熟也色黃；人之少也髮黑，其老也髮白。（《論衡·道虛》，頁319）

　　(2)弘也天下,高也無蓋,汪洋無表,輪轉無際。(《六度集經》,
0015a16)

　　(3)古則張幕,今也房省。(《南齊書·禮志上》,頁 126)

　　(4)余案皓將壞寺,諸臣咸答:"康會感瑞,大皇創寺。"是知初感舍利,
必也權時。(《高僧傳·康僧會傳》,頁 19)

以上幾例幾乎是選定的十六部文獻中句中語氣助詞的全部用例①。語氣助詞
"也"在中古時期還是一個極爲活躍的詞語,然而筆者發現它一般是用在句尾,
用在句中則比較少見。可見,句中語氣助詞"也"至少在南北朝時期就已經式
微。這一方面説明《論衡》中的這些句子屬於引古或仿古,我們没有將它們列
在中古漢語助詞的範圍内;另一方面也説明在孔子所處的時代,句中語氣助詞
"也"比較常見。《論衡》的創作時間據上古並不遥遠,所以句中語氣助詞"也"
還會出現,但已不多見。《顔氏家訓·書證》曾經提及句中語氣助詞"也":
"'也'是語已及助句之辭,文籍備有之矣。河北經傳,悉略此字,其間字有不可
得無者,至如'伯也執殳','於旅也語','回也屢空',……如斯之類,儻削此文,
頗成廢闕。"②然而,《顔氏家訓》雖然對句中語氣助詞的重要性給予了説明,但
筆者查檢了《顔氏家訓》整部書籍,"也"没有一例用作句中語氣助詞者。總之,
中古時期,句中語氣助詞"也"已經在口語中消失。

(二)乎

　　與"也"相似,"乎"在古漢語雖然是一個常見的語氣助詞,但作句中語氣助
詞也並非其典型用法。"乎"的字形在殷商卜辭中作"屮"、"乀",在兩周銘文中作
"屮"、"屮"、"乎"、"屮",《説文·兮部》依據小篆形體"乎"對其本義進行説解曰:
"乎,語之餘也。"楊樹達《積微居小學述林》卷二《釋乎》:"考之《尚書》及古金
文,乎字絶少作語末詞用者③,而甲文金文乎字皆用作評召之評……以此知乎
本評之初文,因後人久借用爲語末之詞,乃有後起加言旁之字。古但有乎而無
評,説金文者往往謂乎爲評字之假,非也。呼召必高聲用力,故字形象聲上越

---

　　① 　《論衡》中雖然也還有一些句中語氣助詞"也"的用例,但一般都是孔子或孔子弟子説的話,當
排除在外。此外,《論衡·禍虛》還有:"然回也屢空,糟糠不厭,卒夭死。"此句化用了《史記·伯夷列
傳》:"然回也屢空,糟糠不厭,而卒蚤夭。"亦當排除在外。

　　② 　參顔之推《顔氏家訓》,頁 436－437。

　　③ 　楊樹達在此只是針對句末語氣助詞而言,並没有注意到"乎"還可以作句中語氣助詞,關於
"乎"作句末語氣助詞的用法,我們將在下文論述,在此僅就語氣助詞"乎"字的來源作出簡要介紹。

揚,猶曰字表人發言,字形象氣上出也。"①雖然在甲骨文、金文中"乎"的主要用法並非語氣助詞,但自從上古時期"乎"的語氣助詞用法產生之後,其典型用法就是作語氣助詞了。久而久之,我們又爲它的本義造了後起分化字"呼"。在上古時期,"乎"作語氣助詞的典型用法是用作句末語氣助詞,本節討論的句中語氣助詞"乎"在上古時期就已經出現了,但並不是其典型用法。具體用例如下:

(1)由也果,於從政乎何有?(《論語·雍也》,頁221)

(2)夫君子奚患乎無餘?(《荀子·富國》,頁177)

(3)寂乎其無位而處,漻乎莫得其所。(《韓非子·主道》,頁27)

(4)有二神混生,經天營地,孔乎莫知其所終極,滔乎莫知其所止息。(《淮南子·精神》,頁503—504)

(5)冀枝葉之峻茂兮,顧竢時乎吾將刈。(《楚辭·離騷》,頁11)

(6)今世俗大亂之主愈侈其葬,則心非爲乎死者慮也,生者以相矜尚也。(《吕氏春秋·節喪》,頁221)

上古時期,用於句中的"乎"主要有三種用法,一是用作介詞,相當於"於",二是用作詞綴,三是用作句中語氣助詞,然而用在句中表示停頓的語氣助詞"乎"並不多見。中古時期延續上古時期的用法,但更加罕見,如:

(1)夫福厚者衣食自然,薄祐者展乎筋力。(《六度集經》,0029c12)

(2)禍由乎厚葬封樹。(《三國志·魏書·文帝紀》,頁82)

(3)故能畢該祕要,窮道盡真,遂昇龍以高躋,與天地乎罔極也。(《抱朴子内篇·極言》,頁141)

查檢選定的十六部文獻,"乎"用作句中語氣助詞僅此三例。除了這十六部文獻外,中古時期用作句中語氣助詞的"乎"還有一些,如:

(4)從水蛟而爲徒兮,與神龍乎休息。(漢東方朔《七諫·哀命》,頁

———————————

① 參楊樹達《積微居小學述林》,頁60。

263 下)

(5)同橐籥之罔窮,與天地乎並育。(晉陸機《文賦》,頁 4)

我們發現用作句中語氣助詞的"乎"一般也都是出現在書面語色彩較濃的文學作品當中。此外,就"乎"的所有用法而言,包括介詞、助詞、詞綴等,從共時方面看,中土文獻要比漢譯佛經文獻的用例要多;從歷時方面看,隨着時間的推移,"乎"的用例(不管是哪方面)都呈現出減少的趨勢。

總之,句中語氣助詞"乎"産生於上古,即使是在上古,句中語氣助詞都不是"乎"的典型用法。在中古時期,句中語氣助詞呈現出明顯的消亡趨勢,甚至可以說它在口語中已經消失,只是還偶爾會出現在書面語色彩較濃的文學作品當中,或者出現在個別文人的筆下。

(三)兮

"兮"的字形,殷商卜辭作"卜"、"Ψ"、"寸",兩周銘文作"屮"、"兮"、"丂",《説文·兮部》依據小篆形體"兮"對其本義進行説解曰:"兮,語所稽也。"許氏所説"兮"的意思即爲語氣助詞。"兮"常用於古代韻文,可用於句中也可用於句末。語氣助詞"兮"用於句中,可以表示停頓,與現代的"啊"相似。"兮"作句中語氣助詞上古時期已經出現,如:

(1)嫋嫋兮秋風,洞庭波兮木葉下。(《楚辭·九歌·湘夫人》,頁 65)

(2)蕭瑟兮草木摇落而變衰。憭栗兮若在遠行,登山臨水兮送將歸。沆寥兮天高而氣清,寂寥兮收潦而水清。憯悽增欷兮薄寒之中人,愴怳懭悢兮去故而就新。坎廩兮貧士失職而志不平。廓落兮羈旅而無友生。(戰國宋玉《九辨》,頁 1534)

(3)風蕭蕭兮易水寒,壯士一去兮不復還!(《戰國策·燕策三》,頁 1137)

(4)大風起兮雲飛揚,威加海內兮歸故鄉,安得猛士兮守四方!(漢劉邦《大風歌》,頁 87)

(5)諸呂用事兮劉氏危,迫脅王侯兮彊授我妃。我妃既妒兮誣我以惡,讒女亂國兮上曾不寤。我無忠臣兮何故棄國?自決中野兮蒼天舉直?於嗟不可悔兮寧蚤自財。爲王而餓死兮誰者憐之!呂氏絕理兮託天報仇。(《史記·呂太后本紀》,頁 403—404)

　　最初，"兮"一般位於句末作語氣助詞，以屈原爲代表的"楚辭"中尤爲多見。屈原所作的早期"楚辭"作品，"兮"一般用作句末語氣助詞，後來在其他文人的"楚辭"作品中"兮"作句中語氣助詞有所增加，但數量也不多，也有一些詩歌中用"兮"，如例（3）、（4）、（5），可能是模仿"楚辭"之作。因此"兮"應當是來自於楚地方言。中古時期，句中語氣助詞"兮"還偶有用例，但極爲罕見。如：

　　　　（1）王司州在謝公坐，詠"入不言兮出不辭，乘回風兮載雲旗"，語人云："當爾時，覺一坐無人。"（《世説新語•豪爽》，頁331）

　　　　（2）朝發兮江泉，日夕兮陵山。驚飆兮瀄汩，淮流兮潺湲。胡埃兮雲聚，楚斾兮星懸。愁墉兮思宇，惻愴兮何言。（《南齊書•蘇侃傳》，頁528）

　　　　（3）恬兮而夷，泊焉而泰，九流於是乎交歸，衆聖於是乎冥會。（《高僧傳•釋僧肇傳》，頁251）

以上幾例是我們查檢的十六部文獻當中的所有用例。例（2）是在唱歌，可能是模仿"楚辭"的體例，故句中語氣助詞"兮"應該在中古時期的口語中已經消失了。屈原以前，楚地流行的民歌多用語氣助詞"兮"，包括句中和句末語氣助詞兩種情況。句中或句末語氣助詞"兮"在文學作品中的出現，恐怕還是受到屈原以及"楚辭"的影響。"楚辭"在中國文學史上有着特殊的意義，它和《詩經》共同構成中國詩歌史的源頭。屈原及"楚辭"作品對語氣助詞"兮"的發展起了推波助瀾的作用。值得注意的是，在同時期的漢譯佛經中，句中語氣助詞"兮"一例都没有出現，甚至連句末語氣助詞"兮"也没有出現。可見，句中語氣助詞"兮"是楚地方言詞。

　　總之，與前面幾個語氣助詞相比，"兮"極爲特殊，它是一個地域色彩非常濃厚的詞語，伴隨着當時的名人及其創作一度進入到文學作品當中，然而並没有普遍、穩固的口語基礎，最終走向消亡。

二　中古時期句中語氣助詞的發展趨勢

　　中古漢語句中語氣助詞與語首語氣助詞的發展趨勢一致，即逐漸消亡，這

也是由中古漢語句中語氣助詞本身的特點所決定。以下我們試着對句中語氣
助詞的一些特點進行説明，並試圖對其消亡的原因作出解釋。爲了能更好地
説明問題，查檢了我們所選定的十六部文獻，製作了"中古漢語句中語氣助詞
分布狀況表"，表格如下：

中古漢語句中語氣助詞分布狀況表

文獻 ＼ 句中語氣助詞	也	乎	兮
論	＋	－	－
修	－	－	－
六	＋	＋	－
三	－	＋	－
生	－	－	－
阿	－	－	－
摩	－	＋	－
抱	－	＋	－
世	＋	－	＋
觀	－	－	－
百	－	－	－
南	＋	－	＋
高	＋	－	＋
顔	－	－	－
齊	－	－	－
雜	－	－	－

　　根據表格，從共時方面看，中古漢語句中語氣助詞一般出現在中土文獻
中，而在漢譯佛經文獻中則完全沒有用例。這可能説明了句中語氣助詞是漢
語中比較特殊的語言現象之一，也説明了句中語氣助詞在當時的口語中已經
不常見，甚至可以説已經消失。從歷時方面看，隨着時間的推移，句中語氣助
詞呈現出逐步消亡的趨勢。當然舊的語言狀況會與新的語言狀況有相當長時
期的共存階段，即句中語氣助詞雖然在中古時期的口語中消失了，但並非完全
消聲匿迹，它也會偶爾出現在文人作品當中，展現出"化石"的魅力。

　　句中語氣助詞消失的原因是多方面的,語用恐怕是導致句中語氣助詞消失的重要因素之一。語言表達需要用盡量簡單的形式表達盡量豐富的内容,句中語氣助詞只表停頓,不表意義,似乎顯得有些累贅。在句法方面,句中語氣助詞的出現往往使句子更加鬆散,破壞了句子原有的句法結構,也顯得有些臃腫。此外,"也""乎""兮"除了具有句中語氣助詞的功能外,還兼有其他功能。"也""乎"兼有句中、句末語氣助詞的功能,"兮"兼有句首、句中、句末語氣助詞的功能。在這些功能當中,句中語氣助詞的功能都不是其典型的用法。"也""乎"作語氣助詞典型的用法是作句末語氣助詞,"兮"雖有些特殊,但就其最初用法來看,恐怕作句末語氣助詞更爲典型。因此,這種兼職且屬於邊緣狀況的句中語氣助詞不可能在語言的發展中取得勝利,最終只能走向消亡。

第三節　句末語氣助詞

　　句末語氣助詞在中古漢語助詞系統中占據着較大的比重,它既有承襲上古漢語的部分,也有很多中古時期新産生的語氣助詞。即使是承襲上古而來一些語氣助詞,雖然在用法上沒有太大變化,但在很多細微之處還是有一些發展。

一　也

　　句末語氣助詞"也"既可以用在一句話的末尾用以煞句,也可以用在小句的末尾用以引起下文。上古時期,"也"就已經是個極爲常見的語氣助詞了,如:

　　(1)夫顓臾,昔者先王以爲東蒙主,且在邦域之中矣,是社稷之臣也。(《論語·季氏》,頁645)
　　(2)今由與求也,相夫子,遠人不服,而不能來也。邦分崩離析,而不能守也。(《論語·季氏》,頁650)
　　(3)子産之從政也,擇能而使之。(《左傳·襄公三十一年》,頁1191)
　　(4)元年春王正月,公子遂如齊逆女。尊君命也。(《左傳·宣公元年》,頁647)
　　(5)今以小忿棄之,是以小怨置大德也,無乃不可乎!(《國語·周語

中》,頁 45)

(6)寡人非能好先王之樂也,直好世俗之樂耳!(《孟子·梁惠王下》,頁 99)

(7)鯤之大,不知其幾千里也。(《莊子·逍遙遊》,頁 1)

(8)鵬之徙于南溟也,水擊三千里,搏扶搖而上者九萬里,去以六月息者也。(《莊子·逍遙遊》,頁 1—2)

(9)齊桓公聞管子於鮑叔,楚莊聞孫叔敖於沈尹筮,審之也,故國霸諸侯也。(《呂氏春秋·察傳》,頁 617)

(10)王戰勝於徐州也,盼子不用也。(《戰國策·齊策一》,頁 301)

(11)彼賢人之有天下也,專用天下適己而已矣,此所以貴於有天下也。(《史記·李斯傳》,頁 2553)

中古時期沿用,如:

(1)賢不賢,才也;遇不遇,時也。(《論衡·逢遇》,頁 1)

(2)死者盡也,精神去矣。(《修行本起經》,0467a01)

(3)燒煮萬毒爲施受害也。(《六度集經》,0001a21)

(4)天下將亂,非命世之才不能濟也,能安之者,其在君乎!(《三國志·魏書·武帝紀》,頁 2)

(5)時難者,我身是也!(《生經》,0075a02)

(6)彼清净尊者,爲出世未也?(《阿育王傳》,0102b20)

(7)世尊善哉!善巧方便,説世八法,未曾有也。(《摩訶僧祇律》,0258b06)

(8)玄者,自然之始祖,而萬殊之大宗也。眇昧乎其深也,故稱微焉。縣邈乎其遠也,故稱妙焉。(《抱朴子内篇·暢玄》,頁 1)

(9)叔度汪汪如萬頃之陂,澄之不清,擾之不濁,其器深廣,難測量也。(《世説新語·德行》,頁 3)

(10)竺長舒者,其先西域人也。(《觀世音應驗記三種·光世音應驗記·竺長舒》,頁 3)

(11)所以美者,緣有鹽故,少有尚爾,況復多也。(《百喻經》,0543a17)

(12)太祖高皇帝諱道成,字紹伯,姓蕭氏,小諱鬬將,漢相國蕭何二十四世孫也。(《南齊書·高帝本紀上》,頁1)

(13)唯《四十二章經》,今見在,可二千餘言。漢地見存諸經,唯此爲始也。(《高僧傳·竺法蘭傳》,頁3)

(14)上智不教而成,下愚雖教無益,中庸之人,不教不知也。(《顔氏家訓·教子》,頁8)

(15)犁廉耕細,牛復不疲;再勞地熟,旱亦保澤也。(《齊民要術·耕田》,頁38)

(16)非我子行,爲是誰也?(《雜寶藏經》,0448b22)

此類例證不勝枚舉。句末語氣助詞"也"一般用在陳述句中,也可以用在疑問句或感嘆句、祈使句當中。

值得注意的是,我們在查檢文獻用例時發現:在中土文獻中,小句的末尾用句末語氣助詞"也"並不少見;然而在漢譯佛經文獻中,句末語氣助詞"也"一般出現在大句的末尾。這似乎可以説明當時人們的口語中,可能小句的末尾就已經不用語氣助詞"也"了。此外,隨着時間的推移,大概到了南北朝時期,句末語氣助詞以用在大句的末尾爲常,極少再用於小句的末尾了。句末語氣助詞"也"在很多情況下都是用於判斷句中表示判斷,而漢朝判斷動詞出現,且判斷句也逐漸多樣化,從而導致上古漢語很大一部分用在判斷句中的"也"也隨之減少。可見,常用詞雖然具有極大的穩定性,但也並非一成不變。

二　矣

《説文·矢部》:"矣,語已詞也。"段玉裁《説文解字注》:"已,止也。其意止,其言曰矣,是爲意内言外。"《廣雅·釋詁三》:"矣,止也。""矣"作句末語氣助詞,亦是在上古時期即已發展成爲常用詞了,既可以用在小句末尾,也可以用在大句末尾,但以大句末尾爲常。如:

(1)吾聞其語矣,未見其人也。(《論語·季氏》,頁665)

(2)今既遇矣,不如戰也。(《左傳·成公二年》,頁797)

(3)故爲政者,每人而悦之,日亦不足矣。(《孟子·離婁下》,頁545)

(4)此能爲大矣,而不能執鼠。(《莊子·逍遥遊》,頁8)

(5)吾嘗終日而思矣，不如須臾之所學也。吾嘗跂而望矣，不如登高之博見也。(《荀子·勸學》，頁4)

(6)方其人之習君子之説，則尊以徧矣，周於世矣。(《荀子·勸學》，頁14)

(7)今有構木鑽燧於夏后氏之世者，必爲鯀、禹笑矣；有決瀆於殷、周之世者，必爲湯、武笑矣。(《韓非子·五蠹》，頁442)

(8)君若不圖，難將至矣！(《國語·晉語二》，頁285)

(9)病變而藥不變，向之壽民，今爲殤子矣。(《吕氏春秋·察今》，頁392)

(10)單聞之，帝王之兵，所用者不過三萬，而天下服矣。(《戰國策·趙策三》，頁677)

中古時期沿用，查檢我們所選定的十六部文獻，除了《阿育王傳》、《摩訶僧祇律》、《雜寶藏經》中没有出現句末語氣助詞"矣"的用例外，其他文獻或多或少都有用例，如：

(1)有求而不得者矣，未必不求而得之者也。精學不求貴，貴自至矣。力作不求富，富自到矣。(《論衡·命禄》，頁26)

(2)四大欲散，魂神不安，風去息絶，火滅身冷，風先火次，魂靈去矣。(《修行本起經》，0467a01)

(3)若其秤肉，隨而自重，肉盡身痛，其必悔矣。(《六度集經》，0001b12)

(4)一戰而天下定矣，不可失也。(《三國志·魏書·武帝紀》，頁7)

(5)吾欲和解，其日久矣！(《生經》，0087c15)

(6)天下之蟲鳥多矣，而古人獨舉斯二物者，明其獨有異於衆故也，睹一隅則可以悟之矣。(《抱朴子内篇·對俗》，頁48—49)

(7)丘之禱久矣，勿復爲煩。(《世説新語·德行》，頁21)

(8)恨吾老矣，不見君富貴，當以子孫相累。(《世説新語·識鑒》，頁212)

(9)今事棘矣，乃寐眠乎？(《觀世音應驗記三種·續光世音應驗記·徐義》，頁30)

(10)汝兒生已,今死矣。(《百喻經》,0547b24)

(11)此真吾君也,吾今逢主矣,所謂千載一時。(《南齊書‧垣崇祖傳》,頁461)

(12)時會聽者莫不悲感追悼,恨悟之晚矣。(《高僧傳‧鳩摩羅什傳》,頁48)

(13)心既痛矣,即爲甚思,何故方言有如也?(《顏氏家訓‧文章》,頁287)

(14)一爲察之所鑒,巧僞不如拙誠,承之以羞大矣。(《顏氏家訓‧名實》,頁306)

(15)非七月,復生矣。(《齊民要術‧耕田》,頁38)

(16)三犁共一牛,若今三脚耬矣,未知耕法如何?(《齊民要術‧耕田》,頁50)

(17)桃性易種難栽,若離本土,率多死矣,故須然矣。(《齊民要術‧種桃柰》,頁268)

較之上古,中古時期"矣"的用法明顯地呈現出減少的趨勢,但它又並不像句末語氣助詞"也"那樣,到了中古晚期用於小句中的"也"基本上消失了,而"矣"無論是用在大句還是小句末尾都還有一些用例。此外,中土文獻和漢譯佛經文獻在句末語氣助詞"矣"的使用上也存在着一些差異:"矣"在漢譯佛經文獻中的使用頻率明顯低於中土文獻(有幾部漢譯佛經文獻中一次都沒有出現)。當然,這並不排除文體的要求以及作者個人的用語習慣。不過,漢譯佛經是用來給老百姓傳經之用,其口語性必然要強一些。因此,在中古時期,句末語氣助詞"矣"可能已經比較書面化了。

總體而言,"也"和"矣"作句末語氣助詞上古已見,中古沿用,其最典型的用法是用在陳述句當中,表達直陳語氣。

三 乎/諸

"乎"用作句末語氣助詞在古漢語中極爲常見,可以表示多種語氣,如一般疑問、反詰問、感嘆、祈使、揣測、肯定等。上古時期,語氣助詞"乎"就已經是當時的常用詞了,如:

(1)吁！ 嚚訟，可乎？（《尚書・堯典》，頁 51）

(2)安能以身之察察，受物之汶汶者乎？（《楚辭・漁父》，頁 280）

(3)自今無有代其君任患者，有一於此，將爲戮乎？（《左傳・成公二年》，頁 794）

(4)今以小忿棄之，是以小怨置大德也，無乃不可乎！（《國語・周語中》，頁 45）

(5)曾謂泰山不如林放乎？（《論語・八佾》，頁 85）

(6)王之好樂甚，則齊國其庶幾乎！（《孟子・梁惠王下》，頁 99）

(7)而彭祖乃今以久特聞，衆人匹之，不亦悲乎！（《莊子・逍遥遊》，頁 3）

(8)亦嘗有以楚莊王之語聞於左右者乎？（《荀子・堯問》，頁 547）

(9)今以不穀之不肖而群臣莫吾逮，吾國幾於亡乎！（《荀子・堯問》，頁 548）

(10)聽子之謁，而廢子之道乎？（《戰國策・韓策一》，頁 929）

此類例證頗多，茲不贅舉。中古時期沿用，如：

(1)夫如是，隨命之説，安所驗乎？（《論衡・命義》，頁 51）

(2)聞伯夷之風者，貪夫廉而懦夫有立志；聞柳下惠之風者，薄夫敦而鄙夫寬。徒聞風名，猶或變節，況親接形面相敦告乎？（《論衡・率性》，頁 72）

(3)太子出遊，寧有樂乎？（《修行本起經》，0467a24）

(4)爾以何緣處地獄乎？（《六度集經》，0001a21）

(5)夫人孝於其親者，豈不亦忠於君乎！（《三國志・魏書・武帝紀》，頁 16）

(6)無益中外家室親里，安能布施爲福德乎？（《生經》，0073b11）

(7)此小沙彌，乃有是神德乎？（《阿育王傳》，0120b22）

(8)爾時輕躁衆生者，豈異人乎？（《摩訶僧祇律》，0229a15）

(9)故窮富極貴，不足以誘之焉，其餘何足以悦之乎？（《抱朴子内篇・暢玄》，頁 3）

(10)豈有終日執之，而不知其味者乎？（《世説新語・德行》，頁 15）

81

(11)今事棘矣，乃寐眠乎？（《觀世音應驗記三種·續光世音應驗記·徐義》，頁 30）

(12)我今寧可截取其鼻著我婦面上，不亦好乎？（《百喻經》，0547a24）

(13)是以秬草騰芳於郊園，景星垂暉於清漢，遐方款關而慕義，荒服重譯而來庭，汪哉邈乎！（《南齊書·高帝本紀上》，頁 17）

(14)朕雖寡昧，闇于大道，稽覽隆替，爲日已久，敢忘列代遺則，人神至願乎？（《南齊書·高帝本紀上》，頁 20）

(15)又宜思勤督訓者，可願苛虐於骨肉乎？（《顏氏家訓·教子》，頁 12）

(16)嗚呼小子，何可已乎！（《齊民要術·養牛、馬、驢、騾》，頁 283）

(17)汝二國王，應除怨惡自安其國，豈不快乎？（《雜寶藏經》，0456b04）

句末語氣助詞"諸"是"之乎"的合音。"諸"用作句末語氣助詞在上古時期已經出現，可以表疑問，也可以表感嘆，如：

(1)日居月諸，照臨下土。（《詩經·邶風·日月》，頁 39）①
(2)聞斯行諸？（《論語·先進》，頁 461）
(3)信如君不君，臣不臣，父不父，子不子，雖有粟，吾得而食諸？（《論語·顏淵》，頁 499）
(4)爾所不知，人其舍諸？（《論語·子路》，頁 516）
(5)王嘗語莊子以好樂，有諸？（《孟子·梁惠王下》，頁 99）
(6)君人者以己出經，式義度人，孰敢不聽而化諸！（《莊子·應帝王》，頁 71）

中古時期沿用，但用例極少，如：

(1)佞人好毀人，有諸？（《論衡·答佞》，頁 525）

---

① 毛傳："日乎月乎，照臨之也。"

（2）人之學問，知能成就，猶骨象玉石，切瑳琢磨也，雖欲勿用，賢君其舍諸？（《論衡·量知》，頁550）

（3）有本自無，因緣成諸？（《六度集經》，0022b17）

（4）自非兼才，疇克備諸！（《三國志·魏書·崔毛徐何邢鮑司馬傳》，頁390）

（5）人服藥以養性，云有所宜，有諸乎？（《抱朴子内篇·仙藥》，頁209）

在我們所選定的十六部文獻中，"諸"並不少見，但一般都用作代詞，句末語氣助詞"諸"的用例罕見，只有在《論衡》、《六度集經》、《三國志》和《抱朴子内篇》這四部文獻中有少量用例，其他幾部文獻中都沒有出現句末語氣助詞"諸"的用例。

就中土文獻及漢譯佛經文獻而言，漢譯佛經文獻幾乎不用句末語氣助詞"諸"。就時間而言，隨着時間的推移，句末語氣助詞"諸"的用例減少，以致消失。就我們所選定的十六部文獻而言，到了南北朝時期，無論是漢譯佛經文獻還是中土文獻，句末語氣助詞"諸"都沒有出現。可見，大概至晚到南北朝時期，句末語氣助詞"諸"在口語中已經基本消失。

四　邪/耶

"邪"與"耶"在古漢語中均可用於句末（包括小句末）作語氣助詞。關於語氣助詞"邪"與"耶"，學界討論頗多，但大多是就語氣助詞"邪/耶"的具體用法或它們與其他語氣助詞（如"乎"、"也"、"那"等）之間的關係進行探討，相對而言，並未對"邪"與"耶"之間的關係予以足夠的關注①。目前，關於語氣助詞"邪"與"耶"之間的關係，我們認爲仍存在如下兩個問題值得深入探討：一是"耶"取代"邪"占據優勢地位的時間，二是"耶"取代"邪"占據優勢地位的原因。筆者試圖從語氣助詞"邪"與"耶"的文獻用例出發，對這兩個問題提出自己的看法。

（一）句末語氣助詞"邪"、"耶"在上古時期的使用情況

"邪"與"耶"在古漢語中均可作語氣助詞。"邪"的字形不見於殷商卜辭、

---

① 僅張涌泉（2008），吳欣春、張瑞英（2003），陳順成（2011）等學者有過相關論述。

兩周銘文。《説文・邑部》依據其小篆形體"𨙻"說解曰："邪，琅邪郡。""邪"從"邑"，本爲地名用字，作句末語氣助詞應該是假借用法。"耶"的字形亦不見於殷商卜辭、兩周銘文，且釋義不見於《説文》。可見，"邪"、"耶"(尤其是"耶")的產生時間都相對較晚。學界一般認爲"耶"是"邪"的俗字，張涌泉(2008)對此有較爲詳細的論述①。語氣助詞"邪"與"耶"在上古時期都已經出現，先秦時期用"邪"，且用例不多見；秦漢時期"邪"、"耶"並用，用例較之先秦時期有所增加，但"邪"占據優勢地位。如：

(1)乾坤，其《易》之門邪！(《周易・繫辭下》，頁 266)

(2)天之蒼蒼，其正色邪？(《莊子・逍遥遊》，頁 2)②

(3)與我争三江、五湖之利者，非吳耶？(《國語・越語下》，頁 657)

(4)使文王所以見惡於紂者，以其不得人心耶？則雖索人心以解惡可也。(《韓非子・難二》，頁 362)

(5)古者羿作弓，伃作甲，奚仲作車，巧垂作舟。然則今之鮑、函、車、匠皆君子也，而羿、伃、奚仲、巧垂皆小人邪？(《墨子・非儒下》，頁 437)③

(6)羽豈其苗裔邪？(《史記・項羽本紀》，頁 338)

(7)天下方有急，王孫寧可以讓邪？(《史記・魏其侯傳》，頁 2840)

(8)若乃梁，則吾乃梁人也，先生惡能使梁助之耶？(《戰國策・趙策三》，頁 677)

陳順成(2011)指出："先秦時期二者的用次比例失衡，並非源自'耶'爲'邪'的俗體，現在我們所見先秦文獻中的'耶'，應當都是在隸變及其以後傳抄時因偏旁異化或混同而誤寫的。換言之，在隸書大量使用之前，漢字中只存在'邪'，並沒有'耶'。"④筆者認爲這種看法頗有道理。

---

① 參張涌泉《字形的演變與用法的分工》，《古漢語研究》2008 年第 4 期，頁 26—27。

② 王力主編《古代漢語》將其中的"邪"解釋爲："通'耶'，句末語氣詞。"(參王力主編《古代漢語》第二册，頁 380)由是觀之，編者把"耶"視爲正字，"邪"視爲"耶"的通假字。現在看來，這種觀點頗有失偏頗。實際上應該是先有句末語氣助詞"邪"，然後出現了"耶"，由於"耶"的用法較爲單一，因此人們才誤認爲"耶"爲句末語氣助詞"邪"的本字。

③ 孫詒讓《墨子閒詁》："也、邪古通。"

④ 參陳順成《疑問語氣詞"邪"、"耶"的歷時考察》，《古漢語研究》2011 年第 4 期，頁 86。

(二)句末語氣助詞"邪"、"耶"在中古時期的使用情況

1. 句末語氣助詞"邪"、"耶"在中古時期的使用情況

中古時期,隨着漢譯佛經文獻的出現,語氣助詞"邪"與"耶"在文獻中的分布狀況較之上古時期出現了較爲明顯的變化,試看下表:

中古時期語氣助詞"邪"、"耶"分布狀況表

文獻	論	修	六	三	生	阿	摩	抱	世	觀	百	南	高	顔	齊	雜
邪	36	0	0	149	0	0	0	5	62	0	0	75	0	11	0	0
耶	1	2	16	7	15	21	399	11	1	2	5	10	59	7	0	14

由上表可知,漢譯佛經文獻均未出現語氣助詞"邪",只用"耶";而中土文獻,尤其是在中古前期的中土文獻中,語氣助詞"邪"並不少見,其使用頻率也明顯高於"耶"。這説明了漢譯佛經文獻與中土文獻在語氣助詞"邪"與"耶"的使用上存在着明顯的差異。從南北朝開始,中土文獻中語氣助詞"耶"的使用頻率也較之前代有了一定的提高,但"邪"依然占據着優勢地位。

2. 中古時期語氣助詞"耶"用例增多的原因

關於中古時期語氣助詞"耶"用例增多,最終取代"邪"占據優勢地位的原因,陳順成(2011)指出:"俗體'耶'的出現及大量使用與隸變及毛筆和紙張的使用、通俗性文獻書寫的非正式性有關。"[①]筆者認爲這一論斷尚值得商榷。"邪"除了作語氣助詞外,還有"不正、邪惡"等義,緣何在"隸變及毛筆和紙張的使用"過程中"邪"的"不正"、"邪惡"等義項不被替換而只替換了語氣助詞"邪"? 陳文認爲漢譯佛經文獻是"通俗文獻",因此多用俗字"耶",筆者認爲事實可能也並非如此。語氣助詞"耶"在中古時期的漢譯佛經文獻中大量使用的原因主要有如下兩個:

第一,語言的發展演變。上古時期,"邪"的常用義是"不正、邪惡",如:

(1)任賢勿貳,去邪勿疑,疑謀勿成,百志惟熙。(《尚書·大禹謨》,頁125)

(2)思無邪,思馬斯徂。(《詩經·魯頌·駉》,頁510)

(3)歷玄冥以邪徑兮,乘間維以反顧。(《楚辭·遠遊》,頁174)

---

① 參陳順成《疑問語氣詞"邪"、"耶"的歷時考察》,《古漢語研究》2011 年第 4 期,頁 85。

(4)公族之不恭,公室之有回,内事之邪,大夫之貪,是吾罪也。(《國語·晉語八》,頁455)

(5)苟無恒心,放辟邪侈,無不爲已。(《孟子·梁惠王上》,頁94)

當"邪"的俗字"耶"出現後,"耶"的主要職能就是作語氣助詞,這就分化了"邪"字的一部分職能,使語言的表義功能更加清晰。這是"耶"取代"邪"占據優勢地位的原因之一,但不是最重要的原因。

第二,佛經翻譯活動的推動。"耶"取代"邪"占據優勢地位的重要原因是佛經翻譯活動的推動。從中古時期"邪"、"耶"分布狀況表中可以看出,語氣助詞"邪"與"耶"在漢譯佛經文獻與中土文獻中的運用情況存在着較爲明顯的差異。漢譯佛經文獻只用語氣助詞"耶",不用"邪";而中土文獻則"邪"、"耶"並用,且"邪"的用例明顯多於"耶"。原因何在?筆者認爲佛經文獻用"耶"不用"邪"更主要的原因在於佛教對"邪"的常用義"不正、邪惡"義的抵制。佛教揚正抑邪,"邪"即爲"邪曲","正"即爲"中正"。一切法,隨順自性清净藏者,稱爲"内"、爲"正";若諸法違逆此理,則稱爲"外"、爲"邪"。"邪"與"正"對稱,故有種種相對之義用,如"八邪道八正道"、"邪法正法"、"邪教正教"、"破邪顯正"、"舍邪歸正"等名目,皆以"邪"爲染因,"正"爲净因。佛教有一系列與"邪"相關的不好的説法,如"邪因邪果"、"邪行"、"邪見"、"邪見稠林"、"邪命"、"邪定"、"邪業"、"邪魔"、"邪行"等等[①]。"邪"雖爲人們所普遍摒棄,但在佛教中,這種揚正抑邪的觀念得到了更爲集中地體現,在佛經翻譯之時也會盡量避免對詞類詞語的運用。因此,在翻譯佛經之時,在語氣助詞"邪"與"耶"之間選擇使用了"耶"。久而久之,逐漸推廣到了中土文獻。不可否認,翻譯佛經活動對語氣助詞"耶"的普遍使用起了極大的推動作用。

(三)句末語氣助詞"邪"、"耶"在中古以後的發展

1. 語氣助詞"邪"、"耶"在近現代的用例情況

較之中古時期,語氣助詞"邪"、"耶"在近現代時期的使用情況又有了新的發展,試看下表:

---

① 關於以上名目,可參丁福保編《佛學大辭典》,頁609—610。

近現代時期語氣助詞"邪"、"耶"分布狀況表①

文獻	朝	祖	景	三朝	永	南	三國	水	西	兒	紅	聊	老	二	吶	駱
邪	1	0	22	3	0	18	0	0	0	0	0	0	0	0	0	0
耶	3	71	111	27	0	50	300	1	69	5	22	432	0	0	0	0

由上表可知,在近代前期,即使是在中土文獻中,語氣助詞"耶"的使用頻率也已經占據了絕對的優勢。《莊子·逍遥遊》:"天之蒼蒼,其正色邪?"對句中的"邪",唐朝陸德明《經典釋文》有云:"也差反,助句不定之辭。"②在唐人看來已經需要對"邪"作出訓釋了,可見它應該不是當時通行的詞語了。元朝以後,"邪"基本退出了歷史的舞臺,而"耶"在書面語中尚有一定的生命力。隨着語氣助詞"麽"、"嗎"等的發展,從清朝後期開始,"耶"也走向消亡。

2. 語氣助詞"耶"占據絕對優勢地位的時間

關於語氣助詞"耶"取代"邪"占據優勢地位的時間,有近代前期和中古前期兩説。吳欣春、張瑞英(2003)通過對唐朝"邪"、"耶"使用情況的調查,認爲"'耶'的使用在唐已占據上風"③。陳順成(2011)則根據漢譯佛經文獻認爲語氣助詞"耶"是在"魏晉時期取得優勢"④。由上文的分析可知,在語氣助詞"耶"的運用上,並非傳世中土文獻"滯後",而是漢譯佛經文獻"超前"。我們所調查的中古時期的十六部文獻中,有九部爲中土文獻。這九部中土文獻中,除了《抱朴子内篇》、《觀世音應驗記三種》和《高僧傳》外,其餘六部文獻中語氣助詞"邪"的用例均多於"耶"。《觀世音應驗記三種》與《高僧傳》雖爲本土文獻,但都與佛教有關,因此與其他漢譯佛經文獻一樣,不用"邪",僅用"耶",這也可以印證並非因爲漢譯佛經文獻的通俗性而多用俗字"耶"。因此,筆者認爲"耶"取代"邪"占據絕對優勢地位的時間應該是在近代前期(唐朝),而非中古前期(魏晉)。

總之,通過對語氣助詞"邪"與"耶"文獻(包括中土文獻和漢譯佛經文獻)

---

① 近現代的文獻,在此選了《朝野僉載》、《祖堂集》、《景德傳燈錄》、《三朝北盟會編》、《永樂大典戲文三種》、《南村輟耕錄》、《三國演義》、《水滸傳》、《西遊記》、《兒女英雄傳》、《紅樓夢》、《聊齋志異》、《老殘遊記》、《二十年目睹之怪現狀》、《吶喊》、《駱駝祥子》。以上作品在表格中均以首字代替,其中《三朝北盟會編》和《三國演義》均以"三"開頭,則用首字和第二字代替,即"三朝"代《三朝北盟會編》,"三國"代表《三國演義》。

② 參陸德明《經典釋文》,頁 360 上。

③ 參吳欣春、張瑞英《語氣詞"邪"與"耶"使用情況調查》,《古漢語研究》2003 年第 2 期,頁 47。

④ 參陳順成《疑問語氣詞"邪"、"耶"的歷時考察》,《古漢語研究》2011 年第 4 期,頁 90。

用例的考察，大致在近代前期（唐朝），"耶"取代"邪"占據了絕對優勢地位。"耶"取代"邪"原因有二：一是語言的發展演變，二是佛經翻譯活動的推動。其中佛經翻譯活動是"耶"取代"邪"占據優勢地位的重要原因。

五 與/歟

《説文·舁部》："與，黨與也。"可見，"與"的本義爲"黨與、朋友"，用作句末語氣助詞應該是其假借用法。句末語氣助詞"與"上古時期已經出現，可以表示疑問、感嘆等語氣。如：

(1)猗與那與，置我鞉鼓。（《詩經·商頌·那》，頁 525）

(2)夫子至於是邦也，必聞其政，求之與？抑與之與？（《論語·學而》，頁 24）

(3)且爾言過矣，虎兕出於柙，龜玉毀於櫝中，是誰之過與？（《論語·季氏》，頁 648）

(4)可得聞與？（《孟子·梁惠王下》，頁 100）

(5)管仲以其君霸，晏子以其君顯，管仲、晏子猶不足爲與？（《孟子·公孫丑上》，頁 176）

(6)是何人也？惡乎介也？天與？其人與？（《莊子·養生主》，頁 32）

(7)不識步道者，將以窮無窮逐無極與？（《荀子·修身》，頁 31）

(8)子非三閭大夫與？何故至於斯？（《楚辭·漁父》，頁 197）

(9)爲天下之不治與？而既已治矣。自爲與？鷦鷯巢於林，不過一枝；偃鼠飲於河，不過滿腹。（《呂氏春秋·求人》，頁 616）

(10)子罕之時，無所相侵，邊境四益，相平公、元公、景公以終其身，其唯仁且節與？（《呂氏春秋·召類》，頁 561）

(11)歸與歸與！吾黨之小子狂簡，進取不忘其初。（《史記·孔子世家》，頁 1923）

上古時期，語氣助詞"與"的用例並不多見，中古時期沿用，如：

(1)丘上不及龍，下不爲魚，中止其龜與！（《論衡·龍虛》，頁 285）

　　(2)文王之文在孔子,孔子之文在仲舒,仲舒既死,豈在長生之徒與?(《論衡·超奇》,頁 614)

　　(3)詩稱"邦之司直",君之謂與!(《三國志·魏書·徐奕傳》,頁 378)

　　(4)今汝年亦二十三矣,可不勉與!(《三國志·魏書·任城陳蕭王傳》,頁 557)

　　(5)可不慎與!(《三國志·魏書·徐胡二王傳》,頁 746)

　　(6)誠能深鑒成敗,邈然高蹈,投迹微子之蹤,錯身陳平之軌,則福同古人,慶流來裔,百姓士民,安堵舊業,農不易畝,市不回肆,去累卵之危,就永安之福,豈不美與!(《三國志·魏書·鍾會傳》,頁 789)

　　(7)使使持節丞相授印綬,敬聽師傅,行一物而三善皆得焉,可不勉與!(《三國志·蜀書·後主傳》,頁 893)

　　(8)或人率爾,仰而揚衡曰:"是何言與! 是何言與!"(《三國志·蜀書·郤正傳》,頁 1035)

　　(9)敢問斷穀人可以長生乎? 凡有幾法,何者最善與?(《抱朴子內篇·雜應》,頁 266)

　　(10)《經》云:"或現將軍身,隨方接濟。"其斯之謂與?(《觀世音應驗記三種·續光世音應驗記·釋僧融》,頁 44)

　　句末語氣助詞"與"在中古時期也並不常見,以上諸例是我們所選定的十六部文獻中的所有例證。我們還發現,句末語氣助詞"與"在漢譯佛經文獻中更加罕見。可見,在中古時期句末語氣助詞"與"已經式微,取而代之的應該是"歟"。《說文·欠部》:"歟,安氣也。"段玉裁《說文解字注》:"今用爲語末之辭,亦取安舒之意。通作'與'。"語氣助詞"歟"大概在戰國時期才開始出現,可以表示疑問、感嘆等語氣。"歟"作句末語氣助詞上古時期已經出現,但並不多見。如:

　　(1)請見客,子之事歟?(《吕氏春秋·不苟》,頁 642)
　　(2)夫去人滋久,而思人滋深歟!(《吕氏春秋·聽言》,頁 292)
　　(3)王聞燕太子丹入質秦歟?(《史記·甘茂傳》,頁 2320)

中古時期沿用,如:

(1)雖逃避之,終不得離,故夫不求自得之貴歟!(《論衡‧命禄》,頁27)

(2)必以奇吉之物見而子生,謂之物之子,是則光武皇帝嘉禾之精,鳳皇之氣歟?(《論衡‧奇怪》,頁164)

(3)獨爲會稽立歟?(《論衡‧書虛》,頁177)

(4)荀攸、賈詡,庶乎算無遺策,經達權變,其良、平之亞歟!(《三國志‧魏書‧荀彧荀攸賈詡傳》,頁332)

(5)自大亂以來十數年矣,民之欲安,甚於倒懸,然而暴亂未息者,何也?意者政失其道歟!(《三國志‧魏書‧袁渙傳》,頁334)

(6)以此推之,非政教陵遲,牧守不稱之明效歟?(《三國志‧魏書‧杜畿傳》,頁499)

(7)陛下憂勞萬機,或親燈火,而庶事不康,刑禁日弛,豈非股肱不稱之明效歟?(《三國志‧魏書‧杜恕傳》,頁502)

(8)《傳》曰"楚則失之矣,而齊亦未爲得也",其此之謂歟!(《三國志‧魏書‧任城陳蕭王傳》,頁557)

(9)及至必改正朔,俾魏祖虞,所謂意過其通者歟!(《三國志‧魏書‧辛毗楊阜高堂隆傳》,頁719)

(10)公恢崇德度,深秉大正,不憚屈身委質,以愛民全國爲貴,降心回慮,應機豹變,履言思順,以享左右無疆之休,豈不遠歟!(《三國志‧蜀書‧後主傳》,頁901—902)

(11)然連年動衆,未能成功,蓋應變將略,非其所長歟!(《三國志‧蜀書‧諸葛亮傳》,頁934)

(12)黃忠、趙雲彊摯壯猛,並作爪牙,其灌、滕之徒歟?(《三國志‧蜀書‧關張馬黃趙傳》,頁951)

(13)陸績之於揚《玄》,是仲尼之左丘明,老聃之嚴周矣;以瑚璉之器,而作守南越,不亦賊夫人歟!(《三國志‧吳書‧虞陸張駱陸吾朱傳》,頁1341)

(14)是何言歟?(《抱朴子内篇‧極言》,頁239)

(15)惟公勳業超於先烈,而褒賞闕於舊章,古今之道,何其爽歟?(《南齊書‧高帝本紀上》,頁17)

(16)命司裘而謁倉昊,奏《雲門》而升圓丘,時膺大禮,永保洪業,豈不盛歟!(《南齊書·高帝本紀上》,頁21)

(17)案《周禮》祭社南向,君求幽,宜北向,而《記》云君南向,答陰之義,求幽之論不乖歟?(《南齊書·禮志上》,頁138)

(18)猗歟褚公,德素內充。(《南齊書·褚淵傳》,頁439)

(19)乃令魏主以萬乘之重,攻此小城,是何謂歟?(《南齊書·張欣泰傳》,頁883)

(20)其敬膺休業,可不慎歟!(《南齊書·東南夷傳》,頁1011)

(21)遠報能仁之恩,近稱傳譯之德,儻獲身命,寧不勗歟。(《高僧傳·譯經傳》,頁143)

(22)宣變色曰:"是何言歟。"(《高僧傳·竺佛圖澄傳》,頁354)

(23)或猥媠在門,或傲婦擅室,貪榮求利,反招羞恥,可不慎歟!(《顏氏家訓·治家》,頁53)

上面這些例證基本上是我們所選定的十六部文獻中的全部例證(這十六部文獻中引用他書的語句除外)。例(18)是主謂倒裝句,因此"歟"位於"猗"後。《楚辭·漁父》中用"與",作"子非三閭大夫與?"而《史記·屈原傳》中則用"歟",作"子非三閭大夫歟?"可見,"與"是"歟"的早期形式,或者說是"歟"的初文或本字。而後代所謂"與通歟"的說法也是本末倒置,段玉裁《說文解字注》所說"(歟)通作與",是得其本旨。

然而,句末語氣助詞"歟"在我們所選的漢譯佛經文獻中沒有用例,大概它在中古時期還是一個較爲書面化的詞語。結合上文對句末語氣助詞"與"的描寫和分析,我們發現,中古時期"歟"、"與"並用,且"歟"的用例更多一些,在用法上,"歟"可能在逐漸取代"與"。句末語氣助詞"與"和"歟"都不見於漢譯佛經文獻,這似乎也說明它們並不是中古時期典型的句末語氣助詞,至少在中古時期沒有足夠的口語基礎。

總之,句末語氣助詞"乎/諸"、"邪/耶"、"與/歟"也都是承襲上古而來,它們的典型用法是用於句末,表示疑問語氣。

六　哉

"哉"作句末語氣助詞表示疑問、感嘆、陳述等語氣,是古漢語極爲常見的一個詞語。《說文·口部》：“哉，言之間也。”清朝桂馥《說文義證》：“言之間，即辭助。”《玉篇·口部》：“哉，語助。”“哉”較早用法就是用作語氣助詞，上古時期已經出現，如：

(1) 自作不和，爾惟和哉！爾室不睦，爾惟和哉！（《尚書·多方》，頁676）

(2) 大哉乾元，萬物資始，乃統天。（《周易·乾》，頁2）

(3) 君子于役，不知其期。曷至哉？（《詩經·王風·君子於役》，頁97）

(4) 振振君子，歸哉歸哉！（《詩經·召南·殷其靁》，頁27）

(5) 夫召我者，而豈徒哉？（《論語·陽貨》，頁681）

(6) 此何鳥哉？（《莊子·山木》，頁173）

(7) 對曰：“猶可辭乎？”王曰：“可哉！”（《左傳·宣公十一年》，頁714）

(8) 楚人諺曰“得黃金百（斤），不如得季布一諾”，足下何以得此聲於梁楚閒哉？（《史記·季布傳》，頁2731—2732）

中古時期沿用，如：

(1) 不預聞，何以準主而納其說，進身而託其能哉？（《論衡·逢遇》，頁8）

(2) 夫如是，豈宜更勉奴下，循不肖哉？（《論衡·累害》，頁13）

(3) 妙哉！甚爲奇特，世之希有。（《修行本起經》，0466a13）

(4) 吾無道哉！殘天仁子矣。（《六度集經》，0006a28）

(5) 爲存者立廟，使祀其先人，魂而有靈，吾百年之後何恨哉！（《三國志·魏書·武帝紀》，頁23）

(6) 誠哉！道人神妙，蒙恩獲祚。（《生經》，0077b10）

(7) 善哉！汝所作事今始得辦。（《阿育王傳》，0124b08）

(8) 怪哉！俗中猶如火坑，何由可樂？（《摩訶僧祇律》，0515c25）

(9) 世間亦安得奇方，能使當老者復少，而應死者反生哉？（《抱朴子內篇·仙論》，頁13）

(10) 駑牛一日行百里，所致豈一人哉？（《世說新語·品藻》，頁273）

　　(11)善男善女人,可不勖哉!(《觀世音應驗記三種‧繫觀世音應驗記》,頁 59)

　　(12)快哉! 大師。(《百喻經》,0545a24)

　　(13)但欽德懷義,尚表墳間,況功濟區夏,道光民俗者哉?(《南齊書‧高帝本紀下》,頁 32)

　　(14)頃歲以來,祀典陵替,俎豆寂寥,牲奠莫舉,豈所以克昭盛烈,永隆風教者哉!(《南齊書‧明帝本紀》,頁 91)

　　(15)遂使空勞傳寫,永翳匣箱,甘露正説,竟莫披尋,無上寶珠,隱而弗用,豈不惜哉。(《高僧傳‧譯經傳論》,頁 143)

　　(16)誠哉斯語!(《顏氏家訓‧教子》,頁 8)

　　(17)當以疾病爲諭,安得不用湯藥鍼艾救之哉?(《顏氏家訓‧教子》,頁 12)

　　(18)世事略皆如此,安可不存意哉?(《齊民要術‧養羊》,頁 427)

　　(19)善哉! 般闍識企!(《雜寶藏經》,0476b18)

　　上古時期,句末語氣助詞"哉"表示疑問並不少見。到了中古時期,"哉"則多用來表示感嘆。

七　焉

　　《説文‧鳥部》:"焉,焉鳥,黄色,出於江淮。"《廣韻‧仙韻》:"焉,鳥雜毛。"《禽經》:"黄鳥謂之焉。"段玉裁《説文解字注》:"今未審何鳥也。自借爲助詞,而本義廢矣。"可見,"焉"的本義爲鳥名,作句末語氣助詞是其假借用法。句末語氣助詞"焉"在上古時期已經出現,如:

　　(1)寒暑易節,始一反焉。(《列子‧湯問》,頁 160)

　　(2)於其出焉,使公子彭生送之。(《公羊傳‧莊公元年》,頁 112—113)

　　(3)凡天下戰國七,燕處弱焉。(《史記‧蘇秦傳》,頁 2266)

　　中古時期沿用,如:

(1)夫中人之性,在所習焉,習善而爲善,習惡而爲惡也。(《論衡·本性》,頁 137)

(2)蒙祐命全,願盡納焉。(《六度集經》,0003c12)

(3)天下雖未悉定,吾當要與賢士大夫共定之;而專饗其勞,吾何以安焉!(《三國志·魏書·武帝紀》,頁 28)

(4)共禪師譯梵本,爲秦焉,故記之。(《摩訶僧祇律》,0548b01)

(5)雖有至明,而有形者不可畢見焉。雖稟極聰,而有聲者不可盡聞焉。(《抱朴子内篇·論仙》,頁 12)

(6)陳元方兄弟恣柔愛之道,而二門之裏,兩不失雍熙之軌焉。(《世説新語·德行》,頁 7)

(7)鄰里鄉黨,咸敬異焉。(《觀世音應驗記三種·光世音應驗記·竺長舒》,頁 4)

(8)永明元年省,各還本屬焉。(《南齊書·州郡志下》,頁 275)

(9)以魏甘露中,譯出《無量清净平等覺經》等,凡六部經。後不知所終焉。(《高僧傳·曇柯迦羅傳》,頁 13)

(10)治家之寬猛,亦猶國焉。(《顔氏家訓·治家》,頁 41)

(11)若孤根獨立者,雖生亦不佳焉。(《齊民要術·安石榴》,頁 304)

在選定的十六部文獻當中,《修行本起經》、《生經》、《阿育王傳》、《百喻經》、《雜寶藏經》等漢譯佛經文獻中均未出現句末語氣助詞"焉"的用例,可見它在中古時期口語性或常用性可能已經不强了。

八　耳

"耳"的字形,殷商卜辭作"𦥑"、"𦥯"、"𦔮",兩周銘文作"𦔒"、"𦔫"。《説文·耳部》依據小篆形體"𦔮"對其本義説解曰:"耳,主聽也。"可見,"耳"的本義爲人體的聽覺器官——耳朵,用作句末語氣助詞當爲假借用法。句末語氣助詞"耳"有兩種用法:其一,表示限止語氣,與"而已"、"罷了"同義。段玉裁《説文解字注》:"耳,凡語云'而已'者,急言之曰'耳'。"其二,表示肯定語氣或語句的停頓與結束,相當於現代漢語的"了"、"啊"、"也"。清王引之《經傳釋詞》卷七:"耳猶矣也……耳與矣,亦皆詞之終,而連言之則曰耳矣。"清孫經世《經傳釋詞補》:"耳,猶'也'也。"句末語氣助詞"耳"的這兩種用法在上古時期均已出

現,如:

(1)二三子!偃之言是也,前言戲之耳。(《論語·陽貨》,頁 680)

(2)今一犯人之形,而曰"人耳人耳",夫造化者必以爲不祥之人。(《莊子·大宗師》,頁 65)①

(3)君子小人之所以相縣者在此耳。(《荀子·天論》,頁 313)

(4)與父老約,法三章耳:殺人者死,傷人及盜抵罪。(《史記·高祖本紀》,頁 362)

(5)且所給備善則已;不備,苦惡,則候秋孰,以騎馳蹂而稼穡耳。(《史記·匈奴傳》,頁 2901)②

其中例(1)、(4)表示限止語氣,例(2)、(3)、(5)表示肯定語氣或句中停頓與結束。中古時期沿用,且是個較爲常見的句末語氣助詞,如:

(1)仲子如蚓,乃爲廉潔耳。(《論衡·刺孟》,頁 465)

(2)坐汝令吾憂耳。(《修行本起經》,0465b21)

(3)子德動乾坤,懼奪吾位,故示地獄以惑子志耳。(《六度集經》,0001a21)

(4)吾預知當爾,非聖也,但更事多耳。(《三國志·魏書·武帝紀》,頁 43)

(5)吾病甚重,當得卿所親親獼猴之肝,吾乃活耳!(《生經》,0076b28)

(6)我不叛於王亦不叛王子,唯逆王邊諸惡臣耳。(《阿育王傳》,0099c14)

(7)長壽,我爲自動手耳。(《摩訶僧祇律》,0247c25)

(8)但恨不能絶聲色,專心以學長生之道耳。(《抱朴子内篇·論仙》,頁 16)

(9)非爲痛,身體髮膚,不敢毀傷,是以啼耳。(《世説新語·德行》,頁

---

① 郭象注:"人耳人耳,唯願爲人也。"

② 《漢書》"耳"作"也"。

22)

　　(10)君有净行,特相容耳。(《觀世音應驗記三種·續光世音應驗記·惠簡道人》,頁 36)

　　(11)今此小兒七日當死,愍其夭傷以是哭耳。(《百喻經》,0544c03)

　　(12)今骨肉相害,自非靈長之運,禍難將興,方與卿等戮力耳。(《南齊書·高帝本紀上》,頁 6—7)

　　(13)人之無德,遂使清泉輟流,水若永竭,真無以自給,正當移去耳。(《高僧傳·竺曇摩羅刹傳》,頁 23)

　　(14)吾望此書爲汝曹之所信,猶賢於傅婢寡妻耳。(《顏氏家訓·序致》,頁 1)

　　(15)春耕者十不收五,蓋誤人耳。(《齊民要術·旱稻》,頁 147)

　　(16)今我此身,不計苦痛,但憂父母年老目冥,從今飢困,無人供養耳。(《雜寶藏經》,0448b14)

　　就我們所調查的十六部文獻而言,每一部文獻中都出現了句末語氣助詞"耳"的用例。整體看來,在中古時期,句末語氣助詞"耳"的用例相對較多。可見,句末語氣助詞"耳"在當時有着較爲廣泛的口語基礎,是當時較常見的語氣助詞。

九　爾

　　"爾"的字形,殷商卜辭作"𠇑"、"𠇏",兩周銘文作"𤤴"、"𤓯"、"𦔻",《説文·𠨖部》依據小篆形體"爾"對其本義進行説解曰:"爾,麗爾,猶靡麗也。""麗爾","疏朗"義。"爾"用作句末語氣助詞當爲假借用法。句末語氣助詞"爾"在上古時期就已經出現,可以表陳述語氣,也可以表疑問語氣,如:

　　(1)不以食道,用美焉爾。(《禮記·檀弓下》,頁 362)[1]

　　(2)其在宗廟朝廷,便便言,唯謹爾。(《論語·鄉黨》,頁 363—364)

　　(3)君若用臣之謀,則今日取郭,而明日取虞爾,君何憂焉?(《公羊傳·僖公二年》,頁 207)

---

[1]　王引之《經傳釋詞》卷七:"爾,猶'而已'也,……言用美焉而已也。"(參《經傳釋詞》,頁 73 上)

(4)然則何言爾？成公之意也。(《公羊傳·隱公元年》,頁 21)

中古時期沿用,如:

(1)今耳目聞見,與人無別;遭事睹物,與人無異,差賢一等爾,何以謂神而卓絶？(《論衡·知實》,頁 1096)

(2)今與公爭天下者,唯袁紹爾。(《三國志·魏書·荀彧傳》,頁 313)

(3)人體欲得勞動,但不當使極爾。(《三國志·魏書·方技傳》,頁 804)

(4)……,爲乎無爲,以全天理爾。(《抱朴子内篇·至理》,頁 111)

(5)何以知爾？(《世説新語·言語》,頁 82)

(6)我正爲次道治此爾!(《世説新語·賞譽》,頁 250)

(7)聖人寧不應衆生？直是我心未至爾。(《觀世音應驗記三種·繫觀世音應驗記·韓睦之》,頁 190)

(8)既於聞道集泮不殊,而幸無職司拘礙,可得奉温清,展私計,志在此爾。(《南齊書·劉瓛傳》,頁 679)

(9)什曰:"吾年老故爾,何必能稱美談。"(《高僧傳·佛陀跋陀羅傳》,頁 71)

(10)墨翟之徒,世謂熱腹,楊朱之侶,世謂冷腸;腸不可冷,腹不可熱,當以仁義爲節文爾。(《顔氏家訓·省事》,頁 338)

(11)宇宙可臻其極,情性不知其窮,唯在少欲知足,爲立涯限爾。(《顔氏家訓·止足》,頁 343)

(12)欲食,輒投水中,即成醋爾。(《齊民要術·作酢法》,頁 558)

在我們所查檢的十六部文獻中,"爾"一般用作代詞,多用爲第二人稱代詞,也有些用作指示代詞。句末語氣助詞"爾"不多見,尤其是在《修行本起經》、《六度集經》、《生經》、《摩訶僧祇律》、《百喻經》、《雜寶藏經》中未見,而這幾部文獻又都是漢譯佛經文獻。因此"爾"作句末語氣助詞在中古時期可能並没有廣泛的口語基礎,它也就逐步走向了消亡。

十 已

"已"不見於《説文》,其本義爲"停止"。"已"用作句末語氣助詞大概是由其本義語法化而來。句末語氣助詞"已"在上古時期已經出現,用來表示肯定中略帶感嘆的語氣,如:

(1)君子食無求飽,居無求安,敏於事而慎於言,就有道而正焉,可謂好學也已。(《論語·學而》,頁 31—32)

(2)以有涯隨無涯,殆已!(《莊子·養生主》,頁 30)

(3)若是,則女何爲驚已?(《莊子·列御寇》,頁 270)

(4)湯之問棘也是已。(《莊子·逍遥遊》,頁 3)

(5)夫先自敗也已,安能敗我。(《左傳·哀公元年》,頁 1609)

(6)失此利也,雖悔之,必無及已。(《國語·越語上》,頁 633)

(7)今秦,太后、穰侯用事,高陵、涇陽佐之,卒無秦王,此亦淖齒、李兌之類已。(《戰國策·秦策三》,頁 194)[1]

(8)聞之,患其有小惡,以人之小惡,亡人之大美,此人主之所以失天下之士也已。(《吕氏春秋·舉難》,頁 543)

(9)察其所以,皆失其本已。(《史記·太史公自序》,頁 3297)[2]

中古時期沿用,如:

(1)末如也已,何必公山氏之之也?(《論衡·問孔》,頁 428)

(2)然,是已。(《論衡·死偽》,頁 901)

(3)此必是已。(《論衡·知實》,頁 1098)

(4)聖帝孝孫之欲襃崇先祖,誠無量已。(《三國志·魏書·劉曄傳》,頁 448)

(5)陛下孝思中發,誠無已已,然君舉必書,所以慎於禮制也。(《三國志·魏書·劉曄傳》,頁 448)

---

① 《史記·范雎傳》作"也"。
② 司馬貞《史記索隱》:"已者,語終之辭也。"

　　(6)盡不信沖言,委仰明公,無復已已。(《三國志·蜀書·費詩傳》,頁 1016)

　　(7)然則可儉而不可吝已。(《顏氏家訓·治家》,頁 42)

以上例證是我們所選定的十六部文獻中的所有用例,句末語氣助詞"已"在漢譯佛經文獻中一例都沒有出現。可見,句末語氣助詞"已"在中古並不常用,且有走向消亡的發展趨勢。

十一　夫

　　"夫"除了可以作句首語氣助詞外,還可以作句末語氣助詞,多用於感嘆句當中。句末語氣助詞"夫"大約出現於春秋時期,但總體而言,它在上古時期的用例較少。如:

　　(1)吾猶及史之闕文也。有馬者借人乘之,今亡矣夫!(《論語·衛靈公》,頁 633)

　　(2)鳳鳥不至,河不出圖,吾已矣夫!(《論語·子罕》,頁 333)

中古時期沿用,如:

　　(1)魏氏初祚,肇登三司,盛矣夫!(《三國志·魏書·鍾繇華歆王朗傳》,頁 422—423)

　　(2)悲夫! 此所謂以分寸之瑕,棄盈尺之夜光,以蟻鼻之缺,捐無價之淳鈞,非荆和之遠識,風胡之賞真也。(《抱朴子内篇·論仙》,頁 21)

　　(3)悲夫,可爲慨嘆者也!(《抱朴子内篇·求勤》,頁 253)

　　(4)惟友悌深至,不爲旁人之所移者,免夫!(《顏氏家訓·兄弟》,頁 23)

　　(5)悲夫! 自古姦臣佞妾,以一言陷人者衆矣!(《顏氏家訓·後娶》,頁 34)

　　(6)何賢智操行若此之難? 婢妾引決若此之易? 悲夫!(《顏氏家訓·養生》,頁 363)

然而與"夫"的名詞、代詞用法以及其句首語氣助詞用法相比,作句末語氣助詞很顯然不是它的典型用法。在古漢語發達的句末語氣助詞系統的作用下,它很快就退出了歷史舞臺。

十二　兮

"兮"可以用於句末,表示感嘆語氣,相當於現代漢語的"啊"。南朝刘勰《文心雕龍·章句》有云:"又詩人以兮字入於句限,楚辭用之,字出句外。尋兮字成句,乃語助餘聲,舜詠南風,用之久矣;而魏武弗好,豈不以無益文義耶?"①"兮"的這種用法在上古時期即已出現,如:

(1)麟之趾,振振公子,於嗟麟兮!(《詩經·周南·麟之趾》,頁 14)

(2)朕幼清以廉潔兮,身服義而未沫。主此盛德兮,牽於俗而蕪穢。上無所考此盛德兮,長離殃而愁苦。(《楚辭·招魂》,頁 197)

(3)佩玉繠兮,余無所繫之;旨酒一盛兮,余與褐之父睨之。(《左傳·哀公十三年》,頁 1679)

(4)鳳兮鳳兮!何德之衰?(《論語·微子》,頁 718)

中古時期,在我們所選定的十六部文獻中只有如下幾例:

(1)周語次,因書版示立曰:"典午忽兮,月酉没兮。"典午者謂司馬也,月酉者謂八月也,至八月而文王果崩。(《三國志·蜀書·譙周傳》,頁 1031)

(2)老君曰:忽兮恍兮,其中有象;恍兮忽兮,其中有物。(《抱朴子内篇·地真》,頁 323)

可見,用於句末的語氣助詞"兮"與句中的語氣助詞"兮"一樣,受到了"楚辭"及楚地方言的影響。無論是句中語氣助詞"兮"還是句末語氣助詞"兮",從中古時期開始它們就已經喪失了口語基礎。大概從秦始皇統一天下之後,語氣助詞"兮"連楚地的方言基礎也喪失了。

---

① 參范文瀾《文心雕龍注》,頁 572。

十三　爲

"爲"的字形,殷商卜辭作"🐘"、"🐘",兩周銘文作"🐘"、"🐘"、"🐘",《説文·爪部》依據小篆形體"🐘"對其本義説解曰:"爲,母猴也,其爲禽好爪,爪,母猴象也;下腹爲母猴形。"《説文》的説解有些迂曲,"爲"的本義當爲"作"。從上古後期開始,"爲"就可以用作句末語氣助詞表示疑問語氣,且多數情況下用來表示反問語氣,如:

(1)是社稷之臣也。何以伐爲?(《論語·季氏》,頁 645)

(2)奚以之九萬里而南爲?(《莊子·逍遥遊》,頁 3)

(3)親逐而君,爾父爲厲。是之不憂,而何以田爲?(《左傳·襄公十七年》,頁 1030)

(4)兩君合好,夷狄之民何爲來爲?(《穀梁傳·定公十年》,頁 697)

中古時期沿用,如:

(1)斯怪甚大,吾用菓爲?(《六度集經》,0007c28)

(2)龍等來爲?(《六度集經》,0028c15)

(3)汝應遠苦惱,何用啼哭爲?(《阿育王傳》,0108b14)

(4)用爾許地爲?(《阿育王傳》,0116b12)

(5)若不得者,用作此王夫人爲?(《摩訶僧祇律》,0229a15)

(6)今我失衣,何以問我高聲唤爲?(《摩訶僧祇律》,0241c11)

(7)我已破一戒,既不具足,何用持爲?(《百喻經》,0548c03)

(8)足狗肉便了事,何用階級爲?(《南齊書·周山圖傳》,頁 543)

(9)我既不食,何用殺生而祠我爲?(《雜寶藏經》,0461c07)

(10)不疲極也,載是水草,竟何用爲?(《雜寶藏經》,0465c19)

(11)我今望得現世安樂、後世安樂,不用我語,用是活爲?(《雜寶藏經》,0481b02)

就我們所調查的十六部文獻而言,《摩訶僧祇律》中出現的句末語氣助詞"爲"相對多些。關於句末語氣助詞"爲"的來源,蔣紹愚(2005:218)曾指出:

"我們認爲'爲'這個詞由動詞發展成爲語氣詞,是由它在句中所處的語法地位而造成的。"①筆者同意蔣先生的看法。

十四　那

《説文·邑部》:"那,西夷國。""那"從"邑",本義當爲地名,用作句末語氣助詞大概是其假借用法。據我們所見,句末語氣助詞"那"在上古没有出現。查檢我們所選定的十六部文獻,"那"作句末語氣助詞也僅有一例,即:

> 僧於汝有何利益,能爲汝活男活女,能至王家斷理官事那。(《摩訶僧祇律》,0395a28)

王雲路師、方一新(1992:292—293)也曾論及此詞,列舉了一些中古時期的例證,如②:

> (1)拘律陀見彼容悦,疑得甘露,即問優波替:"得甘露那? 忽違本要,惠及少少。"優波替具向拘律陀説所聞偈。(《中本起經》卷上《舍利弗大目捷連來學品》)
> (2)疲瘠向之久,甫問君極那?(《晉詩》卷一程曉《嘲熱客》)
> (3)時有女子從康買藥,康守價不移。女子怒曰:"公是韓伯休那? 乃不二價乎?"(《後漢書·逸民·韓康傳》)

可見,"那"用作句末語氣助詞始見於東漢。中古時期,句末語氣助詞"那"的用例並不多見,還不是一個典型的句末語氣助詞。俞理明(1993:178)指出:"佛經中'那'是個常用字,除了表示疑問代詞一義外,'那'常用在音譯詞中,也可以用於句末作爲語氣詞'耶'的俗寫。"③句末語氣助詞"那"爲句末語氣助詞"耶"的俗寫,這種看法有待商榷。筆者認爲句末語氣助詞"那"最初可能是口語中的某個音節用"那"字記了音。到了近代,句末語氣助詞"那"迅速發展,爲了與遠指代詞"那"相區别,後來句末語氣助詞"那"的字形寫作"哪",一直沿用

---

① 參蔣紹愚《古漢語詞彙綱要》,頁 218。
② 參王雲路師、方一新《中古漢語語詞例釋》,頁 292—293。
③ 參俞理明《佛經文獻語言》,頁 178。

至今,成爲現代漢語中非常活躍的一個語氣助詞。

　　總之,句末語氣助詞"已""夫""兮""爲""那"在中古時期都並不常見。這些詞語有些是承襲上古而來,有些是中古新生。承襲上古而來的句末語氣助詞都面臨着被淘汰的境地,慢慢走向消亡。新産生的、口語色彩較濃的句末語氣助詞則一方面要穩固其在語言系統當中的地位,另一方面也接受着語言系統的考驗。

十五　不/否

(一)"不/否"的用法

　　在上古漢語中,"不/否"的基本用法是作否定副詞,位於謂詞性成分前充當狀語。然而否定副詞"不/否"有時也偏離正常的句法位置單獨成句(有時"不/否"後還可以加上語氣助詞"也",構成"不/否＋也"),作是非問句的答語。最先進入這種格式的是"不"。如殷商卜辭中就有:"今夕雨? 不。""今日雨? 不。"命辭爲是非問句,驗辭爲"不"①。後代以"不"後加"也"構成"不也"②或單用"否"來作是非問句的答語爲常。這種用法的普遍出現大約是在戰國時期,如:

　　(1)然則爲取,可以爲其有乎? 曰:否。(《公羊傳·桓公二年》,頁74)

　　(2)公孫丑曰:"樂正子彊乎?"曰:"否。"(《孟子·告子下》,頁861)

　　(3)齊宣王問匡倩曰:"儒者博乎?"曰:"不也。"(《韓非子·外儲説左下》,頁300)

　　(4)"相國使子乎?"對曰:"不也。"(《吕氏春秋·不苟》,頁642)

　　這種用法的"不/否"一般用作是非問句的答語。由於是非問句的疑問焦點是整個句子,故其答語僅用簡單的肯定詞語(如"然""是"等)或否定詞語

---

①　參裘錫圭《關於殷墟卜辭的命辭是否問句的考察》,《中國語文》1988年第1期,頁1—20。

②　"不"是副詞,獨用有種不完結感。在古漢語中,"也"是最常見的表示肯定語氣的句末語氣助詞,用"也"煞句,表示一句話的完結,"也"具有成句的作用。

(如"不"、"否"等)即可①。這種僅用否定詞而省略句子主幹的答語形式是以説話人和聽話人雙方共有的知識爲前提,這樣不但語義上不會產生誤解,而且形式上也更加簡煉。"不/否"雖然不能構成句子的主幹,但在此,它是表義的最關鍵的詞語。史存直(2005:224)指出:"在人們當面談話的時候,靠具體語言環境的幫助,有時可以把一句話的許多成分同時省去,甚至留下一個關鍵性的詞語。……對話省不僅比較常見,而且也省略得最厲害。"②可見,省略是"不/否(十也)"單獨成句的基本動因。這種用法源自對話,最初可能具有較強的口語性。陸儉明(1982:39—40)指出:"副詞獨用都只是出現在不同的對話形式中,這説明副詞獨用是口語句法裏所有的一種現象。……副詞獨用正是口語裏句法成分大量省略的一種產物。"③爲了避免重複,省略了一些句子成分,這既體現了語言的經濟性原則,也體現了漢語豐富而靈活的表達力。省略的句子成分並不妨礙我們對句子的理解,它完全可以從語境中獲得。

(二)"不/否"的語法化

"不/否"單獨用來回答問題促使其由否定副詞語法化爲語氣助詞。從西周中期的銘文開始,"不/否"逐漸語法化爲語氣助詞,用在是非問句的末尾,形成一種以否定詞結尾的特殊的是非問句,即"VP—不/否"型是非問句。志村良治(1983/2005:22)指出:"中古疑問句的特色之一,是在句末用'不、否、未'等否定詞來表示疑問。"④語氣助詞"不/否"的形成與"不/否(十也)"獨用作是非問句的答語有着密切的關係,"不/否"可能是受到答語"不/否(十也)"的影響而進入"VP—不/否"型疑問句。劉開驊(2008:253)指出:"今後的疑問句研究不僅要研究問句,最好也將答句作爲自己的研究對象,聯繫答句來探討問句,溝通問句與答句之間的内在聯繫並揭示其中一些有規律性的東西。"⑤是非問句有一個特點,它一般是由陳述句加上疑問語調或是疑問語氣助詞來表示疑問,表達的是對整個命題的懷疑,答案要麼肯定,要麼否定。"不/否"經常用於是非問句的否定回答,後來問句受其影響,用"不/否"代替了原先的語氣

---

① 是非問句的答語有時也可以重複原來的句子,但顯得有些多餘。如例(4),肯定的答語可以爲"相國使子",否定的答語可以爲"相國不使子"。不難看出,答語如果重複原來的句子顯得有些多餘。
② 參史存直《文言語法》,頁224。
③ 參陸儉明《現代漢語副詞獨用芻議》,《語言教學與研究》1982年第2期,頁39—40。
④ 參[日]志村良治著,江藍生、白維國譯《中國中世語法史研究》,頁22。
⑤ 參劉開驊《中古漢語疑問句研究》,頁253。

助詞"乎、諸("之乎"的合音)、耶"等。"不/否"由原來的位於謂語前作狀語到"不/否"單獨成句,再到附着於句子的末尾表達疑問語氣,逐步語法化爲語氣助詞。有時,"不/否"的後面還可以再加其他的語氣助詞,如"乎"、"耶"等。

目前學界認爲"VP－不/否"型疑問句較早且可靠的例證是西周中期《五祀衛鼎銘文》中的"汝賈田不?"但除此之外,在同時期的其他文獻中罕見。從戰國末期開始,"VP－不/否"型疑問句才開始逐漸多了起來。就文字方面而言,早期多用"不"。具體例證如:

(1)今病小愈,趨造於朝,我不識能至否乎?(《孟子·公孫丑下》,頁256)

(2)我田忌之人也,吾三戰而三勝,聲威天下,欲爲大事,亦吉否?(《戰國策·齊策一》,頁318)

(3)子寧深解不耶?(《太平經·試文書大信法》,頁56)

(三)"VP－不/否"型疑問句中"不/否"性質的分析驗證

關於古漢語中"VP－Neg"型疑問句的性質以及其中"Neg"的性質,學界目前爭議較多,尚未達成共識。"不"進入"VP－Neg"型疑問句比其他否定詞要早且多見,因此在談到"VP－Neg"型疑問句時,學者們關注較多的是"VP－不"。

關於"VP－Neg"型疑問句中"Neg"的性質,有些學者認爲它已經虛化,如朱冠明(2007:79－83)立足於佛經語言事實的挖掘,從三個方面論證了"VP不"型疑問句中的"不已經虛化爲語氣助詞[1]。有些學者認爲它尚未虛化,如孫錫信(1999:54)在討論近代漢語語氣助詞"無"時指出:"如果我們不把以上作比較的'不'、'否'、'未'看作語氣詞,那麼'無'也不宜看作純粹的語氣詞。'無'是在演變爲'麼'以後才完全成爲語氣詞的。"[2]還有些學者認爲部分虛化(多數學者持此觀點),如柳士鎮(1992:306)指出:"魏晉南北朝時期'不(否)、未、非'等否定副詞用於句子末尾,其功能從總體看仍然表示反復問句中的否定方面,具有否定意義。不過,少數用例中這類否定副詞正在逐步喪失實義,

---

① 參朱冠明《關於"VP不"式疑問句中"不"的虛化》,《漢語學報》2007年第4期,頁79－83。

② 參孫錫信《近代漢語語氣詞》,頁54。

向句末語氣助詞的方向轉化。這表現爲前述用於否定句末尾以及與表示反問的語氣副詞配合使用兩種情況。"①又如吳福祥(1996:485)指出:"按照漢語的語義選擇規則,'寧'、'未'、'詎'是不能進入'VP＋Neg'式反復問句的句法、語義框架的。顯然,這些句子裏的後置否定詞'不'已虛化成語氣詞,其功能在於幫助表達句子的疑問語氣。"②再如遇笑容師、曹廣順(2002:134)指出:"中古漢語'VP 不'式疑問句,有'VP 不'和'AdvVP 不'兩種變體,句型中的'不'已經在相當的程度上虛化了,許多句子可能已經是是非疑問句,而不是反復疑問句。"③何亞南(2004:234－236)也曾指出有四種情況下的句末否定詞可以被視爲已虛化④。在前賢時彦研究的基礎上,我們試圖對這些問題作進一步的考察和分析。

詞類劃分有形態、意義和功能等依據,范開泰、張亞軍(2000:50)曾經指出:"漢語中缺少嚴格意義的形態變化,因此形態不能作爲漢語劃分詞類的標準。傳統語法根據意義劃分詞類的做法也已被否定,……當然劃分詞類以功能爲標準,並不等於否認詞的分類有意義上的依據。"⑤"不/否"處於疑問句的末尾,從句法位置上看,它恰好是語氣助詞的位置。王力(1957:319)指出:"就意義上說,副詞和語氣詞的界限是不很分明的。然而就詞序上說,咱們仍舊可以把它們分開:副詞的位置在謂詞之前,語氣詞的位置在一句之末。"⑥

從語言發展演變的角度來看,在"VP－不/否"型疑問句產生之前,與此相關的表達是用是非問句,句末用語氣助詞"乎"、"諸"("之乎"的合音)、"耶"等的是非問句。關於這一點,柳士鎮、曹廣順、遇笑容師、吳福祥等學者都曾言及,茲不贅述。"不/否"以及後來的"非"、"未"、"無"等用在疑問句的末尾,與這些詞的作用一致。到了唐初,處於句末的"無"演變成"麼","麼"又演變成現代漢語的"嗎"⑦,而"麼"和"嗎"又都是語氣助詞。我們既然承認"乎"、"諸"、"耶"、"麼"、"嗎"等都是語氣助詞,那麼也應該承認與它們有着相同作用的

---

① 參柳士鎮《魏晉南北朝歷史語法》,頁 306。
② 參吳福祥《敦煌變文語法研究》,頁 485。
③ 參遇笑容師、曹廣順《中古漢語中的"VP 不"式疑問句》,載《紀念王力先生百年誕辰學術論文集》,頁 134。
④ 參何亞南《〈三國志〉和裴注句法專題研究》,頁 234－236。
⑤ 參范開泰、張亞軍《現代漢語語法分析》,頁 50。
⑥ 參王力《中國語法理論》(上冊),頁 319。
⑦ 演化過程大體如此,但古今漢語"無"、"麼"、"嗎"的用法不盡相同。參吳福祥《從"VP－neg"式反復問句的分化談語氣詞"麼"的產生》,載吳福祥《語法化與漢語歷史語法研究》,頁 141。

“不/否”等也是語氣助詞。遇笑容師、曹廣順(2002：134)也認爲造成“不”虛化的原因，主要是受疑問句語氣詞“乎/耶”的類化①。

“不/否”語氣助詞的身份也可以在現代漢語方言中得到驗證。助詞的典型特徵之一是弱讀，研究古漢語只能依靠書面語，無從得知當時的語調，然而根據我們的調查，在現代漢語方言“VP－Neg”型疑問句中的“Neg”一般都弱讀。如安徽宿州方言(屬北方方言)、河北陽原方言(屬晉方言)、湖南衡陽方言(屬湘方言)等都是這種情況。不難想象，古漢語中的“VP－Neg”型疑問句中“Neg”的讀音也存在着弱化的情形。

因此，我們可以大體判定“不/否”的性質爲句末語氣助詞。隨着句末語氣助詞“不/否”的形成及廣泛應用，在中古時期又相繼出現了“未”、“非”、“無”三個來自於否定詞的句末語氣助詞。

十六　未

關於“未”，大家較熟悉的用法是作否定副詞和地支用字。然而在中古時期，“未”還產生了一種新的用法，即用在疑問句的句末表示否定性的疑問語氣，這種用法的“未”已經由否定副詞語法化爲語氣助詞了。

(一)語氣助詞“未”形成的語義基礎

“未”的字形，殷商卜辭作“ ”，是個象形字，象樹木枝葉重疊之形，本義爲“幽昧”。“未”在卜辭中就已被借作地支用字了。大約從春秋時期開始，它又被借作否定副詞，用作狀語，相當於“没有、没”、“不”。地支用字“未”與語氣助詞“未”的形成無關，因此我們從“未”的否定副詞用法説起。“未”作否定副詞有兩種基本用法：表示“没有、没”和“不”。

“未”用在謂語動詞前作狀語，相當於現代漢語的“没有、没”，表示事情還没有實現，否定尚未施行的某種動作行爲或過去的某個情況。這種用法較早見於春秋時期，後代沿用，如：

(1)我未見力不足者。蓋有之矣，我未之見也。(《論語·里仁》，頁144)

---

① 參遇笑容師、曹廣順《中古漢語中的“VP 不”式疑問句》，載《紀念王力先生百年誕辰學術論文集》，頁 134。

(2)寡人幼童未通智。(《中山王𡐛鼎》)①

"未"所否定的一般都是完成體的動作或行爲,故吳福祥(2004:93)將其稱爲"已然性否定副詞",並指出:"'未'是對完成體的否定,即否定動作或狀態的完成或實現。"②沈家煊(2010:387)將這種否定稱爲"有的否定"③。"未"側重於陳述一個否定的事實,且語氣較爲舒緩、委婉。這是"未"作否定副詞最常見的用法,也是"未"語法化的基點。

春秋末期,"未"的意義及用法進一步泛化,相當於現代漢語的"不",但比"不"要稍顯委婉,如:

(1)肉食者鄙,未能遠謀。(《左傳・莊公十年》,頁 182)
(2)亦余心之所善兮,雖九死其猶未悔。(《楚辭・離騷》,頁 14)

在上古漢語中,常用的表示否定的副詞有"不、未、毋、勿、非"等,然而真正與"未"的用法相差無幾的只有"不"。"不、未"是直陳式否定詞,"毋、勿"是非直陳式否定詞④,而"非"一般用於判斷句,否定整個謂語。"不"在殷商卜辭中就已經出現了,在上古作爲一般的否定副詞普遍使用。"未"在春秋時出現,之後迅速成爲上古主要的否定副詞之一。隨着否定副詞"未"使用頻率的不斷增多,"不"、"未"都成爲表示否定的常用詞,而"不"的適用範圍更廣泛一些,此時"未"就受到與它同類詞"不"的類化,產生了"不"義,用於"非有否定"。然而語言又具有自我調節的功能,在語言經濟性原則的作用下,"未"的主要用法從古至今都是用作"有的否定",相當於現代漢語的"沒有、没",而"不"從古至今都用作"非有否定",二者各有分工,各司其職。要之,"未"的"不"義是在"沒有"義的基礎上語義及功能的進一步泛化,以及詞彙系統内部相互作用的基礎上產生的。

---

① 轉引自方述鑫等《甲骨金文字典》,頁 1181。
② 參吳福祥《敦煌變文 12 種語法研究》,頁 93。
③ 本書"有的否定"與"非有否定"這兩種提法來源於沈家煊,他認爲:漢語在區分"直陳否定"和"非直陳否定"之後,其次區分是不是對"有"的否定,可稱爲"有的否定"和"非有否定"(參沈家煊《英漢否定詞的分合和名動的分合》,《中國語文》2010 年第 5 期,頁 387—399)。
④ 本書"直陳式否定詞"與"非直陳式否定詞"這兩種提法來源於龔波(參龔波《從假設句的否定形式看甲骨文中的"勿"、"弜"與"不"、"弗"之别》,《中國語文》2010 年第 2 期,頁 162)。

語氣助詞“未”就是在其基本用法的基礎上，通過句法、語義、語用等因素的相互作用，逐步形成。

(二)語氣助詞“未”的形成過程

1. 否定副詞“未”的三種特殊用法

副詞一般只能用在謂詞前作狀語，然而大約在春秋戰國之交，否定副詞“未”產生了三種特殊用法：“未＋也”單獨作謂語，構成“NP＋(X)＋未＋也”式；“未＋也”單獨作緊縮複句的分句；“未＋也”單獨成句。在這三種用法當中，“未”偏離了副詞的正常用法，是其由否定副詞語法化爲語氣助詞的關鍵性環節。

第一，“未＋也”單獨作謂語，構成“NP＋(X)＋未＋也”式。

在這種句式中，“未”表示事情尚未實現，其後省略了“VP”，用“也”煞句，“未也”相當於謂語。這種用法較早出現在春秋末期，如：

（1）齊猶未也，不可以不懼。（《左傳·襄公十九年》，頁 1051）
（2）秦數使反閒，僞賀公子得立爲魏王未也。（《史記·魏公子傳》，頁2384）
（3）無常者，其行未也。（《太平經·四行本末訣》，頁 94）

在古漢語衆多的句末語氣助詞當中，“也”表達的語氣相對較弱，而“未”所表示的否定語氣也相對委婉，沒有“不/否”那麼强烈。因此“未＋也”這樣的搭配也符合語言的使用習慣。此外，語氣助詞“也”同時具有成句的作用。“未”是副詞，單獨出現在陳述句（在古漢語中，很多情況下是判斷句）的句末，有種不完結感，用“也”煞句，表示一句話的完結。“NP＋(X)＋未＋也”中的“X”一般是副詞，如(1)中是副詞“猶”。

“未＋也”單獨作謂語這種用法源自對話，最初可能具有較强的口語性。爲了避免重複而省略了“未”後的“VP”，既體現了語言的經濟性原則，也體現了漢語豐富而靈活的表達力。省略的“VP”並不妨礙我們對句子的理解，它完全可以在語境中獲得。“未”的這種用法在南北朝以後逐漸消失。

第二，“未＋也”單獨作緊縮複句的分句。

“未＋也”還可以用於緊縮複句的後一分句，它是對前一分句所述情況的否定，如：

(1)若隱者，可謂經千乘之國，蹈道則未也。（《穀梁傳·隱公元年》，頁6—7）

(2)以人觀之，則是也。以法量之，則未也。（《韓詩外傳》卷四，頁137）

(3)察士以爲得道則未也。（《呂氏春秋·不屈》，頁494）

(4)竊論先生高節有餘，於時則未也。（《後漢書·申屠蟠傳》，頁1753）

"未＋也"單獨作謂語或緊縮複句的分句，省略了"VP"，使副詞"未"看似偏離了正常的句法位置，除了語氣助詞"也"外，它處於句末，這樣的句法位置爲"未"語法化爲句末語氣助詞創造了條件。

第三，"未＋也"單獨成句。

戰國時期，"未＋也"的用法進一步凝固，可以單獨成句，同樣也是用在對話中，它是對前面疑問句（一般是是非問句）的否定回答，如：

(1)或問曰："勸齊伐燕，有諸？"曰："未也。……"（《孟子·公孫丑下》，頁289）

(2)鮑叔曰："比其自及也？國無闕亡乎？"管仲曰："未也。……未有敢犯我者。"（《管子·大匡》，頁106）

(3)番吾君自代來，謂公仲曰："……今公仲相趙，於今四年，亦有進士乎？"公仲曰："未也。"（《史記·趙世家》，頁1797）

(4)春申君曰："娉入乎？"對曰："未也。"（《史記·春申君傳》，頁2396）

這裏的"未也"一般是作是非問句的答語①。此用法直接導致了語氣助詞

---

① 大約在唐代，"未也"逐漸成爲一個凝固結構，用在對話中，前面是陳述句，"未也"是對對方觀點的否定，説明事實"並非如此"，如唐白行簡《李娃傳》："生謂娃曰：'可策名試藝矣。'娃曰：'未也。且令精熟，以俟百戰。'"宋何薳《春渚紀聞》卷第二："更行百餘棋，對手者亦韜手自得，責其誇言，曰：'今局勢已判，黑當贏籌矣。'仲甫曰：'未也。'"這種用法晚出，語氣助詞"未"的語法化與此無關，在此就不做過多的討論了。

"未"的産生。

2. 語氣助詞"未"的用例及分析

大約從西漢開始，"未"進入"VP－未"型疑問句，用來詢問句中所指是否已經出現或完成，相當於現代漢語的"……没有?"或"……了嗎?"，如：

(1)君除吏已盡未?(《史記·魏其武安侯列傳》，頁 2844)

(2)太后獨有帝，今哭而不悲，君知其解未?(《漢書·外戚傳》，頁 3938—3939)

(3)今日上不至天，下不至地，言出子口，入於吾耳，可以言未?(《三國志·蜀書·諸葛亮傳》，頁 914)

(4)卿家癡叔死未?(《世説新語·賞譽》，頁 234)

(5)吾言驗未?(《隋書·郭榮傳》，頁 1320)

在這種用法中，"未"依然可以表示一定的委婉語氣。

語氣助詞"未"的形成與"未也"獨用作是非問句的答語有着密切的關係，它是受到後面答語的影響而進入"VP－未"型疑問句。"未也"經常用於是非問句的否定回答，後來問句受其影響，用"未"代替了原先的語氣助詞"乎、諸("之乎"的合音)、耶"等。"未"由原來的位於謂語前作狀語到"未＋也"單獨作謂語、單獨成句到附着於句子的末尾，逐步語法化爲語氣助詞。

由上文可知，最先進入"VP－Neg"型疑問句的否定詞是"不"，"VP－不"式的形成就是由於"不"獨用作是非問句的答語。"不"進入這種句式的時間比"未"早，而"未"與"不"的用法又有諸多的相似之處，所以"未"進入這種句式也有可能受到"不"的類化。詞彙史上有一種由於語言的類推作用而形成的詞義引申現象叫"同步引申"，即"一個詞意義延伸的過程常常'擴散'到與之相關的詞身上，帶動後者也沿着相類似的綫路引申"[1]。在句法、語義及語用上，"未"與"不"都有極大的相似性，二者沿着同樣的軌迹發展也不足爲奇。

語法化在我國傳統語言學中被稱爲實詞虛化，"虛化有程度的差别，實詞變爲虛詞是虛化，虛詞變爲更虛的成分(如詞綴和屈折形態)也是虛化"[2]。

---

① 參許嘉璐《論同步引申》，《中國語文》1987 年第 1 期，頁 50。

② 參沈家煊《"語法化"研究綜觀》，《外語教學與研究》1994 年第 4 期，頁 17。

“未”是由副詞虛化爲助詞，是由虛的語法成分語法化到更虛的語法成分。總之，“未”是在句法、語義、語用等諸多因素的共同作用下逐步語法化爲語氣助詞，其形成過程如下圖所示：

語氣助詞“未”的形成過程圖

十七 非

中古時期產生了一個新的語氣助詞“非”，然而它只是曇花一現，在中古初期產生，中古末期就基本消亡了。在此，我們對語氣助詞“非”的來源及發展進行了梳理，以期對漢語史的相關工作有所助益。

（一）語氣助詞“非”的來源

考察語氣助詞“非”的來源，要從“非”的本義説起。《説文·非部》：“非，違也。从飛下翅，取其相背。”可見，“非”的本義是“違”。然而依據我國現存較早的書面語——甲骨卜辭，“非”大致有兩種用法：一是用作否定詞，二是用作地名①。卜辭中沒有出現“非”作“違”義的用法，“非”作“違”義較早出現於西周時期，如《尚書·微子》：“卿士師師非度。”顯而易見，否定詞“非”與《説文》認爲的本義“違也”的“非”存在着聯繫，正如《古代漢語虛詞詞典》所説：“所謂‘違’、‘背’可以理解爲兩物運動的方向相反。一般説，事實跟認識相違背，即可謂之‘非’。”②考察一個詞的本義要從字形和文獻用例兩方面入手，“非”的字形在甲骨文中作“𦙃”，在金文中作“𦙃”、“𦒣”、“𦒣”等，正像兩物相違背之形，似乎也是表達了“違”義。然而就現有的文獻記載來看，“非”作否定副詞的用法早於動詞“違”，“非”的本義究竟是什麽？我們認爲否定副詞“非”應該是從動詞“非”語法化而來，原因如下：

第一，與其他否定副詞如“不、弗、勿、毋、未、否”等一般只否定謂詞性成分（下稱“VP”）不同，“非”一般用於判斷句，否定謂語和主語的關係，即它用來否

---

① 卜辭中“非”用作地名是假借用法。
② 參中國社會科學院語言研究所古代漢語研究室《古代漢語虛詞詞典》，頁137。

定整個謂語。因爲判斷句是以名詞或名詞性短語爲謂語表示判斷,因此"非"一般用來否定名詞性成分(下稱"NP")。當然,"非"也可以用來否定"VP"。如:

(1)可愛非君?可畏非民?(《尚書·大禹謨》,頁132)

(2)人惟求舊;器非求舊,惟新。(《尚書·盤庚》,頁345)

(3)吾非偷①晉而有二心,將終事之,是以弗與,忠信故也。(《左傳·昭公十六年》,頁1378—1379)

(4)子非魚,安知魚之樂?(《莊子·秋水》,頁148)

例(1)、(4)否定"NP",例(2)、(3)否定"VP"。造成"非"與"不、弗、勿、毋、未、否"等否定詞這種差異的原因在於它們的來源:"不、弗、勿、毋、未、否"等否定副詞最初的用法本來就是副詞(本義或假借義),因此它們的副詞用法更典型。而"非"由動詞語法化而來,"較早的意義可能會制約較晚的意義和/或結構特點"②,因此它可以否定整個謂語。可以説,副詞"非"還帶有一定的動詞性特徵,這個動詞性特徵是從它的本義(用作動詞)延續而來。

第二,王雲路師指出:"人們認識事物的規律是由具體到抽象,詞義的變化也遵循着這一規律,即詞義由具體的行爲、動作和事物轉指抽象的心理活動和概念等。"③與此類似,當實詞變得越來越抽象,它也有可能向功能詞(虚詞)轉化。動詞"非"是一種相對具體的動作,而否定副詞"非"就比較抽象。"非"的實詞意味降低,進而轉向了功能詞,這種演變方式較符合詞義變化的一般規律。

第三,語法化理論是關於詞彙演變規律的理論,一般指實詞變成虚詞或虚詞變成更虚的語法成分。衆多學者的研究表明,語法化具有單向性,即"較少語法的>較多語法的"這樣的演變過程。從另一個角度看,單向性的體現則又可以爲語法化沿着"主要範疇(>中間範疇)>次要範疇"④演化。因此,由否

---

① "偷",形容詞性成分,義爲"薄待"、"輕視"。

② 參[美]霍伯爾、特拉格特著,梁銀峰譯《語法化學説》,頁20。

③ 參王雲路師《漢魏六朝詩歌語言論稿》,頁97。

④ 主要範疇指名詞和動詞,中間範疇指形容詞和副詞,次要範疇指前置詞、連詞、助動詞、代詞和指示代詞(參[美]霍伯爾、特拉格特著,梁銀峰譯《語法化學説》,頁133)。

定副詞"非"到動詞"非"這樣的演變途徑更符合語法化的一般原理。

第四,書面語是口語的加工形式,從某種程度上說,書面語可以反映口語。然而,書面語又會受到語體的制約。卜辭的内容較爲單一,並不能完全反映當時的口語,它所用到的只是與占卜、祭祀等有關的詞語。因此,卜辭中有没有出現實義動詞"違"的用法,這也可能是由卜辭本身的性質所決定。況且書面語還要滯後於口語,没有反映在書面語中的現象也並不等於在口語中不存在。

種種迹象表明,否定副詞"非"由動詞"非"語法化而來更加符合語言事實。然而,從實義動詞到否定副詞,"非"的語法化過程並没有結束,它還繼續向更虛的成分演進,這個更虛的成分就是語氣助詞。

(二)語氣助詞"非"的萌芽

否定副詞"非"的一般用法是在"NP/VP"前面作狀語。然而在春秋時期,否定副詞"非"出現了一種特殊的用法,即"非+也"單獨成句,表示"不是(這樣)"。有用在自問自答的設問句中,是對前面觀點的否定;有用在對話中,或表示對對方觀點的否定,或表示對是非問句的否定回答。如:

(1)子反曰:"去之,此酒也。"豎穀陽曰:"非也。"(《韓非子·飾邪》,頁125)

(2)武王曰:"西方有九國焉,君王其終撫諸?"文王曰:"非也。古者謂'年齡',齒亦齡也。我百,爾九十,吾與爾三焉。"(《禮記·文王世子》,頁827)

(3)祝柯之盟,盟復伐齊與?曰非也。(《穀梁傳·襄公十九年》,頁563)

(4)今紀無罪,此非怒與?曰:非也。古者有明天子,則紀侯必誅,必無紀者。(《公羊傳·莊公四年》,頁123)

(5)子夏之晉,過衛,有讀史記者曰:"晉師三豕涉河。"子夏曰:"非也,是己亥也。夫'己'與'三'相近,'豕'與'亥'相似。"(《吕氏春秋·察傳》,頁619)

(6)文侯曰:"谿工,子之師耶?"子方曰:"非也,無擇之里人也;稱道數當,故無擇稱之。"(《莊子·田子方》,頁175)

例(3)、(4)是用在設問句中,對前面觀點的否定;例(1)、(5)是對話中對對方觀點的否定;例(2)、(6)是對是非問句的否定回答。"非十也"單獨成句,否定副詞"非"偏離了其正常的用法,這促使其進一步語法化,語氣助詞"非"由此萌芽。

"非十也"單獨成句,雖然偏離了否定副詞"非"的基本用法,但這也絕非偶然。第一,受到語言經濟性原則的制約。這裏的"非十也"單獨成句一般是用於對話中(設問是自問自答,相當於自己和自己對話),"非十也"所省略的"NP/VP"以説話人和聽話人雙方共有的知識爲前提,這樣不但在語義上不會產生誤解,而且形式上也更加簡煉。可見,省略是"非十也"單獨成句的表面動因,語言的經濟性原則是其單獨成句的内在機制。這種用法源自對話,最初可能具有較强的口語性。

第二,受到"不/否、未"的類化。在上古時期,否定詞"不/否、未(十也)"都可以單獨做是非問句的答語,"非"進入這種格式也可能受到了它們的類化。最先進入這種格式的是"不",大概與此同時,"未"也出現了這種用法,對此,上文已有較爲詳細的説明,兹不贅述。

然而,較之"不/否、未(十也)"單獨成句而言,"非十也"用得最多,也最自然。究其原因,恐怕與"非"本身的性質不無關係:"非"作否定副詞本來就是用來否定整個謂語,因此在對話中承前省略謂語也不會使人產生誤解。

(三)語氣助詞"非"的形成

大約從東漢時期(中古時期)開始,"非"就出現了語氣助詞的用法,其標誌就是"非"進入古漢語以否定詞結尾的疑問句,即"VP—Neg"型疑問句。如:

(1)今魯國之鼓,當先具其備,至秋乃能舉火。此言與實反者非?(《漢書·終軍傳》,頁 2818)

(2)寧是長者珍妙寶非?(《舊雜譬喻經》,0519a27)

(3)阿梨耶是迦梨非?(《摩訶僧祇律》,0519b02)

(4)君是賊非?(《南齊書·蕭遥光傳》,頁 791)

"非"用在是非問句的結尾,傳遞疑問的語氣。此外,它是由否定副詞語法化而來,因此在幫助疑問的同時,還能傳遞一定的否定信息。在中古傳遞疑問信息典型的語氣助詞有"乎"、"諸"、"耶"等,語氣助詞與"非"作用相同且來源(否定詞)也相同的詞語還有"不/否"、"未"、"無"等。因此,"非"的語氣助詞用法並不十分常見，且大約在中古末期（唐）以後就基本消失了。

"非"語法化爲語氣助詞，原因同樣有兩個。第一，語用制約。語氣助詞"非"的形成與"非＋也"獨用，尤其是獨用作是非問句的答語有着密切的關係，它受到其作是非問句答語的影響而進入"VP—非"型疑問句。霍伯爾、特拉格特："聽話人是説話人輸出的'對象'。從這個角度看，聽話人激發了説話人提供信息和提供清楚信息的原因。"[①]"非＋也"可以用於是非問句的否定回答，問句受其影響，用"非"代替了原先的語氣助詞"乎"、"諸"（"之乎"的合音）、"耶"等，成爲語氣助詞。

第二，受到"不/否"、"未"的類化。同樣，"不/否"、"未"語法化爲語氣助詞的時間比"非"早，"非"可能受到了它們的影響。可見，否定副詞"非"在語法化爲語氣助詞方面依然與"不/否"、"未"等否定詞有着相似的發展軌迹。孫錫信認爲從用"不"、"否"，到用"未"、"無"、"没（没有）"，是類推作用的結果[②]。由上文的論述可知，"非"也是這種類推作用的結果之一。"非"由最初用於 NP/VP 前到"非＋也"單獨成句，再到附着於句子的末尾表達疑問語氣，逐步語法化爲語氣助詞。

(四)語氣助詞"非"的消亡

語氣助詞"非"僅在中古時期有過短暫的生命，晚唐五代以後逐漸消亡，這恐怕與語言的競争機制不無關係：

第一，"VP—Neg"型疑問句内部的競争。中古時期，"VP—Neg"型疑問句發展成熟，處於"Neg"地位的否定詞有"不/否"、"未"、"非"、"無"等，有這麽多作用大體相當的詞語不符合語言的經濟性原則。由於"VP—不/否"最先産生，它的地位也相對穩固，從上古一直沿用到近代。晚唐五代，"VP—無"也逐漸增多，"無"經過"磨"、"摩"、"麽"，最終發展爲現代漢語典型的語氣助詞"嗎"，而"非"和"未"漸趨消亡。

第二，否定副詞"非"與語氣助詞"非"的競争。在古漢語中，表示否定的副詞有"不"、"弗"、"勿"、"毋"、"未"、"否"等，但這些詞一般都是用來否定謂詞，而"非"可以用來否定整個謂語，它們分工明確，各司其職，否定副詞"非"有其存在的必要性。而語氣助詞"非"就不同了，在傳達疑問信息方面，有"乎"、

---

① 參[美]霍伯爾、特拉格特著，梁銀峰譯《語法化學説》，頁88。
② 參孫錫信《語法化機制探賾》，載《紀念王力先生百年誕辰學術論文集》，頁94。

"諸"("之乎"的合音)、"耶"等典型的語氣助詞。作爲語氣助詞,"VP－Neg"中的"Neg"就已經是非典型的語氣助詞了,而"Neg"又有"不/否"、"未"、"非"、"無"等詞語,其中"不/否、無"較常見,"非"就更加邊緣化了,因此語氣助詞"非"最終被淘汰。

(五)小結

語氣助詞"非"的直接來源是否定副詞"非"。在語言競争機制的作用下,語氣助詞"非"很快就退出了歷史的舞臺,只在中古時期留下了它的印記。語氣助詞"非"的形成過程大體如下:

語氣助詞"非"的形成過程圖

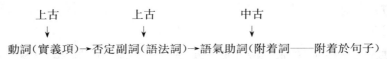

十八　無

中古時期產生了一個特殊的語氣助詞"無",它位於疑問句的句末,在傳遞疑問信息的同時還表達一定的否定意義。關於語氣助詞"無"的來源以及發展情況,學者們的分歧較多,意見不盡相同。我們通過對"無"文獻用例的考察與分析,試圖對語氣助詞"無"進行探源溯流式的研究。

(一)語氣助詞"無"的萌芽

"無"的字形在殷商卜辭中作"𣦵",象人兩手執物而舞之形,其本義是"舞蹈"。卜辭中的"無"都用作"跳舞、舞蹈"義,基本上都與祭祀、求雨有關,如董作賓《小屯·殷虛文字乙編》三八九九:"勿無河,亡其雨?""無"的字形在銅器銘文中作𣦵,加"辵"亦示舞動之義。然而在銘文中"無"又可以假借爲否定詞,一般作動詞,表"有無"之"無",如《郘公鼎》:"萬年無疆。"也可以作副詞,表示"不"義,如《孟鼎》:"無敢擾。"當"無"假借爲否定詞後,又造了"舞"作爲其本義"舞蹈"的後起分化字。語氣助詞"無"的來源與其本義"舞蹈"無關,而與其假借用法否定詞有着直接的關係,故我們從"無"的假借用法——否定詞說起。

自從"無"假借爲否定詞,其基本用法就是作否定詞,用在名詞或名詞性短語(下稱"NP")前否定"NP",例證俯拾即是。大約從春秋時期開始,否定詞"無"又產生了一種特殊的用法,即"無(＋也)"單獨作是非問句的答語。如:

117

(1)叔展曰:"有麥麴乎?"曰:"無。""有山鞠窮乎?"曰:"無。"(《左傳·宣公十二年》,頁749)

(2)子路問於孔子曰:"君子亦有憂乎?"孔子曰:"無也。……是以有終身之憂,無一日之樂。"(西漢劉向《説苑·雜言》,頁429)

(3)又問:"家有冤乎?"曰:"無也。"(東漢荀悦《漢紀·孝武皇帝紀》,頁218)

(4)歆曰:"災沴之氣,其常存邪?"曰:"無也,時生耳。猶乎人四支五臟,中也有時,及其病也,四支五臟皆病也。"(晉葛洪《西京雜記》卷五,頁37)

"無"進入這種格式與"非"進入"非+也"式有着相似的機制,兹不贅述。

否定詞"無"獨用作是非問句的答語是語氣助詞"無"形成的萌芽階段,原因是這種用法使"無"偏離了正常的句法位置,促使其進一步語法化。

(二)語氣助詞"無"的形成

否定詞"無"獨用作是非問句的答語使"無"偏離了其正常的句法位置,也使其具備了進一步虚化的可能性。大約從東漢末期開始,"無"進入"VP－Neg"型疑問句[①]。何亞南(2004:212)曾指出:"目前一般認爲'無'字進入反復問句[②]的時代是南北朝,現在看來當提前到東漢末(公元2世紀中葉)。"[③]如:

(1)幻與色有異無?幻與痛癢思想生死識有異無?(《道行般若經》,0427a17)

(2)有施與者無也?(《大明度經》,0496c18)

(3)人之美妙,有與我等者無?(《賢愚經》,0354b26)

(4)晚來天欲雪,能飲一杯無?(唐白居易《問劉十九》,頁4900)

---

① 有時"無"後還可以加語氣助詞"也"。

② 這裹説的"反復問句",實際上就是指"VP－Neg"型疑問句。我們認爲這種"VP－Neg"型疑問句不是反復問句,而是是非問句。值得注意的是,從本質上來説,古漢語中的"VP－Neg"型疑問句與現代漢語中的"VP－Neg"型疑問句的性質並不相同。現代漢語"VP－Neg"型疑問句是"VP－Neg－VP"型正反問句的省略形式,是正反問句,而古漢語"VP－Neg"型疑問句是是非問句的一種特殊類型,不能把二者混爲一談。不過,觀點的分歧並不影響文獻用例的客觀性。

③ 參何亞南《〈三國志〉和裴注句法專題研究》,頁212。

“無”語法化爲語氣助詞，其原因與“非”語法化爲語氣助詞的原因大體一致。

(三)語氣助詞“無”的發展

關於語氣助詞“無”的發展情況，我們分爲近代前期、近代後期和現代漢語三個階段來分析。

1. 近代前期

與否定詞“無”相比，語氣助詞“無”有兩個明顯的特徵：其一，讀音弱化；其二，否定意味弱化。研究古漢語，語調已不可見，但我們依然可以在其他方面找到一些語音演變的蛛絲馬迹。“無”讀音弱化，最明顯的表現是其字形的變化。語言的發展演變是一個漸變的過程，東漢時期，語氣助詞“無”産生，但不多見。到了唐朝，語氣助詞“無”的用例逐漸增多，被人們所普遍接受，然而此時“無”的基本用法依然是作否定詞，大概是由於語氣助詞“無”的讀音及其否定意味已經弱化到了與否定詞“無”有了明顯區別，因此在晚唐五代時期，用“磨”、“摩”、“麽”三個讀音相同，形體接近的漢字來記錄語氣助詞“無”的語音，使語氣助詞“無”在字形上與否定詞“無”發生了分化，從而減輕了“無”字的負擔。吳福祥(2006:151)認爲字形最初作“磨”[①]，他舉了敦煌寫本《王梵志詩》中的兩例：

(1)損失酬高價，求嗔得也磨？（《借物莫交索》）
(2)將他物已用，思量得也磨？（《偷盜須無命》）

晚唐五代“磨”、“摩”、“麽”的其他例證如：

(3)錦衣公子見，垂鞭立馬，腸斷知磨？（《全唐五代詞·雲謠集雜曲子·鳳歸雲》，頁802）
(4)南齋宿雨後，仍許重來麽？（唐賈島《王侍御南原莊》，頁6726）
(5)欲趁寒梅趂得麽？（《全唐五代詞》五代成彥雄《楊柳枝》，頁718）

---

① 參吳福祥《從“VP—neg”式反復問句的分化談語氣詞“麽”的産生》，載吳福祥《語法化與漢語歷史語法研究》，頁151。

(6)還有人道得摩？（《祖堂集•羅山和尚》，頁 449）

(7)從無量劫來，還遊得遍摩？（《祖堂集•岑和尚》，頁 777）

　　"磨"、"摩"、"麽"在晚唐五代均已出現。"磨"出現最早，"麽"的用例相對多些，"摩"在《祖堂集》較多見，之後極其罕見，我們檢索了北京大學 CCL 語料庫①，除了《祖堂集》的例證外，僅見清朝三例。可見，《祖堂集》中"摩"的用例較多可能與其作者的使用習慣有關。否定詞"無"在中古屬明母虞韻，"磨"、"摩"、"麽"在中古屬明母戈韻（三者語音與"無"接近，但又稍有不同）。最初三者混用，表現了它讀音上的特點，也表明語氣助詞"無"與否定詞"無"發生了分化，語氣助詞"無"假借"磨"、"摩"、"麽"來記音。同時，三者混用，字形不固定，表明尚處於字形演變的過渡階段。張相（1953/1977：379）指出："麽，疑問辭。……唐五代時，隨聲取字，麽、磨、摩，皆假其聲爲之，尚未劃一，似至宋以還始專用麽字，後乃或並唐人所用之磨字而亦追改之矣。"②張涌泉（2010：30）指出："晚唐、五代，中國封建社會由盛轉衰，統一的中國又陷入封建割據和軍閥混戰之中。國力漸衰，世風下頹，一時曾有所收斂的俗訛別體遂又泛濫起來。"③晚唐五代時期是社會大動盪時期，無暇顧及語言的規範問題，用字不統一實屬正常。

　　2. 近代後期

　　宋朝以後，用於"VP－Neg"型疑問句中的"無"、"磨"、"摩"、"麽"的字形逐漸集中到"麽"上，吳福祥（2006：155）也曾有過相關的論述，但並未解釋原因④。究其原因，宋朝以後，版刻圖書逐漸多了起來，這無形中對漢字起到了規範的作用。張涌泉（2010：30）指出："宋代以後，隨着版刻書籍的盛行和流傳，以正楷爲主的印刷體的地位不斷得到鞏固和加強，字體逐漸趨於一尊。人們的書寫有了可遵循的範本，從而大大漸少了俗字存在的機會和市場。所以從總體上來看，宋代以後俗字的使用有不斷下降的趨勢。"⑤版刻圖書多用"麽"，因此字形逐漸固定在"麽"上。最初，"麽"的用法和"無"一樣，都只是用

　　①　http://ccl.pku.edu.cn:8080/ccl_corpus/index.jsp? dir＝xiandai

　　②　參張相《詩詞曲語辭匯釋》，頁 379。

　　③　參張涌泉《漢語俗字研究》，頁 30。

　　④　參吳福祥《從"VP－neg"式反復問句的分化談語氣詞"麽"的產生》，載吳福祥《語法化與漢語歷史語法研究》，頁 155。

　　⑤　參張涌泉《漢語俗字研究》，頁 30。

於一般疑問句。大約從南宋起，"麼"的用法有了擴展，可以用於測度問。大約從元代起，又可以用於反詰問。如：

(1)莫是章柴頭麼？（南宋普濟《五燈會元·稽山章禪師》，頁826）

(2)王見多時不出時，莫不死了麼？（《朴通事》，頁304）

(3)哥，你們再也敢和我打球麼？（《朴通事》，頁332）

(4)娘子要渡溪麼？（明淩濛初《初刻拍案驚奇》卷二，頁19）

(5)斐大，汝今還敢來賭一死生麼？（明馮夢龍《東周列國志》第六十四回，頁473）

(6)年兄差了，這事毫無影響，難道就獨坐在你身上麼！（清佚名《檮杌閑評》第二十回，頁241）

(7)老師這一向有信麼？（清文康《兒女英雄傳》第三回，頁29）

例(4)、(7)用於一般疑問，例(1)、(2)用於揣測問，例(3)、(5)、(6)用於反詰問。可見，至晚從南宋起，語氣助詞"麼"可以用於一般疑問、測度問和反詰問等句類中。

從元朝開始，又出現了語氣助詞"嗎"，其用法與語氣助詞"麼"接近。如：

(1)門裏有人嗎？（《全元曲》馬致遠《半夜雷轟薦福碑》楔子，頁443）

(2)你老爹好嗎？（《全元曲》馬致遠《江州司馬青衫淚》第二折，頁394）

(3)莫非此子嗎？（明余邵魚《周朝秘史》第七回，頁37）

(4)山僧剛有這形骸時，您趕上看到我，難道現在忘記了嗎？（明李昌祺《剪燈餘話》卷三，頁140）

語氣助詞"嗎"在元朝很少見，幾乎都是用於一般疑問句；在明朝也不多見，它除了可以用於一般疑問句外，也可以用於揣測問和反詰問，如例(1)、(2)用於一般疑問，例(3)用於測度問，例(4)用於反詰問。《龍龕手鑒》卷第四"嗎"字下云："俗，莫霸切。"《字彙》云："嗎，俗罵字。"《康熙字典》承《字彙》云："俗罵字。"可見，"嗎"本為去聲，是"罵"的俗字。"嗎"逐漸取代"麼"，原因可能是"麼"兼職太多。在近代，"麼"除了作語氣助詞外，還有"怎麼"、"什麼"、"甚麽"、"這麽"、"那麽"、"作麽(生)"等,這些也都是常用詞,因此這兩種用法的"麽"在字形上發生了分化,從而減輕了"麽"字的負擔。

3. 現代漢語①

在新中國成立之前,語氣助詞"麽"依然在文獻用例中占據主導地位。清朝以前,語氣助詞"嗎"並不多見,清朝及以後,語氣助詞"嗎"的數量有所增加。如:

(1)姑娘睡着了嗎?(清曹雪芹等《紅樓夢》第八十三回,頁1166)

(2)我要拿得動那個,我也端頭號石頭考武舉去了,我還在這兒跑堂兒嗎?(清文康《兒女英雄傳》第四回,頁48)

(3)有什麽説得響的事兒,你們打量我不知道嗎?(清曾樸《孽海花》第十五回,頁109)

(4)你是府裏的差嗎?(清劉鶚《老殘遊記》第八回,頁77)

(5)二春還没來嗎?(老舍《龍鬚溝》,頁149)

(6)她不是一直和克南很好嗎?(路遥《人生》,頁130)

我們以《紅樓夢》②爲例,觀察語氣助詞"麽"與"嗎"的大體分布情況:

《紅樓夢》語氣助詞"麽"、"嗎"用法表

詞目 用法	麽	嗎
一般疑問	97	13
揣測	37	5
反詰	158	60
表示道理顯而易見	9	0
句中停頓,點出話題	2	0
合計	303	78

---

① 依據蔣紹愚對漢語史的分期,把現代漢語的上限定爲"18世紀中期,或者粗略一點説,定在清初"。參蔣紹愚《近代漢語研究概要》,頁6。

② 《紅樓夢》一般被看作是現代漢語語料。王力的《中國現代語法》即以《紅樓夢》爲標準,輔以《兒女英雄傳》。

　　從《紅樓夢》中語氣助詞"嗎"、"麽"用法表可以看出,"嗎"的語氣助詞用例並不罕見,其語氣助詞用法基本上已經發展成熟,但此時的"嗎"依舊不能取代"麽"占據優勢地位。除此之外,此時"麽"的用法又有了新的拓展,它不僅可以用在一般疑問、揣測問和反詰問等疑問句中,還可以用在陳述句中,或表示道理顯而易見,或用於句中停頓,點出話題。我們就以《紅樓夢》爲例:

　　　(1)這個自然麽,你可那裏知道呢!(第六十七回,頁936)
　　　(2)二爺在這裏呢麽,老太太那裏叫呢。(第八十一回,頁1141)
　　　(3)這個麽,是寶二爺的卧室。(第四十一回,頁557)
　　　(4)襲人麽,越發道學了,獨自個在屋裏面壁呢。(第六十四回,頁886)

例(1)、(2)表示道理顯而易見,例(3)、(4)是用於句中停頓,點出話題。可見,"嗎"雖然逐漸侵入"麽"的領地,但"麽"的語氣助詞的用法並沒有立即消失,而是有相當長時期的並存階段,這個並存階段一直延續到上個世紀中期。直到近幾十年(建國後至今),"嗎"在表示疑問方面才取代了"麽"。而"麽"的句中停頓的用法被"嘛"、"嗎"吸收,至於"麽"表示道理顯而易見的用法則被"嘛"吸收。如:

　　　(1)酒嘛,怎能沒酒味兒,你又憋着什麽壞呢?(老舍《正紅旗下》,頁380)
　　　(2)你是司令嘛,當然要帶頭。(陸文夫《人之窩》,頁453)
　　　(3)我説不會一樣嘛,我們明水歷來都是慷慨大方的。(王朔《頑主》,頁48)

例(1)表示句中停頓,例(2)、(3)表示道理顯而易見。同樣是現代漢語,爲什麽"嗎"、"嘛"對"麽"的語氣助詞用法取代得如此之快?除了上文提到的"嗎"、"嘛"分化了"麽"的職能外,恐怕還是與社會因素不無關係:中華人民共和國成立後,國家推行了各項語言文字法令、政策,對漢字的規範也起到了積極的作用。另外,教育的普及,媒體、輿論的導向作用等科教文化事業的繁榮也給文字的規範化起了推波助瀾的作用。關於語氣助詞"麽"、"嗎"、"嘛"的規範問題,我們從《現代漢語詞典》以及《現代漢語規範詞典》就可以看出來。《現代漢語詞典》是目前較權威的中型語文辭書,它僅指出"麽"同"嗎",並没有進一步的解釋,而對"嗎"有詳細的解釋,並標注詞性爲助詞,這説明"嗎"是推薦字形,"麽"是非推薦字形。《現代漢語規範詞典》給"嗎"標注詞性爲助詞,而"麽"没有標注詞性,説明它只是語素,用法是作詞綴和歌詞中的襯字。《現代漢語詞典》和《現代漢語規範詞典》在表示道理顯而易見的用法上,也都是把"嘛"作爲推薦字形,並標注詞性爲助詞。總之,在諸多因素的共同作用下,文字的使用逐步統一化、規範化,語氣助詞"麽"逐漸被語氣助詞"嗎"和"嘛"所取代。

當然,在現代漢語中,還有一部分人依然會使用語氣助詞"麽",原因主要有如下兩個方面:其一,二十世紀五十年代以前,語氣助詞"麽"的使用頻率很高,而語言演變都是漸變的,語氣助詞"麽"並不會在短時期内銷聲匿迹。其二,從口語發音來看,"麽"的韻母一般發央母音[ə],這樣的發音非常自然,毫不費力;"嗎"和"嘛"的韻母發音一般接近[A],開口度較大,發音較[ə]略顯困難。綜合這兩方面原因,語氣助詞"麽"在現代漢語(尤其是口語)中還有殘留,這也是語言發展中的正常現象。

(四)餘論

雖然"不/否"、"未"、"非"、"無"這幾個詞語有着大體一致的演化機制,但又在細微之處有着很大的差别。這幾個助詞有着相似的演化過程,相互影響、相互制約,體現了語言發展的規律性。然而,"不/否"、"未"、"非"、"無"是語氣助詞中的非典型成員。一般而言,語法化使一個實詞喪失其實在意義變爲虛詞,或一個較虛的語法成分變爲更虛的語法成分,但語法化並非脱胎换骨的演變,在語法化後的語言成分中往往還保留着源成分的意義。"不/否"、"未"、"非"、"無"不管處在什麼位置,具有什麼詞性,它們的否定意味始終存在,只是它們作語氣助詞時的否定意味已經没有其作否定副詞時那麼濃烈了。我們説虛詞没有實在意義,只有語法意義,虛詞的主要作用在於它的語法功能,然而意義並非不起任何作用,恰恰相反,意義在這些虛詞具體的、細微的用法上發揮着重要作用。當然,"不/否"、"未"、"非"、"無"作爲邊緣成員進入到語氣助詞之列,我們不能因爲它的非典型性就否認其語氣助詞的身份。古漢語中有個很特别的代詞"莫",因爲它具有代詞的句法功能,同時還有否定的意味在其中,所以將它的性質界定爲否定性無定代詞,"不/否"、"未"、"非"、"無"的情況與此類似。"VP-Neg"型疑問句中的"Neg"雖然已經語法化爲語氣助詞,然而由於語言的演變是在繼承基礎上的發展,所以它還可以表示一定的否定意味。鑒於此,依據"VP-Neg"型疑問句中"Neg"的功能(同時參照意義)將其性質界定爲"否定性疑問語氣助詞"。同樣因爲它們是非典型的語氣助詞,所以這些否定詞的後面還可以加其他的語氣助詞,如"乎"、"也"等①。

十九　而已

"而已"是中古時期唯一一個複音的句末語氣助詞。

(一)句末語氣助詞"而已"的產生及用法

"而已"用作句末語氣助詞上古時期就已經出現,相當於現代漢語的"罷了",表示僅止於此。如:

(1)吴人要而擊之,獲鄧廖,其能免者,組甲八十,被練三百而已。(《左傳·襄公三年》,頁925)

(2)此行也,吾聞鼓而已,不聞金矣。(《左傳·哀公十一年》,頁1662)

(3)梁亡,鄭棄其師,我無加損焉,正名而已矣。(《穀梁傳·僖公十九年》,頁312)

(4)無爲而治者,其舜也與? 夫何爲哉,恭己正南面而已矣。(《論語·衛靈公》,頁615)

(5)夫子之道,忠恕而已矣。(《論語·里仁》,頁153)

(6)憂之如何? 如舜而已矣。(《孟子·離婁下》,頁579)

(7)交聞文王十尺,湯九尺,今交九尺四寸以長,食粟而已,如何則可?(《孟子·告子下》,頁812)

(8)人生天地之間,若白駒之過隙,忽然而已。(《莊子·知北遊》,頁189)

(9)夫爲天下者,亦奚以異乎牧馬者哉? 亦去其害馬者而已矣。(《莊子·徐無鬼》,頁214)

_____

① 具體例證見上文。

(10)明乎物物者之非物也，豈獨治天下百姓而已哉！（《莊子·在宥》，頁99）

(11)上不能好其人，下不能隆禮，安特將學雜識志，順《詩》、《書》而已耳。（《荀子·勸學》，頁15）

(12)故怒笞不可偃於家，刑罰不可偃於國，誅伐不可偃於天下，有巧有拙而已矣。（《呂氏春秋·蕩兵》，頁159）

(13)吾來里克，一日而已。（《國語·晉語二》，頁286）[①]

(14)夫苦匏不材於人，共濟而已。（《國語·魯語下》，頁190）

(15)且臣曰勿予者，非固勿予而已也。（《戰國策·趙策三》，頁698）

(16)夫孿子之相似者，唯其母知之而已；利害之相似者，唯智者知之而已。（《戰國策·韓策三》，頁1003）

(17)其後戰國並爭，在於彊國禽敵，救急解紛而已，豈遑念斯哉！（《史記·曆書》，頁1259）

(18)是後官者養交安禄而已，莫敢復議。（《史記·禮書》，頁1160）

(19)夫賢者以感忿睚眥之意而親信窮僻之人，而政獨安得嘿然而已乎！（《史記·聶政傳》，頁2523）

"而已"在上古時期已經凝固成詞，且比較常見。從上面的例證還可以看出，"而已"後面還加其他語氣助詞，如"矣"、"也"、"哉"、"耳"、"乎"等，但以"矣"爲常。

中古時期沿用，如：

(1)夫如是，於五行之象，徒當用甲乙決吉凶而已，何爲言加時乎？（《論衡·詰術》，頁1032）

(2)吾勢能令國無貧者，民之苦樂在我而已。（《六度集經》，0011b06）

(3)是時州軍在項，汝南、弋陽諸郡，守境而已，權無北方之虞，東西有急，并軍相救，故常少敗。（《三國志·魏書·賈逵傳》，頁483）

(4)嘉平二年薨，家無餘財，惟有賜衣書篋而已。（《三國志·魏書·

---

① "一日"，是表明來里克很容易。

胡質傳》,頁 743)

　　(5)王不須往,可遣一子征撫而已。(《阿育王傳》,0108b14)

　　(6)九丹者,長生之要,非凡人所當見聞也,萬兆蠢蠢,唯知貪富貴而已,豈非行尸者乎?(《抱朴子内篇·金丹》,頁 74)

　　(7)禁忌之至急,在不傷不損而已。(《抱朴子内篇·微旨》,頁 125)

　　(8)在家思孝,事君思忠,朋友思信。如斯而已。(《世説新語·言語》,頁 45)

　　(9)鄭玄在馬融門下,三年不得相見,高足弟子傳授而已。(《世説新語·文學》,頁 103)

　　(10)當時亦不自覺道此,唯覺正存念而已。(《觀世音應驗記三種·繫觀世音應驗記·南公子敖》,頁 96)

　　(11)我靈上慎勿以牲爲祭,唯設餅、茶飲、乾飯、酒脯而已。(《南齊書·武帝本紀》,頁 62)

　　(12)初西還,上坐景陽樓召景先語故舊,唯豫章王一人在席而已。(《南齊書·蕭景先傳》,頁 662)

　　(13)初經出已久,而舊譯時謬,致使深藏隱没未通,每至講説,唯敘大意轉讀而已。(《高僧傳·釋道安傳》,頁 179)

　　(14)瓦官寺本是河内山玩公墓爲陶處,晉興寧中,沙門慧力啓乞爲寺,止有堂塔而已。(《高僧傳·竺法汰傳》,頁 193)

　　(15)南人賓至不迎,相見捧手而不揖,送客下席而已;北人迎送並至門,相見則揖,皆古之道也,吾善其迎揖。(《顏氏家訓·風操》,頁 77)

　　(16)其有五穀、果蓏非"中國"所殖者,存其名目而已;種蒔之法,蓋無聞焉。(《齊民要術·序》,頁 19)

　　(17)我無所修,唯於昨日,入僧房中,見壁有孔,補治而已。(《雜寶藏經》,0469a15)

　　在我們所調查的十六部文獻中,除了《修行本起經》、《生經》、《摩訶僧祇律》和《百喻經》中没有出現"而已"外,其他各部文獻中均有用例。相比較而言,中古時期句末語氣助詞"而已"的用例比上古增加很多。可見,句末語氣助詞"而已"在中古時期有着一定的口語基礎,並沿用到近、現代漢語。

(二)句末語氣助詞"而已"的形成機制

"而已"本是一個跨層結構,"而"是連詞,"已"是動詞,如:

(1)文子使王孫齊私於皐如,曰:"子將大滅衛乎? 抑納君而已乎?"皐如曰:"寡君之命無他,納衛君而已。"(《左傳·哀公二十六年》,頁 1728)

(2)言則大矣! 美矣! 盛矣! 言盡於此而已乎?(《禮記·孔子閒居》,頁 1943)

就現有的文獻記載來看,這種用法在上古時期並不多見,此類句子可以算作是複句。當"而已"語法化爲一個詞語時,複句就被重新分析爲單句了。

跨層結構"而已"語法化爲詞語的基礎至少有句法、語義、語用三個。在句法方面,"而已"處於句末(或者後面再加一個語氣助詞),但這樣的結構由兩個單音節的詞語組成,結構簡單,有凝固在一起的可能性。在語義方面,它們表示一種順延的可以的狀態,而這種狀態出現的環境很多,這也爲它們提供了凝聚在一起的可能性。語用與語義是結合在一起的兩個重要因素,"而已"的語義導致了它在語用方面的功能就是表示一種"罷了"的狀態。

總之,在句法、語義、語用的作用以及語言自身的發展等條件的作用下,"而已"由一個跨層結構演變成爲句末語氣助詞。

第四節　漢語正反問句的来源及发展

本節討論與否定性疑問語氣助詞"不/否"、"未"、"非"、"無"相關的一種重要的語言現象——漢語正反問句的來源及發展。

一　研究現狀

衆所周知,現代漢語疑問句一般可以分爲是非問句、特指問句、選擇問句和正反問句①四種類型。然而上古漢語只有前三種,沒有正反問句。太田辰夫(1958/2005:369)以現代漢語爲出發點,比較了古漢語疑問句和現代漢語疑問句的區別,其中有一點就是"反復問句在古代漢語中沒有",並指出從隋唐開

---

① 又稱反復問句。

始,出現了正反問句①。志村良治(1983/2005:23)也有類似看法:"反復問句從隋、唐開始已經出現,……只是例子還不多。"②這些學者都只是注意到了這一語言現象,並没有作出進一步的解釋,其結論也有待商榷:他們大多認爲正反問句從隋唐時才出現。隨着出土文獻的發掘和研究的深入,學者們已經將正反問句産生的時間提前到了戰國末期。

關於正反問句的來源,目前學界大致有以下三類觀點:其一,來源於正反兩項的選擇問句。劉子瑜(1998:566—582)認爲可能與甲骨文中正反對貞的卜辭,特別是與語義正反相對的分句組成的並列選擇問句有關③。遇笑容師、曹廣順(2002:134)依據中古譯經材料,認爲新的"VP 不 VP"可能與正反兩項的選擇問句有關,是在舊句型磨損之後,爲表達需要而產生的一種發展變化④。其二,來源於否定詞的位移。段業輝(1998:128)認爲"X 不"格式是現代漢語"X 不 X"格式的源頭⑤。孫錫信(2002:94)認爲正反問句來源於"不"、"否"、"無"等否定詞的位移⑥。其三,來源於包孕結構。劉開驊(2008:251)認爲包孕於其他類型句子中的 VP—Neg—VP 型結構很容易發生語法化而轉變爲正反問句⑦。

關於正反問句的發展,目前尚無較集中、完備的論述。早期以否定詞結尾的疑問句(下稱"'VP—Neg'型疑問句"),學者們一般認爲是正反問句,句末否定詞的虛化引發了"VP—Neg"型疑問句的分化,然而論述並不全面,也還存在一些值得商榷的地方。筆者在衆多學者研究的基礎上,結合漢語的語言事實,試圖對正反問句的發展源流進行系統、全面地梳理。

二 正反問句的萌芽及過渡階段

"不/否"獨用作是非問句的答語是正反問句形成的萌芽階段,它同時也促使了"不/否"的進一步語法化,"不/否"單獨用來回答問題促使其由否定副詞

---

① 參[日]太田辰夫著,蔣紹愚、徐昌華譯《中國語歷史文法》,頁 369。
② 參[日]志村良治著,江藍生、白維國譯《中國中世語法史研究》,頁 23。
③ 參劉子瑜《漢語反復問句的歷史發展》,載郭錫良主編《古漢語語法論集》,頁 566—582。
④ 參遇笑容師、曹廣順《中古漢語中的"VP 不"式疑問句》,載《紀念王力先生百年誕辰學術論文集》,頁 134。
⑤ 參段業輝《〈世説新語〉疑問句分析》,《南京師範大學學報》1998 年第 3 期,頁 128。
⑥ 參孫錫信《語法化機制探賾》,載《紀念王力先生百年誕辰學術論文集》,頁 94。
⑦ 參劉開驊《中古漢語疑問句研究》,頁 251。

語法化爲語氣助詞，而"VP—不/否"型疑問句是正反問句形成的過渡階段，它在形式上是是非問句，但又傳遞着正反問的信息，爲正反問句的產生提供了可能。故在上一節，我們依據"VP—不/否"中"不/否"的功能（同時參照意義）將其性質界定爲"否定性疑問語氣助詞"[①]。同樣因爲它們是非典型的語氣助詞，所以這些否定詞的後面還可以加其他的語氣助詞。

如果"不/否"語法化爲語氣助詞，那麼"VP—不/否"型疑問句就是是非問句。關於古漢語"VP—Neg"型疑問句，目前學界根據對其中"Neg"理解的不同，有人認爲是是非問句，有人認爲是正反問句。把漢語疑問句分爲是非、特指、選擇、正反四種基本類型是現代漢語的分法，是參照現代漢語現有的語言狀況作出的分類。現代漢語不等於古代漢語，我們不得不重新思考現代漢語的分類方法及標準是否也符合古代漢語。即使在現代漢語，正反問句與是非問句、選擇問句尚且有着千絲萬縷的關係：呂叔湘（1942/2004：286）指出："這類問句（反復問），從形式上看，是抉擇問句。……但就意義而論，這類問句和單純的是非問句沒有分別。……文言裏的反復問句在形式上也和單純是非問句更接近了，因爲文言裏不重複句子的一部分詞語，只在句末加一'否'字（古多作'不'），或'未'字，或'無'字。"[②]張伯江（1997：105）直接把正反問句看成是是非問句中的一小類[③]。邵敬敏等（2001：219）主張正反問句可以歸爲選擇問句的一種[④]。在上古漢語，疑問句系統尚未形成或剛剛形成的時候，我們不能用現代漢語疑問句的四種類型去附會古代漢語。是非問句和特指問句是疑問句古老的類型，出現得最早，而選擇問句尤其是正反問句相對晚出。上古漢語没有"VP—Neg—VP"型正反問句，就連"VP—不/否"型是非問句也很少見[⑤]，筆者認爲正反問句是從是非問句中分化出來的，分化的過渡階段正是"VP—不/否"型疑問句，之後繼續分化，才有了標準的"VP—Neg—VP"型正反問句。

---

① 古漢語"VP—Neg"型疑問句中的"Neg"都可以界定爲否定性疑問語氣助詞，只是它們並非典型的語氣助詞。

② 參呂叔湘《中國文法要略》，載呂叔湘《呂叔湘文集》第1卷，頁286。

③ 參張伯江《疑問句功能瑣議》，《中國語文》1997年第2期，頁105。

④ 參邵敬敏等《現代漢語通論》，頁219。

⑤ 據劉開驊考證，在VP—Neg—VP型産生之前，VP—Neg型是漢語正反問句的唯一形式；而在VP—Neg—VP型産生之後的相當長歷史時期内，它仍然扮演着正反問句的主要角色，使用得最爲普遍（參劉開驊《中古漢語疑問句研究》，頁219）。

　　總之,這種"VP－不/否"型是非問句是正反問句形成的過渡期,它雖然不是正反問句,但是在語義上又帶有一定的正反問信息。

三　正反問句的形成

　　"VP－不/否"不是是非問句的典型用法,"不/否"也不是典型的語氣助詞,在語言的自我調節的作用下,大約從戰國末期開始,"VP－不/否"型疑問句逐步分化、發展:一部分分化爲正反問句,一部分繼續發展,形成成熟的"VP－Neg"型是非問句。

(一)分化——正反問句

　　戰國末期,"VP－不/否"型疑問句開始分化,産生"V－不－V"以及"VP－不－VP"型正反問句。如:

　　(1)智人通錢而爲臧,其主已取錢,人後告臧者,臧者論不論?(《睡虎地秦墓竹簡‧法律答問》,頁 136)

　　(2)坐與行爲同不同?(《佛説大安般守意經》,0165c26)

　　(3)我昔來修行,未曾得果報,然我未能知,爲定得不得?(《大莊嚴論經》,0280b05)

　　(4)和合羯磨不和合羯磨? 應作不應作?(《摩訶僧祇律》,0333c27)

　　然而這一時期仍然以"VP－不/否"型是非問句爲主流,無論是"V－不－V"還是"VP－不－VP"都並不多見,正反問句初見端倪。從隋唐時期開始,"V－不－V"逐漸增多,如:

　　(1)借問行人歸不歸? (隋無名氏《送別》,頁 2753)

　　(2)相喚聞不聞? (唐孟郊《舟中喜遇從叔簡別後寄上時從叔初擢第歸江南郊不從行》,頁 4236)

　　(3)宣城太守知不知? (唐白居易《紅綫毯》,頁 4703)

　　(4)問:來不來? ……問:去不去? (S. 2503)

　　從晚唐五代開始,其用法進一步泛化,"VP－不－VP"型正反問句也逐漸多了起來,如:

(1)是心不是心?(S. 296)

(2)諸上座在教不在教?……諸上座出手不出手?(《祖堂集·福先招慶和尚》,頁 602)

可見,正反問句大約在戰國末期産生,從隋唐時期開始,逐步走向成熟。我們説典型的正反問句形成,最初以"不"爲常,原因不難看出:戰國末期,"VP-非/未/無"型是非問句尚未産生,早期的正反問句是由"VP-不/否"分化而來。

(二)發展——"VP-Neg"型是非問句

到了中古時期,"VP-不/否"型是非問句在分化出正反問句的同時,其是非問句的用法也在繼續擴展,其後的否定詞已經不限於"不/否",逐步擴展到了"非"、"未"、"無",豐富了"VP-Neg"型是非問句。"非"、"未"、"無"等否定詞進入"VP-Neg",不僅在於它們與"不/否"一樣都是否定詞,而且它們還有着相同的語用背景,即它們同樣也可以用"Neg 也"來作是非問句的答語,如:

(1)晉侯問于史趙曰:"陳其遂亡乎?"對曰:"未也。"(《左傳·昭公八年》,頁 1305)

(2)或問曰:"勸齊伐燕,有諸?"曰:"未也。……"(《孟子·公孫丑下》,頁 289)

(3)文侯曰:"谿工,子之師耶?"子方曰:"非也,無擇之里人也;稱道數當,故無擇稱之。"(《莊子·田子方》,頁 175)

(4)子路問於孔子曰:"君子亦有憂乎?"孔子曰:"無也。……是以有終身之憂,無一日之樂。"(西漢劉向《説苑·雜言》,頁 429)

戰國時期,"非"、"未"進入這種用法,其實"非也"單獨作是非問句的答語用得最多,也最自然。究其原因,恐怕與"非"本身的性質不無關係:"非"作否定副詞本來就是用來否定謂語,因此承前省略謂語也不會使人産生誤解。西漢時期,"無"也進入這種結構。由於"不/否"進入這種句型比"非"、"未"、"無"早,而"非"、"未"、"無"與"不/否"的用法又有諸多的相似之處,所以"非"、

"未"、"無"進入這種句式也有可能受到"不/否"的類化①。從戰國時期開始，"非"、"未"、"無"相繼進入"VP—Neg"型是非問句，如：

(1)君除吏已盡未？（《史記·武安侯傳》，頁 2844）

(2)太后獨有帝，今哭而不悲，君知其解未？（《漢書·外戚傳》，頁 3938—3939）

(3)幻與色有異無？幻與痛癢思想生死識有異無？（《道行般若經》，0427a17）

(4)寧是長者珍妙寶非？（《舊雜譬喻經》，0519a27）

(5)晚來天欲雪，能飲一杯無？（唐白居易《問劉十九》，頁 4900）

這依然與否定詞"不/否"有着相似的發展軌跡。孫錫信（2002：94）也認爲漢語反復問句從用"不"、"否"，到用"未"、"無"、"没（没有）"，是類推作用的結果②。可見，大約從西漢開始，"未"進入"VP—Neg"型是非問句，用來詢問句中所指是否已經出現或完成，相當於現代漢語的"……没有？"或"……了嗎？"大約從東漢末開始，"非"和"無"也進入這種格式③，"VP—非"相當於現代漢語的"……不是？""VP—無"相當於現代漢語的"……没有？"或"……嗎？"經擴展，"VP—Neg"型是非問句漸趨成熟，爲正反問句的豐富和發展奠定了基礎。

四　正反問句的成熟

(一)概況

在中古時期，"VP—Neg"型是非問句發展成熟，然而它不是典型的是非問句，處於句末的語氣助詞不是典型的語氣助詞，因此經不起時間的考驗，從戰國末期開始發生了分化：一部分分化爲典型的正反問句，一部分分化爲典型的是非問句。這個分化期較長，首先是"VP—不/否"的分化，大約從戰國末期開始。然後是"VP—非/未"的分化，大約從元朝後期開始。它們逐漸演變爲

① 當然，這只是外因之一，只起輔助作用。
② 參孫錫信《語法化機制探賾》，載《紀念王力先生百年誕辰學術論文集》，頁 94。
③ 據何亞南考證，"無"進入反復問句的時代當提前到東漢末（公元二世紀中葉）（參何亞南《〈三國志〉和裴注句法專題研究》，頁 212）。

現代漢語的正反問句。到了近代，在"VP－Neg"型是非問句中，"VP－無"逐漸成爲主流。之後，"無"演化爲"麼"，"麼"又演化爲"嗎"①。"無"尚有一定的否定意味，"麼"、"嗎"的否定意味已經沒有了，是典型的語氣助詞，由其構成的句子成爲典型的是非問句。當然，產生了分化並不是原有形式的立即消失，而是經歷了相當長的新舊形式並存的階段。

正反問句在產生之初主要是"V－Neg－V"和"VP－Neg－VP"兩種形式②，我們可以把它們稱作正反問句的基式。之後在此基礎上又產生了一些變式，即"VP－Neg－V"③、"V－Neg－VP"④和"VP－Neg"⑤。到了近代末期（明清時期），正反問句基本發展成熟，最終形成了現代漢語正反問句現有的格局。

(二)分析

依據外在的表現形式，筆者將現代漢語正反問句大致分爲三系："不"系正反問句、"沒/沒有"系正反問句和"不是"系正反問句。它們分別由"VP－不/否"、"VP－未"和"VP－非"發展演變而來。

1. "VP－不/否"在近、現代漢語的發展

我們在上文就已經指出，"VP－不/否"從戰國末期就開始演化出"V－不－V"和"VP－不－VP"兩種正反問句。之後，又產生了一些變式。由"VP－不/否"演化而來的正反問句從古至今都沒有發生特殊的變化，因此我們僅選取現代漢語的例證來進行論述，這樣會使我們對此有更直觀、更深刻的認識。如⑥：

---

① 吳福祥對此有詳細的論述（參吳福祥《從"VP－neg"式反復問句的分化談語氣詞"麼"的產生》，載吳福祥《語法化與漢語歷史語法研究》，頁141－158）。

② 詳見上文。

③ 這種變式出現的時間較早，大約在戰國末期就已經出現了。如《睡虎地秦墓竹簡》："吏從事於官府，當坐伍人不當？"後代亦不乏其例，如《太平經》卷四九："今人當學爲善不當邪？"北魏吉迦夜共曇曜譯《雜寶藏經》卷第二："汝識某甲不識？"等。

④ 據傅惠鈞考察，這種變式始於元代，成於明清。如元宮天挺《嚴子陵垂釣七里灘》第四折："是不是我的仙鶴？"明湯顯祖《邯鄲記》第二十二出："是不是山精野貓？"等（參傅惠鈞《略論近代漢語"VnegVP"正反問句》，《語言教學與研究》2010年第5期，頁42－49）。

⑤ 這種變式產生於現代漢語，例證見上文。此"VP－Neg"非古漢語中的"VP－Neg"，關於它們的區別，筆者也將在下文展開詳細闡述。另外，由於古漢語"VP－Neg"雖然不斷分化、發展，但一直沒有消失，直到進入二十世紀才逐漸消失，這也可能是現代漢語"VP－Neg"式出現較晚的原因之一。

⑥ 由於"不"系正反問句極爲常見，有現代漢語語感的人可以立刻判斷出句子的合法性，故采用自擬例證。"沒/沒有"系正反問句和"不是"系正反問句的現代漢語方面例證均來自北京大學CCL語料庫。漢語史分期與歷史分期不同，清朝曹雪芹的《紅樓夢》屬現代漢語語料。

(1)去不去？／來不來？／走不走？（V－不－V）

(2)開會不開會？（VP－不－VP）

(3)開會不開？／有人沒有？（VP－不－V）

(4)開不開會？／有沒有人？（V－不－VP）

(5)開會不？／有人不？（VP－不）

由上文可知，這種正反問句最先產生，歷史最悠久。另外，這類正反問句也最典型，發展最完備，無論是在古漢語還是在現代漢語中都比其他類型的正反問句更爲常見。這些正反問句來源於“VP－不/否”型是非問句，以“不”爲基本連接項，因此我們稱之爲“不”系正反問句。

2.“VP－非”在近、現代漢語的發展

由“VP－非”發展而來的正反問句較早出現在晚唐五代，成熟於明清，沿用至今。如：

(1)是心不是心？（S.296）

(2)是不是我的仙鶴？（《全元雜劇二編》宮天挺《嚴子陵垂釣七里灘》第四折，頁682）

(3)二位爺是從老爺跟前來的不是？（清曹雪芹等《紅樓夢》第八回，頁122）

(4)你瞧瞧，是這個不是？（清曹雪芹等《紅樓夢》第三十一回，頁440）

(5)誰準知道她肚子裏的小孩是他的不是呢？（老舍《駱駝祥子》，頁83）

這些正反問句來源於“VP－非”型是非問句，以“不是”爲基本連接項，因此我們稱之爲“不是”系正反問句。這裏的“不是”系連接項雖然也有“不”，但與“不”系正反問句的來源不同，故單獨列出。僅就意義來看，古漢語的“非”在意義上大體相當於現代漢語的“不是”，因此“VP－非”演化爲“不是”系正反問句。

3.“VP－未”在近、現代漢語的發展

由"VP-未"發展而來的正反問句較早出現在清朝,沿用至今。如:

(1)你那一年没有繫的那條紅汗巾子還有没有?(清曹雪芹等《紅樓夢》第八十六回,頁 1238)

(2)賢弟今日有没有公事?(清俞萬春《蕩寇志》第一百二十三回,頁787)

(3)你還有種没種了?(劉震雲《故鄉天下黄花》,頁 227)

(4)叔父有信没有?(老舍《老張的哲學》,頁 60)

(5)敵人的刺刀已經刺到這裏,我眨了眨眼没有?(老舍《西望長安》,頁 8)

這些正反問句來源於"VP-未"型是非問句,以"没/没有"爲基本連接項,因此我們稱之爲"没/没有"系正反問句。"未"的基本意義相當於現代漢語的"没/没有",因此"VP-未"演化爲"没/没有"系正反問句①。

綜上,在近代末期(明清時期),正反問句發展成熟。省略是變式産生的動因,語言的經濟原則是變式産生的内在機制,最終形成了現代漢語正反問句現有的格局。

(三)古漢語"VP-Neg"與現代漢語"VP-Neg"的區别

正反問句有多種省略的變化形式,其中一種就是"VP-Neg"式,對應上文提到的三系正反問句,分别表現爲"……不?"、"……没/没有?"、"……不是?",如:

(1)開會不? /有人不?

(2)敵人的刺刀已經刺到這裏,我眨了眨眼没有?

(3)有人没?

(4)他在裏間不是?

---

① 現代漢語"没/没有"系正反問句還有一個來源是"有無-NP/VP",這是"没/没有"對"無"的替換。據傅惠鈞考證,"有無-NP/VP"這種正反問句出現的較早時代是清朝,如《官場現形記》第五十七回:"這人有無家屬。"(參傅惠鈞《略論近代漢語"VnegVP"正反問句》,《語言教學與研究》2010 年第5 期,頁 43-44)這屬於詞彙層面上的演變與替換,與"VP-無"型是非問句没有直接的聯繫。

處於句末的"不"、"没/没有"、"不是"不是很穩定,經常處於句子的末尾,因此它們又有了語氣助詞化的傾向,因此太田辰夫稱它們爲"準句末助詞"[1]。孫錫信(2002:92)也有類似的看法,認爲受"移位"機制的影響,不只是否定詞發生虚化,連否定性的詞組也可能虚化,成爲專表語氣的語氣短語詞。如"不是"用於句末時,有些就不再是否定性的"不+是"結構,而是凝定成一個語氣助詞了[2]。實際上,"VP不是"的形成與"VP非"有一定的關聯,當然不能否認其他否定形式後移在"不是"上產生的類推作用。當這些"不"、"没/没有"、"不是"用得多了之後,就有可能語法化爲語氣助詞,現代漢語的這類"VP—Neg"型疑問句就有可能由正反問句向是非問句轉換。當然,這只是一種發展的可能性。

遇笑容師、曹廣順(2002:133)認爲:"中古漢語'VP不'中的'不',大部分應該已經虚化了。當然,只是大部分,否則——正如有的研究者指出過的——就無法解釋何以'VP不'式反復問句在現代漢語中仍在繼續使用。"[3]然而值得注意的是,古漢語中的"VP—Neg"型疑問句與現代漢語中的"VP—Neg"型疑問句的性質從本質上來説並不相同。現代漢語"VP—Neg"型疑問句是"VP—Neg—VP"型正反問句的省略形式,是正反問句,而古漢語"VP—Neg"型疑問句是是非問句的一種特殊類型,不能把二者混爲一談。現代漢語中"VP—Neg"是"VP—Neg—VP"或"V—Neg—V"的省略,是是非問句的變式,這些變式都具有較强的口語性,它們與古代的"VP—Neg"式疑問句沒有直接的關係。

五 結語

正反問句萌芽於否定詞的獨用(作是非問句的答語),其直接來源是"VP—不/否"型是非問句。之後不斷擴展、分化、演變,最終形成了現代漢語正反問句現有的格局。正反問句的形成經歷了一個複雜的過程,其來源及發展流程如下圖所示:

---

① 參[日]太田辰夫著,蔣紹愚、徐昌華譯《中國語歷史文法》,頁375—378。

② 參孫錫信《語法化機制探賾》,載《紀念王力先生百年誕辰學術論文集》,頁92。

③ 參遇笑容師、曹廣順《中古漢語中的"VP不"式疑問句》,載《紀念王力先生百年誕辰學術論文集》,頁133。

正反問句的來源及發展流程圖

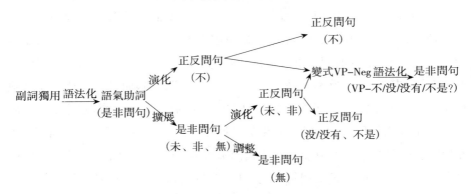

　　總之,正反問句萌芽於上古時期否定詞的獨用,其形成的過渡階段是以"不/否"結尾的是非問句。戰國末期,"VP－不/否"開始分化,一部分形成正反問句,一部分繼續發展,在發展的過程中,有些繼續分化爲正反問句,有些則發展爲典型的是非問句。

第四章　表數助詞

邢福義(2002:96—97)指出:"數詞是起計數作用的詞。'計數'的'數',包括統數和序數。所謂統數①,指統計數目多少的數;所謂序數,指計算詞序先後的數。……統數系統和序數系統,構成漢語的數詞系統。……數詞最突出的語法特點,是能同量詞組合,而且一般跟量詞結合使用。一個詞,如果具有跟量詞結合起來共同表示數量的能力,這個詞是數詞。"本章所討論的表數助詞與數詞有着密切的關係,但二者又具有很大的區別。

表數助詞就是與"數"有關的一類助詞,它用來幫助説明"數"。中古時期的表數助詞有"餘"、"許"、"數"、"所"、"有"、"第"等。張誼生(2002:212)指出:"表數助詞有兩類,一類是附在數詞前面表示序數的……一類是附在數詞後面表示概數的……"②這是就現代漢語而言,中古漢語的表數助詞除了附着在數詞前面表序數的"第",附着在數詞後面表概述的"餘"、"許"、"數"、"所"外,還有一類是位於兩個數詞中間,連接整數與零數的"有"。

本章從我們所選定的十六部文獻出發,結合其他文獻,對這些表數助詞進行描寫和分析。

第一節　餘、許、數、所

表數助詞"餘"、"許"、"數"、"所"等都用於數詞或數量詞之後幫助表數,我

---

① 包括基數和倍數、分數、概數(參邢福義《漢語語法三百問》,頁 97)。
② 參張誼生《助詞與相關格式》,頁 212。

們把它們放到一起加以論述。

一　餘

《説文·食部》:"餘,饒也。""餘"本爲形容詞,表"豐足、寬裕"義,後引申爲表數助詞,表整數後的餘數。這種用法在上古就已經出現了,如《史記·曆書》:"而閏餘乖次,孟陬殄滅。"中古時期沿用,且相對而言較常見。如:

(1)傳稱:老子二百餘歲,邵公百八十。(《論衡·氣壽》,頁33)

(2)傳賣十餘家,至宜陽,爲其主人入山作炭。(《論衡·吉驗》,頁94)

(3)去家百餘里。(《六度集經》,0003c12)

(4)王娉爲相,志道不仕,處于山澤數十餘載。(《六度集經》,0013c01)

(5)金城邊章、韓遂殺刺史郡守以叛,衆十餘萬,天下騷動。(《三國志·魏書·武帝紀》,頁5)

(6)太祖到酸棗,諸軍兵十餘萬,日置酒高會,不圖進取。(《三國志·魏書·武帝紀》,頁7)

(7)秋,太祖征陶謙,下十餘城,謙守城不敢出。(《三國志·魏書·武帝紀》,頁10)

(8)年十餘歲,與其同輩,戲于路側。(《生經》,0077a07)

(9)其華甚大,有千餘葉。(《生經》,0078a06)

(10)其人困極,遍求子婦,無肯與者,因行他國千餘里外求其子婦。(《生經》,0096b28)

(11)彭祖言,天上多尊官大神,新仙者位卑,所奉事者非一,但更勞苦,故不足役役於登天,而止人間八百餘年也。(《抱朴子內篇·對俗》,頁52)

(12)然余受之已二十餘年矣,資無擔石,無以爲之,但有長嘆耳。(《抱朴子內篇·金丹》,頁71)

(13)又云,有吳普者,從華陀受五禽之戲,以代導引,猶得百餘歲。(《抱朴子內篇·至理》,頁113)

(14)火常在前導,去船十餘步。(《觀世音應驗記三種·光世音應驗

記·吕竦》,頁 19)

(15)外國有百餘人,從師子國泛海向扶南。(《觀世音應驗記三種·繫觀世音應驗記·外國百餘人》,頁 80)

(16)難當又遣息和領步騎萬餘人,夾漢水兩岸,援趙温,攻逼皇考。(《南齊書·高帝本紀上》,頁 3)

(17)淵又據舊義難俊十餘問,俊隨事解釋。(《南齊書·禮志下》,頁 160)

(18)唯《四十二章經》今見在,可二千餘言。(《高僧傳·竺法蘭傳》,頁 3)

(19)蘭後卒於洛陽,春秋六十餘矣。(《高僧傳·竺法蘭傳》,頁 3)

(20)我來入城,七十餘年。(《雜寶藏經》,0483b13)

(21)是王前後征伐,殺三億餘人,自知將來罪重必受無疑,心生怖懼,便即懺悔,修檀持戒,造立僧房,供養衆僧,四事不乏,修諸功德,精懃不惓。(《雜寶藏經》,0484b16)

(22)譬如去此三千餘里,若遣少健,乘馬齎糧,捉於器仗,得速達不?(《雜寶藏經》,0492c24)

“餘”作表數助詞的用法爲“數詞＋餘＋量詞/名詞”,其位置非常固定。“餘”在其中表示超出前面所列數量,但表示的是一個超出數量不多的概數。表數助詞“餘”在近、現代漢語中一直沿用,如:

(1)後祐於平閣上卧,婢妾十餘人同宿,夜不覺刺客截祐首去。(唐張鷟《朝野僉載》卷二,頁 35)

(2)玄宗時,士子殷盛,每歲進士至省者常不減千餘人。(唐封演《封氏聞見記》卷三,頁 16)

(3)鎔自脱此難,更在位三十餘年,不有神明扶持,何以獲免?(五代孫光憲《北夢瑣言》卷十三,頁 274)

(4)太和,以太僕少卿兼御史中丞,爲諸道鹽鐵轉運、江淮留後,年九十餘矣。不知其所終。(宋趙與時《賓退録》卷九,頁 120)

(5)吾住五雞山下,遠近俱聞聲價。顯聖八百餘年,三度有些紙錢來燒化。(元無名氏《張協狀元》,頁 54)

（6）先生言一事，治中答一事，互至四十餘事，治中止矣。（元陶宗儀《南村輟耕録》卷八，頁99）

（7）雖然没結果，却是十餘年間，也受用得匀了。（明淩濛初《初刻拍案驚奇》卷二，頁18）

（8）我當年別汝等，隨波逐流，飄過東洋大海，徑至南贍部洲，學成人像，着此衣，穿此履，擺擺摇摇，雲遊了八九年餘，更不曾有道。（明吴承恩《西遊記》第二回，頁26）

（9）那洪澤湖連日連夜長水，高家堰口子又衝開一百餘丈，那水直奔了高家堰外河下游而來。（清文康《兒女英雄傳》第二回，頁25）

（10）又加着四川、湖北一帶江水異漲，那水勢建瓴而下，沿河陡長七八九尺、丈餘水勢不等。（清文康《兒女英雄傳》第二回，頁26）

（11）原來這梨香院即當日榮公暮年養静之所，小小巧巧，約有十餘間房屋，前廳後舍俱全。（清曹雪芹等《紅樓夢》第四回，頁66）

（12）本年上海輸入的日本人造絲就有一萬八千多包，價值九百八十餘萬大洋呢！（茅盾《子夜》，頁114）

可見，發展到現代漢語，表數助詞"餘"仍具有一定的生命力。

二 許

表數助詞"許"在古漢語中也是一個極富特色的詞語。《説文·言部》："許，聽也。"段玉裁《説文解字注》："聽從之言也。耳與聲相入曰聽，引申之，凡順從曰聽。"楊樹達《積微居小學述林》："許君以聽釋許，非朔義也。今謂：許從午聲，午即杵之象形字。字從言從午，謂舂者送杵之聲也……舉杵勸力有聲，許字之本義也……舂者手持物而口有聲，故許字從言從午。口有言而聲應之，故許引申義爲聽。"①"許"的常見用法是動詞，表"應允、認可"義。上古時期用作表數助詞的"許"還没有出現，到了中古時期，"許"才出現了置於數詞之後表約數的表數助詞的用法。如：

（1）汝直南行三千里，得山入山行二日許，即至象所在也。（《六度集

---

① 參楊樹達《積微居小學述林》，頁23。

經》，0017a19）

（2）峻與胤至石頭，因餞之，領從者百許人入據營。（《三國志·吳書·孫峻傳》，頁 1446）

（3）……，下此女於巔中，以數月許乾飯及水漿與之而舍去。（《抱朴子內篇·對俗》，頁 48）

（4）古秤金一斤於今爲二斤，率不過直三十許萬，其所用雜藥差易具。（《抱朴子內篇·金丹》，頁 84）

（5）予從祖仙公，每大醉及夏天盛熱，輒入深淵之底，一日許乃出者，正以能閉炁胎息故耳。（《抱朴子內篇·釋滯》，頁 150）

（6）去戶外十餘丈有石柱，柱上有偃蓋石，高度徑可一丈許，望見蜜芝從石戶上墮入偃蓋中，良久，輒有一滴，有似雨後屋之餘漏，時時一落耳。（《抱朴子內篇·仙藥》，頁 198）

（7）唯傳所隱處一畝許地，終無至者，遂得免脫還。（《觀世音應驗記三種·光世音應驗記·竇傳》，頁 16）

（8）自説其父嘗行溪中，去家十許里，日向暮，天忽風雨，晦冥如柒，不復知東西。（《觀世音應驗記三種·光世音應驗記·呂竦》，頁 19）

（9）入洞三里許，有深水，橫木過之。（《觀世音應驗記三種·繫觀世音應驗記·釋道冏道人》，頁 185）

（10）八年十一月己亥，日半暈，南面不匝，日東西帶暈，各生珥，長三尺，白色，珥各長十丈許，正沖日，久久消散，背因成重暈，並青絳色。（《南齊書·天文志上》，頁 208）

（11）八年六月戊寅，日於蒼白雲中南北各生一珥，青黃絳雜色，澤潤，並長三尺許，至巳午消。（《南齊書·天文志上》，頁 209）

（12）臣昔在邊鎮，不無羽衛，自歸朝以來，便相分遣，俠轂、白直，格置三百許人，臣頃所引，不過一百。（《南齊書·豫章文獻王傳》，頁 411）

（13）立又別出小經近四許首，值永嘉末亂，多不復存。（《高僧傳·維祇難傳》，頁 22）

（14）舶有二百許人，值暴風水入，衆皆惶懅，即取雜物棄之。（《高僧傳·法顯傳》，頁 89）

（15）道俗赴者，千有餘人，並聞香氣芬烈，咸見一物，狀若龍蛇，可長一匹許，起於屍側，直上衝天，莫能詺者。（《高僧傳·求那跋摩傳》，頁

109)

（16）齊吏部侍郎房文烈，未嘗嗔怒，經霖雨絕糧，遣婢糴米，因爾逃竄，三四許日，方復擒之。（《顔氏家訓·治家》，頁 45）

（17）坐此被責，飄颻舟渚，一百許日，卒不得去。（《顔氏家訓·風操》，頁 83）

（18）於時，城内四萬許人，王公朝士，不下一百，便是恃倪一人安之，其相去如此。（《顔氏家訓·慕賢》，頁 136）

（19）將種前二十許日，開出水淘，浮秕去則無莠。（《齊民要術·收種》，頁 55）

由上面的例證可以看出，中古時期表數助詞"許"的用法主要有兩種，即"數詞＋量詞/名詞＋許"和"數詞＋許＋量詞/名詞"，這兩種用法均表概數。

在中古時期，"許"作表數助詞，用在數詞或數量詞之後相對而言比較常見。我們認爲"許"作表數助詞可能是假借用法，最初用"許"字表示了某個與"許"字類似的語音。"許"與"餘"雖然都可以表概數，但"餘"所表示的數量一般是比它前面的基數多，而"許"是與基數接近，可能多，也可能少。

三　數

《説文·攴部》："數，計也。"其本義爲"計算、點數"，引申爲表數助詞。"數"作表數助詞在中古並不多見，在我們調查的十六部文獻中只有《三國志》、《觀世音應驗記三種》和《南齊書》中有少數用例。如：

（1）自大亂以來十數年矣，民之欲安，甚於倒懸，然而暴亂未息者，何也？（《三國志·魏書·袁涣傳》，頁 334）

（2）昔孫賊擾亂海陲，士庶多離其災。有十數人臨刑東市。（《觀世音應驗記三種·續光世音應驗記·孫恩亂後臨刑》，頁 39）

（3）攸之有素書十數行，常韜在褾襀角，云是明帝與己約誓。（《南齊書·高帝本紀上》，頁 11）

（4）郡舊多剽掠，有十數歲小兒於路取遺物，殺之以徇，自此道不拾遺，郡無劫盜。（《南齊書·王敬則傳》，頁 482）

（5）顯達建武世心懷不安，深自貶匿，車乘朽故，導從鹵簿，皆用羸小，

不過十數人。(《南齊書·陳顯達傳》,頁491)

(6)岱初作遺命,分張家財,封置箱中,家業張滅,隨復改易,如此十數年。(《南齊書·張岱傳》,頁581)

(7)而情變聽移,稍復銷落,十數年間,亡者將半。(《南齊書·王僧虔傳》,頁595)

(8)帝素肥,痿不能御内,諸王妓妾懷孕,使密獻入宫,生子之後,閉其母於幽房,前後十數。(《南齊書·劉休傳》,頁612)

最初,表數助詞"數"用在"數詞＋數＋量詞/名詞"式中,後又可用於"數詞＋數"式,這表明表數助詞"數"的用法更加成熟了。表數助詞"數"在産生之前有一個過渡階段,即用在數詞之後,但此時的"數"仍是動詞,而非表數助詞,這種用法《三國志》中多見,我們試舉其中幾例對這種現象加以説明,如:

(1)謙兵敗走,死者萬數,泗水爲之不流。(《魏書·陶謙傳》,頁249)

(2)宜省郡守,但任刺史;刺史職存則監察不廢,郡吏萬數,還親農業,以省煩費,豐財殖穀,一也。(《魏書·夏侯玄傳》,頁297)

(3)城破,斬相國以下首級以千數,傳淵首洛陽,遼東、帶方、樂浪、玄菟悉平。(《魏書·公孫度傳》,頁254)

(4)關中將帥以十數,莫能相一,唯韓遂、馬超最彊。(《魏書·荀彧傳》,頁313)

(5)太祖破鄴,籍没審配等家財物貲以萬數。(《魏書·王脩傳》,頁347)

(6)時郡界大亂,賊以萬數,遣使往來,交易市買。(《魏書·董昭傳》,頁436—437)

(7)吏兵已去之後,稍移其家,前後送鄴,凡數萬口;其不從命者,興兵致討,斬首千數,降附者萬計。(《魏書·梁習傳》,頁469)

(8)胡果爭奔之,因發伏截其後,首尾進擊,大破之,斬首獲生以萬數。(《魏書·張既傳》,頁475)

這些用法的"數"都是"計算、點數"義,例(3)、(4)、(5)、(6)、(8)數詞前面都有

"以"，明顯地看出"數"之"計算、點數"義。例（7）前文説"千數"，後文説"萬記"，其中"數"的動詞性質不言而喻。例（1）、（2）根據上下文及文意，"數"亦當爲動詞，表"計算、點數"義。然而，這種用法的"數"所處的句法位置與表數助詞"數"一致，這就爲表數助詞"數"的產生奠定了基礎。

四　所①

《説文・斤部》："所，伐木聲也。"段玉裁《説文解字注》："伐木聲乃此字本義，用爲處所者，假借爲處字也。""用爲分别之詞者，又從處所之義引申之……皆於本義無涉，是真假借矣。""所"的本義是伐木聲，假借爲"處所"義，後用作表數助詞，用在數量詞後面，表示大概的數目。這種用法在上古時期就已經出現，如《尚書・君奭》："率惟兹有陳，保乂有殷，故殷禮陟配天，多歷年所。"《史記・李將軍傳》："廣令諸騎曰：'前！'前未到匈奴陳二里所，止，令曰：'皆下馬解鞍！'"《史記・倉公傳》："今慶已死十年所，臣意年盡三年，年三十九歲也。"中古時期沿用，如：

(1)建章、未央、長樂宫鍾虡銅人皆生毛，長一寸所，時以爲美祥。（《漢書・郊祀志》，頁1252）

(2)北部督郵西平郅伯夷，年三十所，大有才決，長沙太守郅君章孫也。"（漢應劭《風俗通義・怪神》，頁427）

(3)三年六月丁卯，彗星出天船北，長二尺所，稍北行至亢南，百三十五日去。（《後漢書・天文中》，頁3229）

表數助詞"所"一般用於數詞或數量詞之後，表示約數，這種用法並不常見。

五　小結

通過前面的例證可以看出，"餘"、"許"、"數"、"所"這四個詞語雖都表約數，但它們在細微之處存在着差別，語言系統不會允許有這麼多作用相同的助

---

① "所"作表數助詞在我們所調查的十六部文獻中並未出現，然而在其他文獻中發現了表數助詞"所"的用例，故亦將其列入本章考察的範圍之内。

詞同時存在。

　　"餘"一般用在數目比較大的數詞之後,在很小的數字前很少用"餘";"許"一般用在較小數字之後;"數"一般用在較大數字之後;"所"的用例較少,一般用在較小數字之後。它們的關係如下圖所示:

表數助詞"餘"、"許"、"數"、"所"使用範圍示意圖

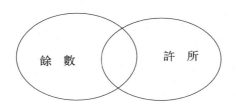

　　左邊的圈表示大數,右邊的圈表示小數,表數助詞"餘"、"許"、"數"、"所"都有自己的主要使用範圍,但又有一些交叉。

第二節　有

　　"有"的字形在殷商卜辭中作"ㄓ"、"ㄓ"、"ㄢ",在兩周銘文中作"ㄢ"、"ㄞ"、"ㄢ"、"ㄢ",《説文・有部》依據小篆形體"ㄢ"對其説解曰:"有,不宜有也。"段玉裁《説文解字注》:"謂本是不當有而有之稱。引申遂爲凡有之稱。"許慎謂其本義爲與"無"相對之"有"。"有"用作表數助詞是其假借用法,可以用於整數和零數之間。清朝朱駿聲《説文通訓定聲・頤部》:"有,假借爲又。"用作表數助詞的"有"在上古時期就已經產生了,如《周易・繫辭上》:"乾之策,二百一十有六;坤之策,百四十有四,凡三百有六十。"《尚書・堯典》:"朞,三百有六旬有六日。"《韓非子・五蠹》:"割地而朝者三十有六國。"中古時期沿用,幾乎没有新的拓展。如:

　　(1)太山之上,封可見者七十有二,紛綸湮滅者不可勝數。(《論衡・書虚》,頁177)

　　(2)載太山之上者,七十有二君,皆勞精苦思,憂念王事,然後功成事立,致治太平。(《論衡・道虚》,頁315)

　　(3)王曰:"父喪來有年乎?"對曰:"十有一年。"(《六度集經》,0036b28)

(4)昔者菩薩,時爲凡人。年十有六,志性開達,學博睹弘,無經不貫練。(《六度集經》,0047b16)

(5)朕惟不見諸王十有二載,悠悠之懷,能不興思!(《三國志·魏書·明帝紀》,頁 98)

(6)後值傾覆,受任於敗軍之際,奉命於危難之閒,爾來二十有一年矣。(《三國志·蜀書·諸葛亮傳》,頁 920)

(8)臣年四十有八,叨忝若此,以疾陳遜,豈駭聽察!(《南齊書·褚淵傳》,頁 430)

(9)大功兄弟,四十有二人,通塞壽夭,唯臣獨存。(《南齊書·虞玩之傳》,頁 610)

(11)莫府親貫甲胄,授律中權,董帥熊羆之士十有五萬,征鼓粉沓,雷動荊南。(《南齊書·蕭赤斧傳》,頁 670)

(12)及晉惠西奔,關中擾亂,百姓流移,護與門徒避地東下,至澠池,遘疾而卒,春秋七十有八。(《高僧傳·竺曇摩羅刹傳》,頁 24)

據我們所調查的十六部文獻來看,表數助詞"有"大多用在相鄰的位數之間,一般是十位與個位之間。當然,這可能與十位和個位之間的計數比較常見有關。如前所述,表數助詞"有"用於整數和零數之間是假借用法,然而這種假借用法比較盛行,在相當長的時間內占據着合法地位。

第三節　第

"第"是現代漢語常見的表數助詞,它產生於上古晚期,來源於表示"次第"的"第"。"第"不見於殷商卜辭、兩周銘文,也不見於《説文》,可見"第"字形體出現的時間相對較晚。其早期意義恐怕是"次序、次第",《廣雅·釋詁三》:"第,次也。"雖然"第"字形體產生較晚,但其意義却早已有之,其本字作"弟",《説文·弟部》:"弟,韋束之次弟也。""弟"的本義爲"次序、次第",後來"弟"多用於表示"兄弟"之弟,爲了分化"弟"字的職能,爲其本義造了"第",後又引申爲表數助詞,用在整數數詞前面,表示順序。這種用法在上古晚期已經出現,如《史記·太史公自序》:"……作《五帝本紀》第一。"中古沿用,如:

　　(1)諸天稱善靡不嘆仁，兩菩薩終生第四天上，一國全命。(《六度集經》,0037a18)

　　(2)第一之禪，善惡諍已，以善消惡，惡退善進。(《六度集經》,0039a15)

　　(3)第七山中有兩道士，一名闍犁，一曰優犇，知斯神女之所處也。(《六度集經》,0044b12)

　　(4)遷表昭德將軍，加金紫，位特進，表第二子訓爲騎都尉。(《三國志·魏書·文德郭皇后傳》,頁166)

　　(5)今封君爲吳王，使使持節太常高平侯貞，授君璽綬策書、金虎符第一至第五、左竹使符第一至第十，以大將軍使持節督交州，領荆州牧事，錫君青土，苴以白茅，對揚朕命，以尹東夏。(《三國志·吳書·吳主傳》,頁1122)

　　(6)孫休字子烈，權第六子。(《三國志·吳書·孫休傳》,頁1155)

　　(7)第一度證，所行如言、所作成就，一切大慈，而興大哀於一切人，而無所度。(《生經》,0084a17)

　　(8)第一驫辭則所欣釋子、第二人者颱陀和梨、第三黑優陀、第四阿難也！(《生經》,0087a13)

　　(9)見清净者名净持戒，净持戒者名第一戒。(《阿育王傳》,0116c25)

　　(10)我一子當守護錢財一子在外聚斂錢財，更有第三子當與阿闍梨。(《阿育王傳》,0116c25)

　　(11)王於殿上治政事訖，還入其室不見第一夫人。(《摩訶僧祇律》,0229a15)

　　(12)諸天有三時鼓，諸天阿修羅共戰時打第一鼓，俱毗羅園衆花開敷時打第二鼓，集善法講堂聽善法時打第三鼓。(《摩訶僧祇律》,0233a03)

　　在我們所調查的十六部文獻當中，漢譯佛經文獻中表數助詞"第"多見，而在中土文獻中僅《三國志》中有個別用例。表數助詞"第"近、現代漢語沿用。總體看來，表數助詞"第"的用法單一，且從古至今幾乎沒有變化。

第五章　列舉助詞

　　列舉助詞是對事物進行列舉時所用到的一類助詞。張誼生（2002：215）指出："所謂列舉助詞，就是指那些附在被列舉的詞語後面，表示或協助表示列舉關係的助詞。這類助詞與一般意義上的助詞（比如時態助詞、結構助詞）相比，就在於其語法化程度比較低，所表示的還不是典型的語法範疇的語法義，而是一種詞義範疇的表述義。"①

　　中古時期的列舉助詞有"云"、"云云"、"等"三個，其中"云"、"云云"的產生時間要比"等"早一些。比較而言，中古時期列舉助詞"云"、"云云"的使用範圍要比"等"相對小一些，有時還會帶有某種感情色彩。列舉助詞"等"比較常見，且不含説話人的感情色彩。本章以我們所選定的十六部文獻爲基本語料對這三個列舉助詞展開論述。

第一節　云、云云

　　列舉助詞"云"、"云云"在上古時期均已出現，中古沿用。二者既有聯繫又有明顯區別。

一　云

　　《説文·雲部》："云，古文省雨。"《正字通·二部》："云，雲本字。"在古漢語中，"云"較早、較多是用作"説"義，清王引之《經傳釋詞》卷三："云，言也，曰

---

① 　參張誼生《助詞與相關格式》，頁 215。

也。"例證俯拾即是,兹不贅舉。後又可以用作列舉助詞,用於句末。清王引之《經傳釋詞》卷三:"云,語已詞也。"列舉助詞"云"上古時期就已經出現,如《史記·虞卿傳》:"然虞卿非窮愁,亦不能著書以自見於後世云。"《史記·封禪書》:"則若雄雞,其聲殷云。"《大戴禮記·夏小正》:"初昏參中,蓋記時也云。"中古時期沿用。在我們考察的十六部文獻當中,列舉助詞"云"的使用較爲廣泛。如:

(1)九親驚曰:"古世之來,未聞幼孩而爲斯云。將是天龍鬼神之靈乎?當卜之焉。"(《六度集經》,0004a17)

(2)允友人同郡崔贊,亦嘗以處世太盛戒允云。(《三國志·魏書·夏侯玄傳》,頁304)

(3)然時因群臣諫諍,扶贊其義,并時密陳損益,不專導諛言云。(《三國志·魏書·劉放傳》,頁462)

(4)劉廙以清鑒著,傅嘏用才達顯云。(《三國志·魏書·王衛二劉傳傳》,頁629)

(5)悌後爲魏郡及尚書令,皆承代矯云。(《三國志·魏書·陳矯傳》,頁645)

(6)陳、徐、衛、盧,久居斯位,矯、宣剛斷骨鯁,臻、毓規鑒清理,咸不忝厥職云。(《三國志·魏書·桓二陳徐衛盧傳》,頁653)

(7)爲人雖互有長短,然名位略齊云。(《三國志·魏書·孫禮傳》,頁693)

(8)而漁陽傅容在雁門有名績,繼招後,在遼東又有事功云。(《三國志·魏書·牽招傳》,頁733)

(9)或曰,毓曾密啓司馬文王,言會挾術難保,不可專任,故宥峻等云。(《三國志·魏書·鍾會傳》,頁793)

(10)漆葉處所而有,青黏生於豐、沛、彭城及朝歌云。(《三國志·魏書·華佗傳》,頁804)

(11)惟相司空王昶、征北將軍程喜、中領軍王肅有蹉跌云。(《三國志·魏書·朱建平傳》,頁809)

(12)毓未解輅言,無幾,曹爽等誅,乃覺寤云。(《三國志·魏書·管輅傳》,頁821)

(13)故但舉漢末魏初以來,以備四夷之變云。(《三國志‧魏書‧烏丸鮮卑東夷傳》,頁832)

(14)亮性長於巧思,損益連弩,木牛流馬,皆出其意;推演兵法,作八陳圖,咸得其要云。(《三國志‧蜀書‧諸葛亮傳》,頁927)

(15)自竺至照,皆便弓馬,善射御云。(《三國志‧蜀書‧麋竺傳》,頁970)

(16)會得斌書報,嘉嘆意義,及至涪,如其書云。(《三國志‧蜀書‧蔣琬傳》,頁1059)

(17)於時人少所敬貴,唯器異姜維云。(《三國志‧蜀書‧鄧芝傳》,頁1073)

(18)都護李嚴性自矜高,護軍輔匡等年位與嚴相次,而嚴不與親褻;觀年少嚴二十餘歲,而與嚴通狎如時輩云。(《三國志‧蜀書‧楊戲傳》,頁1082)

(19)楊戲商略,意在不群,然智度有短,殆罹世難云。(《三國志‧蜀書‧鄧張宗楊傳》,頁1091)

(20)吳末昏亂,何氏驕僭,子弟橫放,百姓患之。故民訛言"皓久死,立者何氏子"云。(《三國志‧吳書‧孫和何姬傳》,頁1202)

(21)其悼松如此,由亮養子喬咨述故云。(《三國志‧吳書‧孫翊傳》,頁1212)

(22)況此諸孫,或贊興初基,或鎮據邊陲,克堪厥任,不忝其榮者乎!故詳著云。(《三國志‧吳書‧宗室傳》,頁1217)

(23)在郡五年,卒官,子譚、承云。(《三國志‧吳書‧顧雍傳》,頁1219)

(24)周昭者字恭遠,與韋曜、薛瑩、華覈並述《吳書》,後爲中書郎,坐事下獄,覈表救之,孫休不聽,遂伏法云。(《三國志‧吳書‧步騭傳》,頁1242)

(25)秉爲傅時,率更令河南徵崇亦篤學立行云。(《三國志‧吳書‧程秉傳》,頁1248—1249)

(26)呂岱清恪在公;周魴譎略多奇;鍾離牧蹈長者之規;全琮有當世之才,貴重於時,然不檢姦子,獲譏毀名云。(《三國志‧吳書‧賀全呂周鍾離傳》,頁1395)

（27）休耻與峻、綝同族，特除其屬籍，稱之曰故峻、故綝云。（《三國志·吴書·孫綝傳》，頁 1451）

（28）聊書其心，示將來之同志尚者云。（《抱朴子内篇·金丹》，頁 86）

（29）吾聞吴大皇帝曾從介先生受要道云，但知書北斗字及日月字，便不畏白刃。（《抱朴子内篇·雜應》，頁 269—270）

（30）闡更改"望"爲"俊"，以"亮"爲"潤"云。（《世説新語·文學》，頁 140）

（31）其中七條具識事，不能復記餘事，故以所憶者更爲此記，以悦同信之士云。（《觀世音應驗記三種·光世音應驗記》，頁 1）

（32）即撰所聞，繼其篇末，傳諸同好云。（《觀世音應驗記三種·續光世音應驗記》，頁 28）

（33）東宫承華門亦改爲宣華云。（《南齊書·禮志上》，頁 148）

（34）建武初，明帝奏樂至此曲，言是似《永明樂》，流涕憶世祖云。（《南齊書·樂志》，頁 194）

（35）宫城諸却敵樓上本施鼓，持夜者以應更唱，太祖以鼓多驚眠，改以鐵磬云。（《南齊書·百官志》，頁 317）

（36）今不駕羊，猶呼牽此車者爲羊車云。（《南齊書·輿服志》，頁 338）

（37）今詳録去取，以爲志云。（《南齊書·祥瑞志》，頁 349）

（38）太祖後改樹表柱，柱忽龍鳴，響震山谷，父老咸志之云。（《南齊書·祥瑞志》，頁 352）

（39）班固案《易》雖屬《巽》，今以羽蟲之孽類是也，依歆説附《視傳》云。（《南齊書·五行志》，頁 376）

（40）其餘儒學之士，多在卑位，或隱世辭榮者，别見他篇云。（《南齊書·劉瓛陸澄列傳》，頁 687）

（41）觀夫二三子之治身，豈直清體雅業，取隆基構；行禮蹈義，可以勉物風規云。（《南齊書·江敩何昌寓謝瀹王思遠列傳》，頁 767）

（42）然臣所以諮問者，不得其實，罪在萬没，無所復云。（《南齊書·崔慧景傳》，頁 878）

（43）永明初，獻《皇德論》云。（《南齊書·良政列傳》，頁 918）

(44)今立《倖臣篇》，以繼前史之末云。(《南齊書·倖臣列傳》，頁972)

(45)年登婚宦，暴慢日滋，竟以言語不擇，爲周逖抽腸釁鼓云。(《顏氏家訓·教子》，頁13)

(46)吾時頗預末筵，親承音旨，性既頑魯，亦所不好云。(《顏氏家訓·勉學》，頁187)

以上這四十六例是除《高僧傳》外其他十五部文獻中列舉助詞"云"的全部用例，《高僧傳》中更多一些，但用法與這十五部文獻的用法一致。列舉助詞"云"一般用來表示省略。

二　云云

"云"又有重疊作"云云"者，上古時期已經出現，但不多見，如：

(1)其後旦復與左將軍上官桀等謀反，宣言曰"我次太子，太子不在，我當立，大臣共抑我"云云。(《史記·三王世家》，頁2119)

(2)漢遺單于書，牘以尺一寸，辭曰"皇帝敬問匈奴大單于無恙"，所遺物及言語云云。(《史記·匈奴列傳》，頁2899)

在我們所調查的中古時期的十六部文獻當中，列舉助詞"云云"的用例僅在《高僧傳》中出現兩次，即：

(1)又有竺法維，釋僧表，並經往佛國云云。(《高僧傳·曇無讖傳》，頁81)

(2)以齊永明三年卒于興福寺，年七十九。臨終有《訓誡遺文》云云。(《高僧傳·釋慧芬傳》，頁515)

"云云"一般也多用來表示省略。《漢書·汲黯傳》："上方招文學儒者，上曰吾欲云云。"顏師古注："云云，猶言如此如此也。史略其辭耳。"①可見，早在

---

① 參《漢書》，頁2317。

唐朝,顔師古已經把列舉助詞"云云"的用法簡明扼要地表述了出來。

　　總之,列舉助詞"云"、"云云"一般用在一段話的末尾,表示有所省略。"云"、"云云"後面省略的內容可以是無形的事物,也可以是事件。與列舉助詞"等"相比較而言,"云"、"云云"有時會帶有説話人的感情色彩,它們可以表示對所陳述事情的漠然甚至不屑。在現代漢語口語中"云"、"云云"都已經不再使用了。取而代之的有"什麼的"、"啥的"、"的"等,這在現代漢語研究中論述頗多,兹不贅述。

第二節　等

　　"等"、"等等"在現代漢語中是極爲常見的列舉助詞。列舉助詞"等"在上古時期就已經産生了,中古沿用,只有"等"一種形式,疊音詞"等等"的早期用例大概出現於清朝前期。學者們對列舉助詞"等"(尤其是古漢語的列舉助詞"等")的關注還遠遠不够。正如張誼生(2002:247)在研究現代漢語助詞時所指出:"'等'和'等等'是一對頗具特色的列舉助詞,不但使用頻率很高,而且用法靈活多樣。然而,迄今爲止,除了個別論文外,語言學界幾乎很少有人仔細關注過它們。"[1]現代漢語的研究狀況尚且如此,研究古漢語的學者對它們的關注更加少見。張誼生(2002:247)曾以語言研究的三維原則爲指導,借助計算機對實際語料的調查和分析,對"等"和"等等"的搭配對象、句法功能、語義內涵進行描寫和歸納,並從不同的角度考察和辨析其異同[2]。這些已有研究爲我們的研究提供了參考。我們從列舉助詞"等"、"等等"的源頭説起,試圖從漢語史的角度對它們進行論述。

一　列舉助詞"等"的來源及用法

　　《説文·竹部》:"等,齊簡也。""等"的本義可能是"整齊簡牘",後可用作列舉助詞。在古漢語中,列舉助詞"等"有些用在人稱代詞或指人的名詞後面表示複數,有些表示列舉未盡。列舉助詞"等"在上古時期就已經出現了,如:

---

① 參張誼生《助詞與相關格式》,頁 247。
② 參張誼生《助詞與相關格式》,頁 247。

（1）然臣之弟子禽滑釐等三百人，已持臣守圉之器，在宋城上而待楚寇矣。（《墨子·公輸》，頁765）

（2）公等錄錄，所謂因人成事者也。（《史記·平原君傳》，頁2368）

魏德勝（2000:234）指出"'等'表列舉，始見於戰國時期的典籍"，且他通過考察戰國末期至秦初的睡虎地秦墓竹簡，發現其中有十例"等"用作列舉助詞，進而說明"等"在當時"口語化程度高"①。有年代確定的出土文獻爲證，列舉助詞"等"至晚出現於戰國末期已是不爭的事實。然而據我們考察，似乎在上古時期，列舉助詞"等"的使用範圍還不是很普遍，尚未達到"口語化程度高"的程度。到了中古時期，列舉助詞"等"就比較常見了，而且較之上古漢語，它的用法又有了新的拓展。在我們所調查的十六部文獻中，除了《世説新語》中沒有出現列舉助詞"等"的用例外，其他幾部文獻中均有用例。如：

（1）始與李父等俱起，到柴界中，遇賊兵惶惑，走濟陽舊廬。（《論衡·吉驗》，頁97）

（2）幽、厲王之去夏世，以爲千數歲，二龍戰時，幽、厲、褒姒等未爲人也。（《論衡·異虛》，頁216）

（3）盧奴令田光與公孫弘等謀反，其且覺時，狐鳴光舍屋上，光心惡之。（《論衡·遭虎》，頁712）

（4）末復與豪家丁伯等結怨，舉家徙處上虞。（《論衡·自紀》，頁1187）

（5）比丘尼衆，大伏愛等五百人。（《修行本起經》，0461a07）

（6）普集諸異學婆羅門、尼捷等不可計，都悉來會。（《修行本起經》，0461a07）

（7）汝等見此供設嚴好光目者不？（《修行本起經》，0461c06）

（8）汝等見此童子不？（《修行本起經》，0462b13）

（9）吾等巨海唯斯三珠爲吾榮華。（《六度集經》，0004a17）

（10）臣等舊習軍謀兵法，請自滅之，無勞聖思。（《六度集經》，0005a20）

---

① 參魏德勝《〈睡虎地秦墓竹簡〉語法研究》，頁234。

(11)汝南、潁川黄巾何儀、劉辟、黄邵、何曼等，衆各數萬，初應袁術，又附孫堅。(《三國志·魏書·武帝紀》，頁 13)

(12)瓊等望見公兵少，出陳門外。(《三國志·魏書·武帝紀》，頁 21)

(13)尋時往詣，一一難問，諸梵志等，咸皆窮乏，無辭以對，五百之衆，智皆不及。(《生經》，0075a25)

(14)卿等寧見前所逐梵志不耶？(《生經》，0077c19)

(15)出花氏城半由旬迎，遥見尊者與萬八千阿羅漢等，譬如半月圍遶而來。(《阿育王傳》，0102c16)

(16)世間各自有學，如工巧書算技術等，皆名爲學。(《摩訶僧祇律》，0235c18)

(17)女人莊嚴具者，釵釧衣服等；男子莊嚴具者，衣冠瓔珞等。(《摩訶僧祇律》，0244a09)

(18)若治衆僧房舍，若泥工木工畫工，及料理衆僧物事者，應與前食後食，及塗身油非時漿等。(《摩訶僧祇律》，0247c25)

(19)近世左慈趙明等，以炁禁水，水爲之逆流一二丈。(《抱朴子内篇·至理》，頁 114)

(20)石頭等既疲倦，俄而乘輿回，諸人皆似從官，唯東亭奕奕大前，其悟捷如此。(《世説新語·捷悟》，頁 321)

(21)事畢，奄失向日，大暗如初。僧朗等驚喜，知是感應，就地得眠。(《觀世音應驗記三種·繫观世音應驗記·釋僧朗》，頁 181)

(22)昔有國王設於教法諸有婆羅門等，在我國内制抑洗净不洗净者，驅令策使種種苦役。(《百喻經》，0554c08)

(23)太祖遣軍主陳顯達、任農夫、張敬兒、周盤龍等，從石頭濟淮，間道從承明門入衛宫闕。(《南齊書·高帝本紀上》，頁 9)

(24)漢靈帝時遊於洛陽，以光和中平之間，傳譯梵文，出《般若道行》、《般舟》、《首楞嚴》等三經，又有《阿闍世王》、《寶積》等十餘部經，歲久無録。(《高僧傳·支樓迦讖傳》，頁 10)

(25)兼富於文藻，辭製華密，嵩、朗等更請廣出諸經，次譯《大集》、《大雲》、《悲華》、《地持》、《優婆塞戒》、《金光明》、《海龍王》、《菩薩戒本》等，六十餘萬言。(《高僧傳·曇無讖傳》，頁 77)

(26)後須菩提,摩訶迦葉,大目捷連,舍利弗等次第來乞,其婦悉亦各取其鉢,盛飯施與。(《雜寶藏經》,0459a07)

(27)爾時五百仙人者,今長老等五百比丘是也。(《雜寶藏經》,0461b26)

在上古及中古前期,列舉助詞"等"一般用於列舉人,如"汝等"、"爾等"、"吾等"、"我等"等説法極爲常見。到了晉朝及以後,列舉助詞"等"的用法發生了擴展,它除了可以列舉人外,還可以列舉物,如例(16)、(17)、(18)、(24),這標誌着列舉助詞"等"的進一步發展。

與列舉助詞"云"、"云云"相比,"等"所表示的情形比較客觀,其後大多是有形的東西。現代漢語①也用"等等"來表示列舉,正如《荀子·正名》所説:"同則同之,異則異之,單足以喻則單,單不足以喻則兼,單與兼無所相避則共,雖共,不爲害矣。"②如:

(1)只見他戴着滿簪子的鈿子,穿一件紗綠地景兒襯衣兒,套一件藕色縐絲氅衣兒,罩一件石青繡花大坎肩兒,上還帶了些手串兒,懷鏡兒等等,抬頦裏又帶着對成對兒的荷包,鬢釵窸窣,手釧鏗鏘的站在那裏。(清文康《兒女英雄傳》第四十回,頁653)

(2)這些既然都錯,則紳士口頭的二二得七,三三見千等等,自然就不錯了。(魯迅《朝花夕拾》,頁238)

(3)張大哥對於羊肉火鍋,打鹵面,年糕,皮袍,風鏡,放爆竹等等都要作個先知先覺。(老舍《離婚》,頁11)

(4)報載敝宅日前盜劫,損失現金二千元,並架去十八歲使女一名等等,全屬子虛;此後如續有謠傳,務請屏斥勿録。(茅盾《蝕》,頁266)

(5)只有人生邊上的隨筆、熱戀時的情書等等,那才是老老實實、痛痛快快的一偏之見。(錢鍾書《寫在人生邊上》,頁59)

我們分別檢索了北大 CCL③ 古代漢語語料庫和現代漢語語料庫中列舉

---

① 這裏所説的"現代漢語"用比較寬泛的定義,即從清朝初期至今。
② 參王先謙《荀子集解》,頁418—419。
③ http://ccl.pku.edu.cn/Yuliao_Contents.Asp

助詞"等等"的用例,發現列舉助詞"等等"雖較早見於清朝,但廣泛使用却是在二十世紀以後。用"等等"表示的語氣更爲强烈,它的産生除了受到語言演變自身因素的影響外,也有可能在人們感知的過程中受到了列舉助詞"云云"影響,列舉助詞"等等"與"云云"有着相似的産生及發展機制。另外,列舉助詞"等"既可以來列舉人也可以用來列舉物,而列舉助詞"等等"一般只用來列舉物。

二　列舉助詞"等"在中古後期的發展

列舉助詞"等"的用法在上古乃至中古前期還没有發展成熟,然而從中古後期開始迅速發展,原因何在? 列舉助詞"等"最初用於列舉人,而在上古和中古漢語中,除了可以用"等"來列舉人外,還可以用"儔"、"曹"、"輩"、"儕"、"屬"等詞語。正因爲"儔"、"曹"、"輩"、"儕"、"屬"等詞語與列舉助詞"等"有着相似之處,因此有些學者認爲它們也是助詞,如《古代漢語虚詞詞典》①。雖然"儔"、"曹"、"輩"、"儕"、"屬"等詞語與典型的名詞存在一定的差別,與列舉助詞的用法又有相似之處,但我們還是認爲將它們歸爲名詞更爲妥當。然而正是有了這些詞語的存在,列舉助詞的使用頻率必然會下降。我們先看這幾個詞的用法②:

> (1)夫文王猶用衆,況吾儕乎?(《左傳·成公二年》,頁807)
> (2)吾小國懼矣,然大國之憂也,吾儕何知焉? 吾子其早圖之。(《左傳·昭公二十四年》,頁1452)
> (3)爲公者必利,不爲公者必害,吾曹何愛不爲公?(《韓非子·外儲説右上》,頁317)
> (4)然。是非兒曹愚人所知也。(《史記·外戚世家》,頁1986)
> (5)不者,若屬皆且爲所虜。(《史記·項羽本紀》,頁313)
> (6)命曰太液池,中有蓬萊、方丈、瀛洲、壺梁,象海中神山龜魚之屬。(《史記·封禪書》,頁1402)
> (7)魏文帝深好融文辭,每嘆曰:"楊、班儔也。"(《後漢書·孔融傳》,

---

① 參中國社會科學院語言研究所古代漢語研究室《古代漢語虚詞詞典》,頁58、46、15、48、532。
② 例證多轉引自中國社會科學院語言研究所古代漢語研究室《古代漢語虚詞詞典》。

頁 2279)

（8）上以若曹無益於縣官，耕田力作固不及人，臨衆處官不能治民，從軍擊虜不任兵事，無益於國用，徒索衣食，今欲盡殺若曹。（《漢書·東方朔傳》，頁 2843）

（9）平生毀程不識不直一錢，今日長者爲壽，乃效女曹兒呫囁耳語！（《漢書·灌夫傳》，頁 2387）

（10）若夫田文、無忌之儔，乃上古之俊公子也，……慷慨則氣成虹蜺。（《曹植集·七啓》，頁 11）

（11）主人當鑒我曹輩，反旌退師，治兵鄴垣，何宜久辱盛怒，暴威於吾城下哉？（《三國志·魏書·臧洪傳》，頁 235）

（12）不憂，天下當無此鼠輩耶？（《三國志·魏書·華佗傳》，頁 802）

（13）周瑜、陸公、魯肅、呂蒙之儔，入爲心腹，出作股肱。（《陸機集·辨亡論上》，頁 126）

（14）從來將千載，未復見斯儔。（《陶淵明集·詠貧士七首》，頁 125）

（15）貧者，士之常，焉得登枝而捐其本！爾曹其存之！（《世說新語·德行》，頁 24）

（16）伊輩亦常以我度爲勝。（《世說新語·賢媛》，頁 369）

（17）若由此業，自致卿相，亦不願汝曹爲之。（《顏氏家訓·教子》，頁 21）

通過上面的例證，我們可以清楚地看到名詞“儔”、“曹”、“輩”、“儕”、“屬”與列舉助詞“等”雖然在句法位置上有着一致之處，在表達功能上有時也有相似之處，但它們的差別顯而易見。“儔”、“曹”、“輩”、“儕”、“屬”一般用於列舉人，“屬”有時也可以用於列舉物，如例（6），但比較少見。“等”從晉朝開始，既可以例舉人，也可以列舉物，均比較常見。《修行本起經》中有“今汝曹等，未離勤苦”，“曹”後又加“等”，可見在表示列舉方面，“等”更加典型。

第六章　動態助詞

　　動態助詞是附着於謂詞性詞語後表示某種動作狀態的一類助詞。上古漢語没有動態助詞，它是中古漢語新産生的一種語言現象。中古時期，大部分動態助詞僅處於萌芽的狀態。如果我們能够對這一時期漢語動態助詞的萌芽、發展情況進行系統地研究，相信它對漢語史等相關研究具有一定的借鑒意義。

第一節　中古時期新産生的動態助詞——得

　　中古時期新産生的動態助詞僅"得"一個。動態助詞"得"在中古時期初見端倪，它用於句子的謂語動詞之後，表示動作的完成。中古時期，動態助詞"得"的用例並不多見，但這一時期却是探討動態助詞"得"形成過程的重要時期。

一　研究現狀

　　在現代漢語中，"得"作助詞一般是用作"結構助詞"，用來連接動詞與補語，是補語的標誌之一。現代漢語結構助詞"得"與古漢語動態助詞"得"存在着一定的差别。大概現代漢語結構助詞"得"的虚化程度要更高一些，已經很難看出結構助詞"得"與其本義"得到、獲得"之間的聯繫了。古漢語動態助詞"得"與句子的謂語動詞粘合得比較緊密，其本義"得到、獲得"的一些語義特徵可以在句子中得到反映，同時顯現出一些動詞性的特徵。换言之，古漢語動態助詞"得"的動詞性特徵保留得多一些，且比較明顯地附着於句子的謂語動詞之後，而不是用來連接某兩個語言成分。因此，我們在這裏按照助詞"得"在古漢語中的這些特性將其列入"動態助詞"這一次類。

關於動態助詞"得"的形成及發展,曹廣順(1995:72—83)有較爲詳細的論述,他指出:"'得'也是近代漢語中常用的一個動態助詞,主要用於表示動作獲得結果或完成、實現。……助詞'得'從唐代開始形成,唐宋時兼有表示獲得結果、完成、持續,作述補結構的標誌等多種功能,元代以後,表示完成、持續的用法逐漸衰落,作補語標誌成爲主要功能,早期兼類,晚期功能迅速向單一化發展,是近代漢語中'得'字發展的基本過程。"①龍國富(2004:52—53)也着重論述了姚秦譯經中用於動結式中的"得"②。總體而言,學者們一般認爲動態助詞"得"産生於近代初期(唐朝),且從句法方面看,大體認同如下過程:

> 獨用作句子的主要謂語動詞(→連動式的後一動詞)→述補式中補語→動態助詞

前輩學者的研究給我們提供了諸多的借鑒意義,然而在研究的過程中,我們發現在動態助詞"得"醞釀及形成過程中尚存在着一些細節問題需要進一步探討。在這一部分,我們從"得"的本義及上古時期"得"的文獻用例出發,重點分析了我們所選定的中古時期的十六部文獻中"得"的用法,進而對動態助詞"得"的來源及形成過程作出分析,並試圖對其中的一些現象作了力所能及的解釋。

二　上古時期"得"的主要用法

要考察動態助詞"得"的形成及發展,還需從"得"的早期用法説起。上古時期,"得"主要有兩種用法:一是用作動詞,表示"得到、獲得"義;二是用作助動詞,表示"可以"義。

(一)基本用法——"得到、獲得"義動詞

"得"的字形,殷商卜辭作"𠂤"、"𠂤"、"𠂤",兩周銘文作"𠷡"。《説文·彳部》:"得,行有所得也。""得"的本義爲"得到、獲得"。上古時期,"得"的典型用法是獨用作句子的謂語動詞,如:

---

① 參曹廣順《近代漢語助詞》,頁72—83。
② 參龍國富《姚秦譯經助詞研究》,頁52—53。

(1)高、國得君,必偪我,盍去諸?(《左傳·哀公六年》,頁 1633)

(2)得寵而忘舊,何以使人?(《左傳·僖公二十四年》,頁 417)

(3)周賴大國之義,得君臣父子相保也,願獻九鼎,不識大國何塗之從而致之齊?(《戰國策·東周策》,頁 2)

(4)公仲柄得秦師,故敢捍楚。(《戰國策·韓策二》,頁 970)

(5)欲仁而得仁,又焉貪?(《論語·堯曰》,頁 766)

(6)無思無慮始知道,無處無服始安道,無從無道始得道。(《莊子·知北遊》,頁 185)

(7)夫天下之所尊者,富貴壽善也;所樂者,身安、厚味、美服、好色、音聲也;所下者,貧賤夭惡也;所苦者,身不得安逸,口不得厚味,形不得美服,目不得好色,耳不得音聲;若不得者,則大憂以懼,其爲形也,亦愚哉!(《莊子外篇·至樂》,頁 149)

(8)緣木求魚,雖不得魚,無後災。(《孟子·梁惠王上》,頁 90)

(9)險阻既遠,鳥獸之害人者消,然後人得平土而居之。(《孟子·滕文公下》,頁 448)

在這些例證中,從"得"的客體方面看,有較爲具體的事物,如例(4)、(8)、(9)。也有較爲抽象的事物,如例(1)、(2)、(3)、(5)、(6)、(7)。

先秦時期,"得"的一般用法是用作句子的謂語動詞,且一般是光杆動詞,前面沒有其他的修飾成分,也沒有連用的成分。但在"得"的前面有時可以有"可"、"能"、"願"、"欲"等助動詞作狀語,"得"依然是句子的主要動詞。如:

(1)願寄言於三鳥兮,去飄疾而不可得。(《楚辭·九嘆·惜賢》,頁 300)

(2)若不材,器可得也。(《左傳·哀公十六年》,頁 1705)

(3)吾願得范、中行之良臣。(《國語·晉語九》,頁 497)

(4)夫梁之君臣欲得九鼎,謀之暉臺之下,少海之上,其日久矣。(《戰國策·東周策》,頁 2)

(5)狂者又不可得;欲得不屑不絜之士而與之,是獧也。(《孟子·盡心下》,頁 1028)

(6)人之不事衡石者,非貞廉而遠利也,石不能爲人多少,衡不能爲人

輕重,求索不能得,故人不事也。(《韓非子·八説》,頁 427)

總體而言,動詞"得"獨用作句子的謂語動詞,用來描述一個事件,這是上古時期"得"的基本用法。

(二)助動詞

在上古時期,"得"還可以用作助動詞,置於謂詞或謂詞性短語前,表"可以"義。如:

(1)衛在晉,不得爲次國。(《左傳·成公三年》,頁 815)

(2)何以得覯?(《左傳·隱公四年》,頁 37)

(3)數年然後得歸,歸乃用事乎漢。(《穀梁傳·定公四年》,頁 685)

(4)用衆者,使民不得耕作,糧食輓賃不可給也。(《戰國策·趙策三》,頁 677)

(5)彼奪其民時,使不得耕耨,以養其父母;父母凍餓,兄弟妻子離散。(《孟子·梁惠王上》,頁 68)

(6)滕,小國也。竭力以事大國,則不得免焉,如之何則可?(《孟子·梁惠王下》,頁 163)

(7)文惠君曰:"善哉!吾聞庖丁之言,得养生焉。"(《莊子·養生主》,頁 31)

"得"用作助動詞,用來修飾其後的謂語動詞。此時的"得",就意義方面而言,其本義"獲得"義有了一定程度的虛化;就功能方面而言,由動詞降格到助動詞,由充當主要謂語動詞降格到充當狀語。助動詞"得"還可以與其他助動詞連用,如:

(1)願得借師以伐趙。(《戰國策·魏策一》,頁 777)

(2)雖欲得請之,鄰國不與也。(《戰國策·中山策》,頁 1181)

(3)敢問夫子之不動心,與告子之不動心,可得聞與?(《孟子·公孫丑上》,頁 194)

(4)齊桓、晉文之事,可得聞乎?(《孟子·梁惠王上》,頁 74)

(5)莊子曰:"夫爲劍者,示之以虛,開之以利,後之以發,先之以至,願

得試之。"(《莊子·說劍》,頁 265)

(6)定公曰:"善,可得少進乎?"(《荀子·哀公》,頁 546)

(7)今寡人實不若先生,願得傳國。(《呂氏春秋·不屈》,頁 494)

在這些例證當中,助動詞"得"沒有其他助動詞的情態濃,因此人們的注意力就集中到了"得"前面的助動詞上面,"得"就更加虛化了。我們發現,助動詞"得"與其他助動詞連用,"得"一般位於其他助動詞之後。關於這一點,段業輝(2002:65)在考察"可"、"能"與"得"的同類連用時指出:"'得'的義素中包含'結果'這一義素。既然'得'有結果義,它表示的'可能'必然是能否實現某一結果的'可能',而'可'和'能'不包含結果義,它們只是對'NP'能否實施"VP"的動作行爲作出主客觀上的判斷或推理。從事物的發展規律和人們的邏輯思維習慣來看,無論是事物,還是人們的思維,總是沿着'發生-發展-結局(結果)'這一軌迹進行的。語言是記錄事物發展規律的手段,是人類思維的載體。正因爲語言有如此的性質,在沒有特殊需要的情況下,它就必須與事物發展規律及人們的思維習慣相吻合。由此看來,不包含'結果'義的'可''能'等助動詞在前,包含'結果'義的'得'在後這種語言現象就不難理解了。"①這種說法有一定的道理。除此之外,我們認爲造成這種狀況可能與助動詞"得"的動詞性來源較其他詞語更爲明顯也存在着一定的關係。

綜上,隨着時間的推移,"得"的用法逐漸虛化、泛化,這些都爲動態助詞"得"的形成奠定了一定的基礎。用作動詞和助動詞是上古時期"得"的兩種主要用法,然而與動態助詞"得"的形成關係最爲密切的是第一種用法——"得到、獲得"義的動詞"得"。

三　動詞"得"作述補結構的補語

大約從戰國末期、西漢初期開始,"得"前面的成分已經不限於助動詞,也可以是其他動詞了。曹廣順(1995:72)指出:"從先秦開始,動詞'得'就有用於帶有'取得'義的動詞之後,構成連動結構,表示通過某種動作而獲得某種結果的例子。"並列舉了以下兩例:

———————————

① 參段業輝《中古漢語助動詞研究》,頁 65。

(1)如求得其情與不得，無益損乎其真。(《莊子·齊物論》，頁14)

(2)孟孫獵得麑，使秦西巴持之歸，其母隨之而啼，秦西巴弗忍而與之。(《韓非子·説林上》，頁178—179)

進而指出："漢代以後，這種連動式的'動+得(+賓)'結構使用逐漸增多，但因動詞'得'的詞義所限，與之連用的動詞，基本上仍爲與'取得'義相關的詞。……魏晉南北朝以後，這種沒有'取得'義的動詞與'得'連用，表示某種動作獲得某種結果的例子，也逐漸出現了一些。"[①]這種分析很有道理，但所列舉的先秦時期的兩個例證卻似乎存在着一些問題，例(1)似"求"爲謂語動詞，"得其情與不得"爲賓語，"求得其情與不得"是動賓結構而非連動式；例(2)如果按照上文的句讀，"獵得"似爲動結式。不過例(2)的句讀作"孟孫獵，得麑，使秦西巴持之"似乎更符合當時的語言實際。無論如何，例(2)都不能看作是連動式。

不可否認，"述補式"中的"得"是動態助詞"得"的直接來源。檢先秦時期的文獻，我們沒有發現動詞"得"用於動結式的用例。大概從戰國末期開始就已經出現了這樣的用法，西漢時期，這種用法雖然還並不多見，但出現了逐漸增多的趨勢。我們試以《史記》爲例，對早期"得"用於述補式的大體情況進行簡單説明：

(1)初，繆公亡善馬，岐下野人共得而食之者三百餘人，吏逐得，欲法之。(《秦本紀》，頁189)

(2)漢將灌嬰追得齊守相田光。(《田儋傳》，頁2647)

(3)因擊陳豨與曼丘臣軍，戰襄國，破柏人，先登，降定清河、常山凡二十七縣，殘東垣，遷爲左丞相。破得綦母卬、尹潘軍於無終、廣昌。(《樊噲傳》，頁2657)

(4)其後有人盜高廟坐前玉環，捕得，文帝怒，下廷尉治。(《張釋之傳》，頁2755)

(5)其明年春，漢使驃騎將軍去病將萬騎出隴西，過焉支山千餘里，擊匈奴，得胡首虜(騎)萬八千餘級，破得休屠王祭天金人。(《匈奴傳》，頁2908)

---

① 參曹廣順《近代漢語助詞》，頁72。

(6)吏因捕太子、王后,圍王宮,盡求捕王所與謀反賓客在國中者,索得反具以聞。(《淮南厲王傳》,頁3093)

(7)晉文將定襄王之位,卜得黄帝之兆,卒受彤弓之命。(《龜策傳》,頁3224)

以上例證就其用法而言,大部分如曹廣順(1995)所説,一般都是用在"取得"義相關的詞語後面。在這種用法中,"V得(O)"式中的賓語爲具體的事物。其中例(3)和例(5)與其他的用例不同,"得"前面的動詞爲瞬間動詞("破")且"V得"後的賓語也並非"得"的對象,這説明"得"的動詞意義已經極爲虛化了。不過,"得"前面有動詞"破",故"得"仍可看作是"取得"義的動詞。雖然這兩例中的"得"虛化程度已經比較高了,但這裏的"得"還不能算作是動態助詞。

四　中古時期"V得(O)"式的用法及動態助詞"得"的形成

到了中古時期,"得"的用法承襲上古,但又比上古時期的用法更爲複雜,且有了新的發展。在此,我們着重考察與動態助詞"得"的形成密切相關的"V得(O)"式在中古的使用情況。

(一)"V得"式

雖然"V得"式中賓語省略了,但是我們依然可以根據它的賓語情況對其作出分類。依據賓語的抽象程度,"V得"式又可以分爲以下兩種情形:

1. "V得"所省略的賓語爲具體事物,如:

(1)民垂泣而去,後竟捕得。(《三國志・魏書・武帝紀》,頁27)

(2)衆人捕得,盡搣其毛羽,荆棘繫頸。(《生經》,0103b29)

(3)彼遂不已,便即捉得,痛加鞭杖。(《摩訶僧祇律》,0238a27)

(4)有人犯王法,有伺捕得縛送與王,王教將去隨罪治之。(《摩訶僧祇律》,0254b11)

(5)人中之有老彭,猶木中之有松柏,稟之自然,何可學得乎?(《抱朴子内篇・對俗》,頁46)

(6)因此相要,大相賞得。(《世説新語・文學》,頁144)

(7)西海太守吳乾鍾者,本奉佛法精進,恒誦《觀世音經》,當爲虜所鈔

得，縛胛埋腰，欲走馬射之，以爲睹戲。（《觀世音應驗記三種·繫觀世音應驗記·吴乾鍾》，頁 162）

(8)爾時國王，遣人四出，推尋捕得，將至王邊。（《百喻經》，0544a17）

(9)定知汝衣，必是偷得，非汝舊物。（《百喻經》，0544a17）

(10)我是鴛鴦，守者捉得，將詣王所。（《百喻經》，0550b08）

(11)若作賊者，捉得當殺。（《雜寶藏經》，0482a17）

(12)時此鴈王，爲獵者捕得，五百群鴈，皆棄飛去，唯有素摩，隨逐不舍，語獵師言：“請放我王，我於今日，以身代之。”（《雜寶藏經》，0488c26）

2.“V 得”所省略的賓語爲抽象事物，如：

(1)今次第説，無垢離垢造一切義，皆已逮得。（《生經》，0084a17）

(2)猛所諳知，皆已證得。（《高僧傳·釋法期傳》，頁 419）

以上是“V 得”式。它的情形還是比較簡單，其賓語一般可以通過上下文語境獲知。

(二)“V 得 O”式

中古時期“V 得 O”式的狀況要比“V 得”式複雜得多，“V 得 O”式的賓語不是在任何情況下都可以省略爲“V 得”式。“V 得”式中“得”的虚化程度要比“V 得 O”式低，龍國富（2004:53）指出：“總體來説，‘得’字用在 VCO 與 VC 句法環境中，表示動作的完成或結果，從具體的例子來看，VCO 結構的語法化程度比 VC 結構更深，前者中的‘得’字接近於動態助詞。”[①]“V 得 O”式又可以分爲如下兩種情形：

1.“得”的賓語爲具體名詞，如：

(1)王賃得銀錢一千，行贖妻子。（《六度集經》，0002c21）

(2)時有長者，買得此奴，使守斯舍。（《六度集經》，0007a24）

(3)賣得兩錢，轉以販菜。（《六度集經》，0013c24）

(4)時天旱禁酒，釀者有刑，吏於人家索得釀具，論者欲令與作酒者同

[①]　參龍國富《姚秦譯經助詞研究》，頁 53。

罰。(《三國志·蜀書·簡雍傳》,頁 971)

(5)將軍孫越徼得一船,獲三十人。(《三國志·吳書·孫休傳》,頁 1161)

(6)爾時復有愚人,聞王捕得愚人,乃至安置無憂園中伎樂供給,便自送身詣大臣所,白言:"我是愚癡人。"(《摩訶僧祇律》,0242b26)

(7)捉得諸賊,若縛若殺,不應告。(《摩訶僧祇律》,0247c25)

(8)過去世時有婆羅門,姓嵩渠氏,田作生活索得一婦,端正姝好共相娛樂。(《摩訶僧祇律》,0265b04)

(9)湛頭髮委地,下爲二谷,賣得數斛米。(《世説新語·賢媛》,頁 374)

(10)與沙彌明琛往上谷,乞得一車麻,載行空澤,遂遇野火。(《觀世音應驗記三種·繫觀世音應驗記·釋法力道人》,頁 63)

(11)停歲餘,學梵書梵語,求得《觀世音受記經》梵文一部,復西行至辛頭那提河,漢言師子口。(《高僧傳·釋曇無竭》,頁 93)

(12)時村中有劫,劫得一小兒,欲取心肝以解神。(《高僧傳·釋僧富傳》,頁 448)

(13)又昔晉咸和中丹陽尹高悝,於張侯橋浦裏掘得一金像,無有光趺,而製作甚工。(《高僧傳·釋慧達傳》,頁 478)

(14)開皇二年五月,長安民掘得秦時鐵稱權,旁有銅塗鐫銘二所。(《顏氏家訓·書證》,頁 455)

(15)是時田主按行苗行,見諸虫鳥揃穀穗處,瞋恚懊惱,便設羅網,捕得鸚鵡。(《雜寶藏經》,0449a14)

(16)我曾糞中,拾得兩錢,恒常寶惜,以俟乞索不如意時,當貿飲食用自存活。(《雜寶藏經》,0467b26)

(17)兒將上床,地即劈裂,我子即時生身陷入,我即驚怖,以手挽兒,捉得兒髮。(《雜寶藏經》,0492c01)

(18)乞得好食,用奉父母,擇麤惡者,而自食之。(《雜寶藏經》,0447c19)

我們列舉了諸多的例證,這些例證中"得"前動詞已經比較多了,不再是"取得"義的動詞了。

2."得"的賓語比較抽象,如:

(1)汝宿有福,受得天身,不惟無常,而作妖媚,形體雖好,而心不端。(《修行本起經》,0470c21)

(2)賴我浮江水,接得妙栴檀,致金若干數,自食及施人。(《生經》,0088b22)

(3)即便出家爲道作比丘尼,晝夜精進行道,未久證得羅漢。(《生經》,0106b11)

(4)有覺有觀,離生喜樂,獲得初禪。(《阿育王傳》,0103b29)

(5)由彼方便,壞我因緣,獲得法利。(《阿育王傳》,0108b14)

(6)有一族姓子,詣尊者所,出家學道,尊者教授,獲得四禪。(《阿育王傳》,0125c22)

(7)從何等法師學得此果?(《摩訶僧祇律》,0261a06)

(8)次旦受戒,仍樂禪法,專精匪懈,學得初果。(《高僧傳·鳩摩羅什傳》,頁46)

(9)我已證得羅漢果已。(《雜寶藏經》,0494a23)

由上面的例證可以看出,無論"V得"的賓語具體還是抽象,它們一般也都是"得"的對象,動態助詞"得"的直接來源是"V得O"式。

(三)"得"用作助詞

中古時期,"得"已經出現了助詞的用法,如:

遂遇得一石,因住身其上,而以石獨,或出或没,判是無復生理。(《觀世音應驗記三種·繫觀世音應驗記·海鹽一人》,頁67)

在我們所查檢的十六部文獻當中,"得"用作動態助詞僅此一例。從語義關係方面來看,這種用法中"V得"的賓語也不再是"得"的對象了;從句法搭配方面來看,"得"的搭配能力也發生了變化,"得"前面的動詞"遇"爲瞬間動詞,且就意義方面而言也不再局限於"取得"義的動詞了。這兩個條件必須同時具備,才可以認爲"V得O"中的"得"是動態助詞。可見,在中古時期動態助詞"得"已經形成,用來表示"得"前動詞動作的完成,但並不常見。

(四)"完成"義動詞

中古時期,"得"除了以上三種用法外,我們發現"得"還可以作完成動詞,充當補語,如:

> 大率三升地黄,染得一匹御黄。(《齊民要術·雜説》,頁 240)

在我們所查檢的十六部文獻中,這種用法僅見於《齊民要術》,且僅此一例。"得"前動詞爲"染",超出了"取得"義動詞,此時"得"是"完成"義動詞。這種用法的産生與"得"的本義以及其用法一再擴展有關。中古時期,"得"的這種用法可能是某地的方言,且大概是北方方言。

可見,同是"V 得(O)"式,其深層的句法或語義關係却有着極大的不同。

五　動態助詞"得"的形成過程

上文就"得"在上古及中古的用法作了分析。在此,我們簡要説明動態助詞"得"的形成過程及其句法、語義及語用等方面的條件。

先秦時期,如果要表達類似用於動結式的"得",即"V 得(O)"式的用法,則"得"與前面的動詞之間一般會有連詞(如"而"、"則"等),而不是兩個動詞直接連用,如:

> (1)追而得之,囚於齊。(《左傳·定公九年》,頁 1573)
> (2)大王裂趙之半以賂秦,秦不接刃而得趙之半,秦必悦。(《戰國策·秦策五》,頁 286)
> (3)求則得之,舍則失之,是求有益於得也,求在我者也。(《孟子·盡心上》,頁 282)
> (4)心之官則思,思則得之,不思則不得也。(《孟子·告子上》,頁 792)
> (5)以禮食則飢而死,不以禮食則得食,必以禮乎? 親迎則不得妻,不親迎則得妻,必親迎乎?(《孟子·告子下》,頁 805)

在這種用法中,兩個動詞之間的關係相對鬆散,"得"的動詞意義非常明顯,它用於複句的後一分句(或緊縮複句的後一動詞),作主要謂語動詞。然而到了戰國末期、西漢初期,"V 得(O)"式産生,"V"成爲句子的主要謂語動詞,

171

相對而言，"得"的地位沒有其獨用作謂語動詞時那麼重要了，因此它就有了進一步虛化的可能性。隨着時間的推移，"V 得"後的賓語不再與"得"相關，"得"只是表示其前動詞動作的完成①，且"得"前的動詞也不僅限於"取得"義動詞。至此，動態助詞"得"形成。綜上，動態助詞"得"的形成過程大體如下：

　　得：作全句的主要謂語動詞→作複句中後一分句的主要謂語動詞→動詞，作補語→動態助詞，不作句子成分

當然，這只是描述"得"演化的主綫。每一次虛化都是原有用法的擴展，原有用法不但沒有消失，而且還將與新用法長期共存。

六　小結

在我們所查檢的十六部中古時期的文獻當中，"得"作動態助詞除了表示完成外，還可以用來表示持續，相當於"着"，如：

　　爾時之世，有凶惡人博掩之子，遙聞和難釋家之子，有無央數衣被鉢器，好求眷屬，趣得來學。（《生經》，0071c22）

但在我們所查檢的十六部文獻中，用作持續態助詞的"得"也僅此一例。可見，大概至晚在西晉時期表持續的動態助詞"得"已經出現了。這可能依然與"得"的用法不斷擴展，意義不斷泛化有關。用作持續態的助詞"得"從唐朝開始逐漸多了起來，到了宋代，這種用法的"得"逐漸在書面語中式微。關於持續態助詞"得"的發展情況可參曹廣順（1995：73—77）②。

第二節　醖釀中的動態助詞（一）
——"完結"義動詞與動態助詞

本節以《論衡》、《修行本起經》、《六度集經》、《三國志》、《生經》、《抱朴子内

---

① 實際上，"獲得、得到"在某種程度上也就意味着動作的完成，動態助詞"得"的意義雖然虛化了，但還是與其本義有着一定的關係。

② 參曹廣順《近代漢語助詞》，頁 73—77。

篇》、《世説新語》、《百喻經》、《顔氏家訓》、《雜寶藏經》爲基本語料,着重對中古時期較爲常見的"已"、"訖"、"畢"、"竟"、"終"、"了"、"盡"等七個具有"完結"義的詞語進行詳細考察。這些詞語都是由諸如"終止、完結"類的義位逐漸向動態助詞的方向靠攏,其作用主要是表完成。雖然在後代這七個詞語並非全部發展成爲動態助詞,但它們有着相似的演變爲動態助詞的句法及語義條件。把這七個詞語放在一起來討論可以使我們看到關於動態助詞演化的若干整體特徵以及受語言競争機制制約下的一些語言現象,在一定程度上也可以看到一些語言演變的基本規律。

一　研究概況

宋朝以後,動態助詞"了"廣泛使用,直到現代漢語,它都是一個極爲重要的動態助詞。然而從漢語史的角度看,它的産生過程却是經過長期醖釀,在多種因素共同作用下逐步産生。蔣紹愚(2001)指出:"在談到動詞語綴'了'的來源時,人們常常説到'已'、'竟'、'訖'、'畢',認爲它們都是完成動詞,可以構成V+(O)+CV(完成動詞)的格式,後來被'了'代替,成爲'V+(O)+了'。"蔣先生通過考察《世説新語》、《齊民要術》、《洛陽伽藍記》、《賢愚經》、《百喻經》五部文獻中"已"、"竟"、"訖"、"畢"用法的差異,得出"竟"、"訖"、"畢"一般只用於持續性的動詞後面,而"已"既可以用於持續性動詞的後面,也可以用於非持續動詞的後面。因此在"已"、"訖"、"畢"、"竟"這四個詞語中,完成貌詞尾"了"只是與"已"關係最爲密切,且完成態助詞"已"的形成是受到了翻譯佛經的影響("已"用於對譯佛經的"絶對分詞")[①]。蔣紹愚(2008)[②]、遇笑容師(2011)[③]在此基礎上,從漢語史,尤其是語言接觸的角度出發,對此問題又有了更爲深入的探討。要之,在學者們研究的基礎之上,我們也傾向於認爲漢語完成態助詞的産生大體經歷了如下過程:

$$CV(完成動詞)\rightarrow V_{持}+(O)+CV\rightarrow V_{持/瞬}+(O)+CV\rightarrow V_{持/瞬}+CP(完成$$

---

① 參蔣紹愚《〈世説新語〉、〈齊民要術〉、〈洛陽伽藍記〉、〈賢愚經〉、〈百喻經〉中的"已"、"竟"、"訖"、"畢"》,《語言研究》2001年第1期,頁73—78。

② 參蔣紹愚《語言接觸的一個案例——再談"V(O)已"》,載《語言學論叢》(第三十六輯),頁268—285。

③ 參遇笑容師《從"其人白王:父已死了"談起——兼論語言接觸影響漢語語法的幾種方式》(2011年,遇老師惠賜未刊稿,下同)。

中古漢語助詞研究

態動態助詞)＋(O)

二 "已"、"訖"、"畢"、"竟"、"終"、"了"、"盡"在中古時期的用法

(一)已

"已"是古漢語中的一個較爲常見的詞語,有動詞、副詞、助詞等多種用法。在中古時期,"已"的用法及分布狀況大致如下表所示:

中古時期"已"的用法及分布狀況表

用法\文獻	動詞								副詞	語氣助詞	通"以"	其他③			
	常規用法①	已V	V已②			VO已		V已O					而已	已而	不得已	專名
			並列	持續	瞬間	持續	瞬間	持續	瞬間							
論	15	0	0	7	0	0	0	0	0	125	7	3	17	2	6	0
修	2	0	0	0	0	1	1	0	0	21	0	0	0	0	0	0
六	3	1	0	5	3	1	0	0	0	30	1	0	3	0	0	0
三	30	1	0	0	0	0	0	0	0	266	5	59	79	2	22	2④
生	2	2	0	2	1	2	7	0	0	43	0	3	0	0	0	0
抱	10	0	0	0	0	0	0	0	0	62	2	8	23	0	3	0
世	15	0	0	0	0	0	0	0	0	74	5	2	13	1	3	0
百	6	1	1	9	13	8	9	0	0	20	1	3	0	0	0	0
顏	3	0	0	0	0	0	0	0	0	29	3	24	10	0	2	0
雜	9	13	1	31	33	74	33	0	0	45	3	20	3	0	0	0

由上表可以看出,"已"在中古時期主要用作副詞。此外,"已"在中土文獻副詞用法最多,其他用法相對較少;而漢譯佛經文獻(尤其是南北朝時期的漢譯佛經文獻)却是動詞用法相對較多,且多用在"V＋(O)＋已"這種與漢語動態助詞的形成有着密切關係的句式當中。

---

① 指獨用作句子的主要動詞。此後各表同。
② 其下分出的"持續"與"瞬間"是指"V"的性質;"並列"指"V"與"已"連用作句子的主要動詞,屬連動式。此後各表同。
③ "已"都不是詞語,而是作爲語素參與構詞。
④ 國名(已柢國、已百支國)用字。

174

"V已"式,如:

(1)今别祭山川,以爲異神,是人食已,更食骨節與血脈也。(《論衡·祀義》,頁1048－1049)

(2)黄帝封禪已,仙去,群臣朝其衣冠。(《論衡·道虚》,頁314)

(3)菩薩笑之,飯已即去。(《六度集經》,0018c22)

(4)王到已,太子五體投地。(《六度集經》,0020b07)

(5)夫人産已,還如本時,無所復知。(《六度集經》,0035b23)

(6)儒童受已,各自别去。(《生經》,0107c15)

(7)主人聞已,更爲益鹽。(《百喻經》,0543a17)

(8)於其樹下,見歡喜丸,諸賊取已,各食一丸。(《百喻經》,0552c14)

(9)小兒得已,貪其美味,不顧身物。(《百喻經》,0556c21)

(10)王子聞已,即還家中。(《雜寶藏經》,0447c26)

(11)法護來已,欲割其咽。(《雜寶藏經》,0456c16)

(12)牛主見已,即捉收縛,將詣於王。(《雜寶藏經》,0457b02)

有時兩個動詞之間還可以加入賓語,構成"VO已"式,如:

(1)佛説經已,一切衆會,皆大歡喜,爲佛作禮而去。(《修行本起經》,0472b22)

(2)禮比丘已,却坐一面,聽其經言。(《六度集經》,0035b23)

(3)適更令已,衆人皆悔。(《生經》,0075c01)

(4)時舍利弗遥見諸大弟子相隨而來,適睹此已,至離越所,而謂之曰:"離越,且觀大聖衆來,諸目連等。"(《生經》,0080c27)

(5)得此寶已,與諸兄弟。(《生經》,0088b12)

(6)作是念已,便捉牸牛母子。(《百喻經》,0543a26)

(7)爾時愚人,聞此語已,即自思念。(《百喻經》,0543c16)

(8)食六枚半已,便得飽滿。(《百喻經》,0549c26)

(9)至他界已,未及食之。(《百喻經》,0552c14)

(10)作是語已,即大然火,投身著中。(《雜寶藏經》,0454b21)

(11)爾時此象,説此偈已,即還迦尸國。(《雜寶藏經》,0456b17)

(12)作是念已，涕泣不樂，淚墮婦臂。(《雜寶藏經》，0468b13)

　　在這些例證中，"已"前面的動詞既可以是持續動詞(如"聞"、"食"、"作"、"説"等)，也可以是非持續動詞(如"到"、"得"、"來"、"至"等)。可見，在中古時期(尤其體現在漢譯佛經文獻中)，"已"與典型的動詞用法——獨用作句子的主要謂語動詞有了一定的偏差，向動態助詞的方向靠攏。

　　此外，我們還發現中土文獻與漢譯佛經文獻的區别不僅僅是"V＋(O)＋已"式用例的多寡問題，二者的區别還體現在中土文獻只出現"V持＋(O)＋已"式，而漢譯佛經文獻中却"V持＋(O)＋已"與"V瞬＋(O)＋已"式並存。漢語動態助詞的形成，其中很重要的一步是瞬間動詞進入"V＋(O)＋已"式，這似乎説明了翻譯佛經在某種程度上推動了漢語動態助詞的産生。很多學者認爲表完成態的"已"的出現是受到了漢譯佛經的影響。如朱慶之(2001/2010：241)認爲表示完成態的"已"是佛教混合漢語在語法方面的突出特點[1]。蔣紹愚(2001、2008)認爲"已"用於對譯佛經的"絶對分詞"[2]。遇笑容師(2011)認爲佛經翻譯中原典影響造成了瞬間動詞加完成動詞格式的出現，漢語相關格式的存在爲這一新用法的出現、進入漢語並引發漢語的演變提供了基礎[3]。我們也認爲佛經翻譯活動是推動漢語動態助詞"已"産生的原因之一。

(二)訖

　　《説文・言部》："訖，止也。""訖"的本義當爲"停止、終止"。在先秦時期，"訖"的主要用法是用作動詞，如：

　　(1)典獄非訖于威，惟訖于富。(《尚書・吕刑》，頁778》)

　　(2)及其將齊也，防其邪物，訖其嗜欲，耳不聽樂，故《記》曰："齊者不樂。"(《禮記・祭統》，頁1870)

　　(3)毋雍泉，毋訖糴，毋易樹子，毋以妾爲妻，毋使婦人與國事。(《穀梁傳・僖公九年》，頁283)

---

①　參朱慶之《佛教混合漢語初論》，載《語言學論叢》(第二十四輯)，頁14。

②　參蔣紹愚《〈世説新語〉、〈齊民要術〉、〈洛陽伽藍記〉、〈賢愚經〉、〈百喻經〉中的"已"、"竟"、"訖"、"畢"》，《語言研究》2001年第1期，頁73-78。蔣紹愚《語言接觸的一個案例——再談"V(O)已"》，載《語言學論叢》(第三十六輯)，頁268-285。

③　參遇笑容師《從"其人白王：父已死了"談起——兼論語言接觸影響漢語語法的幾種方式》。

"停止、終止"了也就表示做完了,於是引申又有"完畢"義。中古時期,"訖"的用法及分布大致如下表所示:

中古時期"訖"的用法及分布狀況表

用法 文獻	動詞			副詞		通"迄"
	停止,終止	完畢	窮盡	盡,都	終究,竟然	
論	4	0	0	0	0	4
修	0	2	0	0	0	0
六	4	6	0	0	0	0
三	2	19	1	0	0	2
生	0	5	0	0	0	0
抱	0	1	0	0	0	0
世	0	4	0	1	1	0
百	0	2	0	0	0	0
顏	0	0	0	0	1	0
雜	0	22	0	0	0	0

由上表可見,"訖"在中古時期的用例並不多見,在漢譯佛經文獻《雜寶藏經》中"完畢"義的"訖"用法頗多[①],不能否認,翻譯佛經活動對動態助詞"訖"的產生起了一定的推動作用。以上用法中,與動態助詞"訖"的形成密切相關的是用於連動式中的"訖",且是用於連動式後一動詞的"訖",我們把與之相關的用法列表示之:

醞釀中的動態助詞"訖"[②]

用法 文獻	訖 V	V 訖			VO 訖		V 訖 O	
		並列	持續	瞬間	持續	瞬間	持續	瞬間
論	0	0	0	0	0	0	0	0
修	0	0	1	0	1	0	0	0

---

① 《三國志》中用作"完畢"義的"訖"的數量雖然也有十九次之多,但《三國志》約有四十五萬字,而《雜寶藏經》的字數約爲八萬五千。按照比例來算,《雜寶藏經》中"訖"的用例相對較多。

② 爲了更加清晰地呈現動態助詞的形成軌迹,有些詞語我們除了製作基本用法及分布表外,還製作了與動態助詞的形成密切相關的連動式的用法及分布表格。

(续)

文獻＼用法	訖V	V訖			VO訖		V訖O	
		並列	持續	瞬間	持續	瞬間	持續	瞬間
六	2	4	0	0	0	0	0	0
三	1	2	2	0	3	3	0	0
生	0	5	0	0	0	0	0	0
抱	1	0	0	0	0	0	0	0
世	0	0	4	0	0	0	0	0
百	0	1	1	0	0	0	0	0
顔	0	0	0	0	0	0	0	0
雜	1	10	8	0	0	0	0	0

動態助詞的形成是由其處於連動式的後一動詞逐漸演變而來,而上表恰好顯示"訖"用於連動式的後一動詞明顯多於前一動詞。對完成態助詞"訖"的形成有直接關係的是"V訖"式和"VO訖"式,"V訖"式多於"VO訖"式,且"V訖"式中並列式比較多見。我們試舉例説明:

"V訖"式,如:

(1)浴訖欲出水,天神按樹枝,二女奉乳糜。(《修行本起經》,0469c28)

(2)飲食畢訖,比丘便退精舍。(《六度集經》,0035b23)

(3)矯太后遺詔,使會起兵廢文王,皆班示坐上人,使下議訖,書版署置,更使所親信代領諸軍。(《三國志·魏書·鍾會傳》,頁792)

(4)於時舍利弗,尋般泥洹,侍者諄那供養奉事,如法已訖,取鉢衣服,就王舍城。(《生經》,0079c24)

(5)於是明旦,著衣持鉢,入彼國邑,若於聚落,護諸根門,分衛始竟,飯食畢訖,藏去衣鉢,洗其手足,獨坐燕處,結加趺坐,正身直形,安心在前,則觀於世,一切無常。(《生經》,0082a28)

(6)啼哭愁憂,悲哀呼嗟,椎胸殟憫,葬埋已訖,各自還歸,亦不能救。(《生經》,0082c08)

(7)洗沐塗香，衣冠被服，佩帶畢訖，皆拜謁稱臣。(《生經》，0088c01)

(8)飯食畢訖，舉鉢洗手，更取卑檢，聽佛説經。(《生經》，0100c06)

(9)林公既非所關，聽訖："二賢故自有才情。"(《世説新語·賞譽》，頁264)

(10)褚公飲訖，徐舉手共語云："褚季野。"(《世説新語·輕詆》，頁446)

(11)愷以示崇；崇視訖，以鐵如意擊之，應手而碎。(《世説新語·汰侈》，頁471)

(12)一人觀瓶，而作是言，待我看訖。(《百喻經》，0551c15)

(13)辟支佛食訖，擲鉢著虛空中，尋逐飛去，到虛空中，作十八變。(《雜寶藏經》，0453b03)

(14)聽法已訖，作禮而去。(《雜寶藏經》，0468a06)

在這些用法中，有些是"完畢"義動詞的同義連用，"訖"位於後一動詞，如例(2)、(4)、(5)、(6)、(7)、(8)、(14)；有些"訖"是用於連動式的後一動詞，如例(1)、(3)、(9)、(10)、(11)、(12)、(13)。

"VO 訖"式，如：

(1)於是被馬訖。(《修行本起經》，0468a02)

(2)與君散兩錢，當吐二升餘膿血訖，快自養，一月可小起，好自將愛，一年便健。(《三國志·魏書·華佗傳》，頁803)

(3)遂於沔陽設壇場，陳兵列眾，群臣陪位，讀奏訖，御王冠於先主。(《三國志·蜀書·先主傳》，頁885)

(4)五年，予嘗爲本郡中正，清定事訖，求休還家，往與周別。(《三國志·蜀書·譙周傳》，頁1033)

在我們考察的十部文獻中，"VO 訖"式並不多見，"訖"作結果補語，動詞和補語"訖"之間又加入了賓語。這些用法的"訖"都是用於持續動詞之後。總體而言，在"V 訖"式和"VO 訖"式中，"訖"的動詞性還比較強，但與典型的動詞用法——獨用作句子的謂語動詞有着明顯的區別，它一般用來表示前一動作的完成。

(三)畢

"畢"的字形甲骨卜辭作"🔱",銅器銘文作"🔱",《説文·華部》依據小篆"🔱"説解其本義曰:"畢,田罔也。"其本義爲"田獵之網"。如:

(1)田獵置罘、羅罔、畢翳、餧獸之藥,毋出九門。(《禮記·月令》,頁648)

(2)夫弓、弩、畢、弋機變之知多,則鳥亂於上矣。(《莊子·胠篋》,頁88)

然而在古漢語中,"畢"的本義"田獵之網"並不常見,其常見義爲"完畢、終了"。下表列舉了"畢"在中古時期的大致用法及分布:

中古時期"畢"的用法及分布狀況表

用法\文獻	名詞①	副詞②	動詞③									專名④
			常規用法	畢V	V畢			VO畢		V畢O		
					並列	持續	瞬間	持續	瞬間	持續	瞬間	
論	1	5	4	1	0	2	0	0	0	0	0	15
修	0	0	0	0	0	1	0	1	0	0	0	0
六	0	1	19	1	2	18	3	2	3	0	0	0
三	0	9	22	1	0	4	2	3	2	0	0	15
生	0	1	0	4	0	1	0	1	0	0	0	0
抱	0	5	12	0	0	0	0	0	0	0	0	4
世	0	2	8	0	0	10	0	4	0	0	0	1
百	0	0	1	0	0	0	0	0	0	0	0	0
顔	0	0	0	0	0	0	0	0	0	0	0	0
雜	0	0	0	0	0	0	0	0	0	0	0	0

由上表可以看出,"畢"在文獻中的用例隨着時間的推移呈現出減少的趨勢。相對而言,"畢"在魏晉時期還有些用例,但已不常見了。在南北朝時期的

---

① 本義"田獵之網"義。

② "盡、皆"義。

③ "完畢、終了"義。

④ 包括姓氏、地名、鳥名用字等。

文獻,尤其是在北朝的文獻中,"畢"的用例就更少了。

"V 畢"式,如:

(1)周公請命,史策告祝,祝畢辭已,不知三王所以與不,三龜皆吉,然後乃喜。(《論衡·死偽》,頁 891)

(2)食畢洗手漱口,澡鉢已還擲水中,逆流未至七里,天化作金翅鳥飛來捧鉢去,并髮一處,供養起塔。(《修行本起經》,0469c28)

(3)言畢即自投火。(《六度集經》,0013c01)

(4)父子辭畢,王還于宮,太子一心入禪。(《六度集經》,0041a21)

(5)葬畢,皆除服。(《三國志·魏書·武帝紀》,頁 53)

(6)拜畢,命恪備威儀,作鼓吹,導引歸家,時年三十二。(《三國志·吳書·諸葛恪傳》,頁 1431)

(7)梵志言畢,尋逃遁走,出之他國。(《生經》,0077a07)

(8)弄畢,便上車去。(《世說新語·任誕》,頁 408)

(9)讀畢,都不下賞裁,直云:"君乃復作裴氏學!"(《世說新語·輕詆》,頁 451)

"VO 畢"式,如:

(1)用四月八日,夫人沐浴,塗香著新衣畢,小如安身,夢見空中有乘白象,光明悉照天下,彈琴鼓樂,絃歌之聲,散花燒香,來詣我上,忽然不現。(《修行本起經》,0463b12)

(2)講《易》畢,復命講《尚書》。(《三國志·魏書·高貴鄉公傳》,頁 136)

(3)十年,亮休士勸農於黃沙,作流馬木牛畢,教兵講武。(《三國志·蜀書·後主傳》,頁 896)

(4)諸葛恪平山越事畢,北屯廬江。(《三國志·吳書·孫權傳》,頁 1142)

(5)王行事畢,還入其宮,聞其仙人,失于無欲,墮恩愛中,失其神足,不能飛行。(《生經》,0105b15)

(6)王飲酒畢,因得自解去。(《世說新語·方正》,頁 191)

(7)謝與王敘寒溫數語畢,還與羊談賞,王方悟其奇,乃合共語。(《世說新語·雅量》,頁212)

在《六度集經》和《三國志》兩部文獻中出現了"V瞬＋(O)＋畢"式,共十例:

(1)既悔過畢,稽首而退。(《六度集經》,0001a21)

(2)後日四姓身詣精舍,稽首畢,一面坐。(《六度集經》,0011c20)

(3)稽首畢,退白言:"唯世尊,吾閑坐深惟,衆生知足者尠,不厭五欲者衆。"(《六度集經》,0021c09)

(4)受偈畢,即貢金錢萬二千。(《六度集經》,0023a13)

(5)自空來下,以髮布地,令佛踏之,世尊跨畢,告諸比丘,無踏斯土。(《六度集經》,0047c21)

(6)孫至稽首,受辭畢,退就座。(《六度集經》,0044b12)

(7)葬畢,皆除服。(《三國志·魏書·武帝紀》,頁53)

(8)慈引馬至城下塹內,植所持的各一,出射之,射之畢,徑入門。(《三國志·吳書·太史慈傳》,頁1187)

(9)明晨復如此,圍下人或起或臥,慈復植的射之畢,復入門。(《三國志·吳書·太史慈傳》,頁1187)

(10)葬畢還曲阿,欲北行。(《三國志·吳書·魯肅傳》,頁1268)

在我們所考察的十部文獻中,"畢"的用例較少,動詞性依然很強,動態助詞化的趨勢也並不明顯。

(四)竟

"竟"的字形在甲骨卜辭中作"𝌟",《説文·音部》依據小篆"𩈌"説解其本義曰:"竟,樂曲盡爲竟。"其本義爲"樂曲終止"。南唐徐鍇《説文解字繫傳》:"竟,樂人曲所終也。"段玉裁《説文解字注》:"曲之所止也。……此猶'章',從音、十、會意。"《周禮·春官·樂師》:"凡樂成則高備。"漢鄭玄注:"成,謂所奏一竟。"唐賈公彥疏:"竟則終也,所奏八音俱作一曲,終則爲一成。"引申可以泛指"終了,完畢"。《玉篇·音部》:"竟,終也。"如:《漢書·韓信傳》:"公,小人,爲德不竟。""竟"在中古時期的用法及大體分布情況如下表所示:

中古時期"竟"的用法及分布狀況表

用法 文獻	動詞			副詞				名詞	
	樂竟	終了, 完畢	窮究	遍,全	自始至終 的整段時間	終究, 到底	竟然, 倒	專名	通"境"
論	0	10	4	7	0	35	7	0	0
修	0	1	0	0	0	1	0	0	0
六	0	15	0	0	0	0	0	0	0
三	0	7	15	5	3	37	4	3①	1
生	0	5	10	0	0	3	0	0	0
抱	0	1	0	0	2	7	1	0	0
世	1	12	1	3	5	7	3	1②	0
百	0	7	0	0	1	9	1	0	0
顏	0	1	0	2	1	12	1	1③	0
雜	0	10	8	0	1	9	1	0	0

由上表可知,在中古時期,"竟"的主要用法是作副詞,然而"終了、完畢"義也是其重要用法之一。我們把與動態助詞"竟"的形成相關的用法列表示之:

醞釀中的動態助詞"竟"

用法 文獻	竟V	V竟			VO竟		V竟O	
		並列	持續	瞬間	持續	瞬間	持續	瞬間
論	0	1	0	0	0	0	0	0
修	0	0	0	0	0	0	0	0
六	0	1	4	0	8	0	0	0
三	0	1	0	1	0	0	0	0
生	0	1	0	0	0	0	0	0
抱	0	0	0	0	0	0	0	0

---

①　三次均爲地名(竟陵)用字。

②　地名(竟陵)用字。

③　此處爲"鄧竟陵",東晉鄧遐曾任竟陵太守,人稱"鄧竟陵"。

（續）

用法 文獻	竟V	V竟			VO竟		V竟O	
		並列	持續	瞬間	持續	瞬間	持續	瞬間
世	0	0	6	0	2	1	0	0
百	1	1	2	0	2	0	0	0
顏	0	0	0	0	0	0	0	0
雜	1	3	3	0	0	2	0	0

可見，“竟”作動詞用於連動式也是以用於後一動詞爲主，且在漢譯佛經文獻中更爲常見。

“V竟”式，如：

（1）即呪願竟，俱升騎象含笑而去。（《六度集經》，0007c28）

（2）言竟，忽然不現。（《六度集經》，0043a13）

（3）又楊市土地與宮連接，若大功畢竟，輿駕遷住，門行之神，皆當轉移，猶恐長久未必勝舊。（《三國志·吳書·華覈傳》，頁1466）

（4）三月畢竟，即處女用與年少梵志。（《生經》，0075a25）

（5）提婆講竟，東亭問法岡道人曰：“弟子都未解，阿彌那得已解？所得云何？”（《世說新語·文學》，頁134）

（6）我已飲竟，水莫復來。（《百喻經》，0548c13）

（7）長者子食竟，自來還歸，語其婦言：“今日送食何爲極晚？”（《雜寶藏經》，0475b09）

（8）須達長者，遍已作竟，無復空處，便於祇洹大門之中，以好淨水，用種種蜜種種之麨作漿，供給一切行人。（《雜寶藏經》，0482b09）

“VO竟”式，如：

（1）佛說經竟，諸沙門莫不歡喜，稽首作禮。（《六度集經》，0020b07）

（2）謝公與人圍棋，俄而謝玄淮上信至，看書竟，默然無言，徐向局。（《世說新語·雅量》，頁209）

（3）坐席竟，下飲，便問人云：“此爲茶爲茗？”（《世說新語·紕漏》，頁

487)

（4）尊者僧伽斯那造作癡花鬘竟。（《百喻經》，0557c24）

（5）時彼長者，囑誡子竟，氣絶命終。（《雜寶藏經》，0470b21）

（6）彼婆羅門，詐捉草葉欲還主人，未遠之間，入一溝壑，偃腹而卧，良久乃還，云以草葉還主人竟。（《雜寶藏經》，0497c13）

在我們所考察的十部文獻中，《三國志》和《世説新語》兩部文獻中各出現一例"V$_瞬$＋（O）＋畢"式：

（1）一朝決竟，遂超爲廷尉。（《三國志・魏書・司馬芝傳》，頁386）

（2）桓玄爲太傅，大會，朝臣畢集，坐裁竟，問王楨之曰："我何如卿第七叔？"（《世説新語・品藻》，頁299）

整體而言，在我們考察的文獻中，"竟"的用法還是偏向於動詞，"V 竟 O"式，尤其是"V$_瞬$竟 O"式在中古時期尚未出現，"竟"動態助詞的用法尚未形成。

（五）終

"終"的字形，甲骨卜辭作"∩"、"∧"等，兩周銘文作"∧"、"∩"等。《説文・糸部》依據小篆形體"𦅻"將其本義説解爲"絿絲也"，即"把絲纏緊"。引申有"窮、盡"義，謂達到極限。如：

（1）夫道，於大不終，於小不遺，故萬物備。（《莊子・天道》，頁119）

（2）遽數之不能終其物，悉數之乃留，更僕未可終也。（《禮記・儒行》，頁2216）

（3）嘉王之意，靡有所終，使中大夫助諭朕意，告王越事。（《漢書・嚴助傳》，頁2786）

引申又有"終止、結局"義，如：

（1）《易》之爲書也，原始要終，以爲質也。（《周易・繫辭下》，頁270）

（2）終則講於會，以正班爵之義，師長幼之序，訓上下之則，制財用之節，其閒無由荒怠。（《國語・魯語上》，頁153）

"終"在中古時期的用法如下表所示：

中古時期"終"的用法及分布狀況表

用法 文獻	極，窮盡	結局，終止	指人死	整個，自始至終的所有時間	成就，完成	常，久	終究，畢竟	專名①
論	3	32	17	18	1	1	60	3
修	0	4	5	2	0	0	2	0
六	1	12	40	14	0	0	25	0
三	4	50	25	22	5	1	123	4
生	0	4	20	2	0	0	16	0
抱	3	9	7	12	2	0	39	5
世	1	2	8	13	0	1	20	1
百	0	2	9	3	0	0	14	0
顏	0	4	3	10	1	0	14	2
雜	0	4	69	0	0	0	21	0

　　由上表可見，"終"在中古時期的主要用法是作副詞，而且在漢譯佛經文獻中又多把人的逝世稱爲"終"。"終"雖有"結局、終止"義，但其"完結"義並不常見，用於"V＋(O)＋終"只有一例，且是用於持續動詞的後面，即《三國志·魏書·三少帝紀》："九月庚子，講尚書業終，賜執經親授者司空鄭沖、侍中鄭小同等各有差。""終"更多的是用來表示各種各樣的"結束"。"終"作動詞與其他動詞連用，一般位於前一動詞，與其後的動詞構成並列式，或用於同義連用，表示"死亡"義，或用於反義連用，表示"結束"義。構成這種"終"位於前一動詞，後面緊接其他同義或反義動詞的情形也並非偶然，因爲漢語並列式詞語(或者短語)語素(或詞語)的排列順序一般按照漢字聲調"平上去入"的順序排列。關於這一點，王雲路師(2010：241－250)有詳細論述②，可參。"終"是平聲，因此在構詞的時候，必然多位於前一位置。然而，"終"雖有"完結"義，但並不是其典型用法，"終"始終未能發展成爲動態助詞。

---

① 包括人名、地名用字等。

② 參王雲路師《中古漢語詞彙史》(上册)，頁241－250。

（六）了

《説文·了部》:"了,尥也。从子無臂,象形。""了"之本義可能爲走路時足脛相交。後來也有了"結束、了結"義。《廣雅·釋詁四》:"了,訖也。"清徐灝《説文解字注箋·了部》:"凡收束謂之結,故曰了結。"西漢時"了"之"結束、了結"義已經出現,如王褒《僮約》:"晨起早掃,食了洗滌。"《僮約》一向被視爲典型口語文獻的代表之一,"了"的"結束、了結"義可能最初源自於口語。

"了"在中古時期的用法如下表所示:

中古時期"了"的用法及分布狀況表

用法 文獻	結束, 了結	決定, 決斷	聰明, 有才智	明白, 懂得	清楚, 明晰	完全, 全然(副)	其他
論	0	0	0	0	9	0	0
修	0	0	0	3	0	2	0
六	0	0	0	1	0	1	0
三	2	1	0	5	1	0	1①
生	0	0	0	18	0	0	0
抱	0	0	0	1	12	21	0
世	3	1	6	3	0	13	0
百	0	0	0	1	0	0	0
顔	2	0	0	0	3	3	0
雜	0	0	0	7	2	0	0

由上表可以看出,在中古時期,"了"之"結束、了結"義剛剛産生且用例不多見。爲了更清楚地展示"了"的用法,我們將"了 V(O)"式、"V 了(O)"式和"VO 了"式列表示之:

醖釀中的動態助詞"了"

用法 文獻	了 V(O)	V 了		VO 了		V 了 O	
		持續	瞬間	持續	瞬間	持續	瞬間
論	0	0	0	0	0	0	0
修	1	0	0	0	0	1	0

---

① 用作反切下字。

（續）

用法\文獻	了 V(O)	V 了		VO 了		V 了 O	
		持續	瞬間	持續	瞬間	持續	瞬間
六	0	0	0	0	0	0	0
三	0	0	0	0	1	0	0
生	0	2	1	0	0	6	2
抱	0	0	0	0	0	0	0
世	0	0	0	0	0	0	0
百	1	0	0	0	0	0	0
顔	0	0	1	0	0	0	0
雜	0	3	1	0	0	3	0

　　動態助詞"了"是在其"完結"義的基礎上發展而來,而"完結"義的"了"在中古時期並不常見。而且就我們所調查的文獻來看,"完結"義的"了"也没有一例用於"V 了(O)"式或"VO 了"式。

　　"V 了"式,如:

　　(1)名位未高,如爲勳貴所逼,隱忍方便,速報取了;勿使煩重,感辱祖父。(《顔氏家訓·風操》,頁97)

　　(2)若無愚小智不顯,如鳥折翅不能飛,智者無愚亦如是,以多愚小及無智,不能覺了智有力。(《雜寶藏經》,0461c22)

　　(3)智者解了俱不瞋,若爲財寶及諸利。(《雜寶藏經》,0461c22)

　　(4)我於是處世尊邊得,我即於此更得天壽命,唯願覺了憶持此事。(《雜寶藏經》,0478a10)

　　(5)舍身受身,得言語辯了,所可言説,爲人信受。(《雜寶藏經》,0479a14)

　　"VO 了"式,如:

　　公留我了矣,明府不能止。(《三國志·蜀書·楊洪傳》,頁1014)

"V了O"式,如:

(1)已從先佛,净修梵行,諸漏已盡,意解無垢,衆智自在,曉了諸法,離於重擔,逮得所願,三處已盡,正解已解,三神滿具,六通已達。(《修行本起經》,0461a07)

(2)曉了家居業,未曾有我比。(《生經》,0074c19)

(3)諸行當具足,智慧有方便,又吾了是法,致最正覺,乃分別説。(《生經》,0074c19)

(4)常以時節,修具足行,分別其議,成就微妙,净修梵行,多所發起,多所成就,至於博聞,曉了言教,心意開解,處于快見,爲諸四輩,講説經典,粗舉要言,濟諸曠野深谷之患。(《生經》,0081a12)

(5)一切菩薩諸三昧定,睹了本際,諸佛之慧,所行無盡,莫不歸伏,趣諸道慧,皆照總持分別諸度蓮花之藏。(《生經》,0086a16)

(6)諸佛世尊,所行無量,極大變化,隨其本相,曉了諸法,一切皆知,諸佛超異,都無陰蓋。(《生經》,0086a16)

(7)功德難及,得未曾有,行權知時,曉了誼理,勸化國王波斯匿,供養世尊及比丘衆,歲節三月皆令安隱,令比丘衆九十日中無有憂慮,一切施安所供無乏,令比丘衆各自安隱,不復遊馳至於他國。(《生經》,0091b24)

(8)明者曉了斯,恩愛生苦患,則察其内外,無得興變化。(《生經》,0093b28)

(9)奉四等心——慈、悲、喜、護,行空、無想、無願之法,解了善權,隨時化人,使發道意。(《生經》,0094c15)

(10)智者聞事不卒行,思惟籌量論其實,明了其理而後行,是名自利亦利他。(《雜寶藏經》,0461c22)

(11)佛入宿命知了説,告諸比丘是本偈。(《雜寶藏經》,0461c22)

(12)……,悉於諸度得到彼岸,解了一切諸佛之法,過諸聲聞緣覺之上。(《雜寶藏經》,0496b13)

出現了"V了O"式是"了"與"完成"義的其他詞語的主要區別,然而這種用法的"了"一般是在"清楚、明白"義上的同義(包括類義)連用,並非其"完成"

義的用法。因此這種用法的"了"盡管用法特別,但它無法形成動態助詞也是不言而喻的事實。可見,在中古時期,"了"的動態助詞用法尚不明了。

此外,蔣紹愚(2001)提及《賢愚經·檀膩羈品第四十六》中有一例"V_瞬+了"式,即:"父已死了"。並認爲:"這個'了'顯然也是不能讀作'完'義的狀態補語,但如果據此就認爲是完成貌詞尾,說完成貌詞尾在北朝時已經出現,那大概時間太早了吧。"[①]遇笑容師(2011)進一步指出:"'已'和'了'中古時期同是完成動詞,其間中古就已經出現替換的趨勢,不同動詞替換的時間有所不同。'死'後面的完成動詞的替換發生在唐代以後,但是不能排除在唐代以前,由於不同的個人習慣或其他原因(如譯經中的翻譯錯誤),出現個別例子的可能。所以,我們推測這個東漢到南北朝唯一的'死了',應該是'死已'中'了'對'已'的一次提前的替換。"[②]確實,僅僅出現了"V_瞬+了"式並不能說明動態助詞"了"已經形成。

(七)盡

"盡"的本義是"器物中空"之義,《説文·皿部》:"盡,器中空也。""器中空"亦即"完、竭",因此"盡"引申又有"完結"義,如:

(1)書不盡言,言不盡意。(《周易·繫辭上》,頁249)
(2)今之君子,好實無厭,淫德不倦,荒怠敖慢,固民是盡,午其衆以伐有道,求得當欲,不以其所。(《禮記·哀公問》,頁1912—1913)

再引申即有"終止、終了"義[③],《小爾雅·廣言》:"盡,止也。"《玉篇·皿部》:"盡,終也。"如:

(1)且舜救敗,朞年已一過,三年已三過,舜有盡,壽有盡,天下過無已者,以有盡逐無已,所止者寡矣。(《韓非子·難一》,頁350)
(2)浩歌待明月,曲盡已忘情。(唐李白《春日醉起言志》,頁1074)

---

① 參蔣紹愚《〈世説新語〉、〈齊民要術〉、〈洛陽伽藍記〉、〈賢愚經〉、〈百喻經〉中的"已"、"竟"、"訖"、"畢"》,《語言研究》2001年第1期,頁78。
② 參遇笑容師《從"其人白王:父已死了"談起——兼論語言接觸影響漢語語法的幾種方式》。
③ 另外,古人還把每月的最後一天叫"大盡",倒數第二天叫"小盡",也就是一個月的終止、終了。

“盡”在中古的用法及分布如下表所示：

中古時期“盡”的用法及分布狀況表

用法 文獻	副詞	動詞									其他
		一般 用法	盡 V	V 盡			VO 盡		V 盡 O		
				並列	持續	瞬間	持續	瞬間	持續	瞬間	
論	44	66	0	4	2	0	0	0	0	0	0
修	7	15	0	0	1	1	0	0	0	0	0
六	16	49	0	0	0	7	0	0	0	0	0
三	117	189	0	1	2	8	0	0	4	0	0
生	5	27	0	0	0	8	0	0	0	1	3①
抱	29	68	0	1	1	4	0	0	0	0	0
世	7	27	0	0	1	0	1	0	0	0	0
百	17	4	0	3	2	1	0	0	0	0	0
顔	4	7	0	0	0	0	0	0	0	0	0
雜	32	36	0	1	3	6	1	0	0	0	0

由上表可以看出，在中古時期，“盡”的典型用法是作副詞。與動態助詞
“盡”的形成相關的句式有如下三種：

“V 盡”式，如：

(1)使天地有口能食祭，食宜食盡。（《論衡•祀義》，頁 1047）

(2)身中有蟲，蟲還食之，筋脉爛盡，骨節解散，髑髏異處，脊脇肩臂，
髀脛足指，各自異處，飛鳥走獸，競來食之。（《修行本起經》，0467a01）

(3)昔吾行願從錠光，受拜爲佛釋迦文，怒畏想盡故坐斯，意定必解壞
汝軍。（《修行本起經》，0471a06）

(4)時有友子，以洗蕩之行，家賄消盡。（《六度集經》，0013c24）

(5)天人鬼龍，衆生身命，霍然燋盡，前盛今衰，所謂非常矣。（《六度
集經》，0015a16）

(6)天子入洛陽，宮室燒盡，街陌荒蕪，百官披荆棘，依丘墻閒。（《三

---

① 人名（錦盡手）用字。

國志·魏書·董卓傳》,頁186)

(7)舍利弗比丘存在衆僧,今取滅度,衆僧威減,應當滅盡。(《生經》,0080b16)

(8)合會有別,人生有死,興盛必衰,一切萬物,皆歸無常,壞敗歸盡。(《生經》,0082c08)

(9)人不曉治之方術者,而爲此二蛇所中,即以刀割所傷瘡肉以投地,其肉沸如火炙,須臾焦盡,而人得活。(《抱朴子内篇·登涉》,頁305)

(10)我父先舍衛城中第一長者,父母居家,都以死盡,無所依怙,是以窮乏。(《雜寶藏經》,0458a23)

中古時期,"V盡"式一般是作結果補語,其動詞性與同義連用及連動式有了很大的區別,其語法地位也由謂語降格到了補語。且"盡"可以用在持續動詞的後面(如"食"、"想"等),也可以用在瞬間動詞的後面(如"爛"、"消"、"滅"、"焦"等)。因此,在此階段的"盡"已經偏離了其動詞的典型用法,向動態助詞的方向靠攏。

"VO盡"式,如:

(1)道真食豚盡,了不謝。(《世説新語·任誕》,頁396)

(2)少失恃怙,居家喪盡,無人見看,是以困苦,檻褸如此。(《雜寶藏經》,0467b09)

這種用法的"盡"在我們考察的十部文獻中極少見。

在我們所調查的十部文獻中,《六度集經》、《三國志》和《生經》中還出現了"盡"用於"V盡O"式,其中《三國志》中四例,《六度集經》和《生經》中各一例。如:

(1)女時爲鬼,以色誑爾,吞盡爾民,爾不厭乎?(《六度集經》,0020a23)

(2)今吾樓櫓千重,食盡此穀,足知天下之事矣。(《三國志·魏書·公孫瓚》,頁244)

(3)本但欲使避賊,乃更驅盡之。(《三國志·魏書·蔣濟傳》,頁

450)

（4）至於斟酌損益，進盡忠言，則攸之、禕、允之任也。（《三國志·蜀書·諸葛亮傳》，頁 920）

（5）侍中郭攸之、費禕、侍郎董允等，先帝簡拔以遺陛下，至於斟酌規益，進盡忠言，則其任也。（《三國志·蜀書·董允傳》，頁 985）

以上幾例均爲"V_持＋盡＋O"式，"盡"也是作補語，只是在"V 盡"式的基礎上後面又加了賓語。然而，由上表可知，"盡"的主要用法是用作副詞和一般動詞，很少與其他動詞連用構成連動式。我們在這裏把它拿出來論述是因爲它也曾經出現過動態助詞在形成過程中應該出現的條件，只是由於種種原因，它最終並没有發展爲動態助詞。

三　中古"完結"義動詞與完成態動態助詞

一般認爲漢語完成態動態助詞産生的標誌是"V_瞬＋CV＋O"式的出現，普及於"V_瞬＋CV＋（O）"式。在中古時期，完成態動態助詞還處於醖釀期，或者説典型的完成態動態助詞還没有出現。因爲在我們所查檢的中古時期的十六部文獻中，"V_瞬＋CV＋O"式並没有出現。但是不可否認，中古時期是漢語完成態動態助詞醖釀、發展的重要時期，我們試列表示之：

醖釀中的動態助詞用例總表[①]

用法 詞語	V+CV		V+O+CV		V+CV+O	
	持續	瞬間	持續	瞬間	持續	瞬間
已	54	50	86	50	0	0
訖	16	0	4	3	0	0
畢	36	5	11	5	0	0
竟	15	1	12	3	0	0
終	0	0	1	0	0	0
了	0	0	0	0	0	0
盡	12	35	2	0	0	0

---

① 此表格中的"持續"、"瞬間"都是針對完成動詞前面的動詞而言。

在研究過程中我們發現,"完成"義動詞很少位於連動式的前一動詞,如果位於前一動詞也多是兩個"完成"義動詞連用,如"已訖"、"畢竟"、"已竟"、"畢訖"、"訖竟"等等。造成這種狀況的原因:從認知方面看,表示動作完成的詞語也應該位於表示該動作的動詞之後。從語序上來看,"完成"義動詞放在動作動詞後是人們的認知習慣在句法上的體現①。

"完結"義動詞的用法和分布雖然有諸多相似之處,但由於這些詞語的本義以及後來的發展演變方向都不盡相同,最終在動態助詞的形成方面也表現出不同的發展趨勢。中古時期處於萌芽狀態的"完結"義的動態助詞很多,而到現代漢語就只剩下"了"。可見,一種新的語言現象在其產生之初常會有多種表達形式,如醞釀中的漢語完成態助詞就有"已"、"訖"、"畢"、"竟"、"終"、"了"、"盡"等完成動詞用在其他動詞後面表示動作的完成。然而這麼多用法大體一致的詞語同時存在,違反了語言的經濟性原則。語言的發展過程中,在一定程度上具有自我優化、自我調節的功能,對這些相似的用法進行規範。我們在對語言現象進行研究之時,要注意語言自身的特點,發掘其中的演變規律。

總之,漢語完成態動態助詞的產生經歷了一個極爲複雜的過程,它的形成既有內因的決定作用,如漢語自身的特點及發展的需要;也有外因的推動作用,如翻譯佛經活動對漢語的影響。在種種因素的共同作用下,漢語完成態動態助詞的發展逐步成熟、完善。

第三節　醞釀中的動態助詞(二)——着(著)②

"着"是近代後期以及現代漢語中的一個常見的動態助詞,它可以表示動作的持續或進行。動態助詞"着"也是在中古時期開始醞釀,逐步向動態助詞的方向靠攏。本節將對動態助詞"着"的醞釀及發展過程進行探討。

關於動態助詞"着",很多學者都曾做過研究,如呂叔湘(1941/1984:

---

① 因此,漢語述補結構的產生也並非偶然。

② 與醞釀中的動態助詞相關的"着",也有作"著"者。本書行文統一作"着",一些引文則尊重原作,仍用著。

65)①、殷正林(1984/2004：121)②、梅祖麟(1988/2007)③、柳士鎮(1989/2004：21)④、曹廣順(1995：26－37)⑤、孫朝奮(1997)⑥、張赬(2000)⑦、吳福祥(2004)⑧,等等。蔣紹愚(2006)對以往研究成果作了總結並提出了自己的看法：

> 魏晉南北朝："着"是補語。
>
> (1)V₁a＋着₁＋L　載箸車中　V表空間運動,[－位移]。着₁≈在。
>
> (2)V₁b＋着₂＋L　送著寺中　V表空間運動,[＋位移]。着₂≈到。
>
> 隋唐："着"是動態助詞。
>
> (3)V₂a＋着₃＋O　把着手子　V爲一般動作動詞,[＋持續]。着₃—持續貌。
>
> (4)V₂b＋着₄＋O　損着府君　V爲一般動作動詞,[－持續]。着₄—完成貌。
>
> (説明：V₁是表空間運動的動詞,V₂是一般動作動詞。L表示處所名詞,O表示動作對象)

蔣先生進而指出："V着"組合關係的變化是由於"着"的詞義演變而引起的,"着"的詞義演變是由於隱喻的作用從空間向時間投射,"V着"裏的"着"處於補語的位置,相對於前面的V來説,它在語義方面的作用較弱,這種語法位置使它容易發生語義的變化。從補語進一步語法化爲體助詞,這在漢語語法史上不止一次地發生⑨。在學者們研究的基礎上,我們從中古漢語的具體

---

① 參呂叔湘《釋〈景德傳燈録〉中"在"、"著"二助詞》,載呂叔湘《漢語語法論文集》,頁65。

② 參殷正林《〈世説新語〉中所反映的魏晉時期的新詞和新義》,載王雲路師、方一新《中古漢語研究》,頁121。

③ 參梅祖麟《漢語方言裏虛詞"著"字三種用法的來源》,載梅祖麟《梅祖麟語言學論文集》,頁155—185。

④ 參柳士鎮《從語言角度看〈齊民要術〉卷前〈雜説〉非賈氏所作》,載王雲路師、方一新《中古漢語研究》,頁21。

⑤ 參曹廣順《近代漢語助詞》,頁26—37。

⑥ 參孫朝奮《再論助詞"着"的用法及其來源》,《中國語文》1997年第2期,頁61—68。

⑦ 參張赬《魏晉南北朝時期"著"字的用法》,《中文學刊》2000年第2期,頁1—11。

⑧ 參吳福祥《也談持續體標記"着"的來源》,《漢語史學報》(第四輯),頁17—26。

⑨ 參蔣紹愚《動態助詞"着"的形成過程》,《周口師範學院學報》2006年第1期,頁113—117。

語料出發,對動態助詞"着"的萌芽、發展狀況進行了重新審視。結果發現:在中古時期,"着"前面的動詞不僅要區分位移與非位移,還要區分具體動詞與抽象動詞。當"着"前面的動詞爲抽象動詞時,"着"的虛化程度更高一些。

"着(著)"的字形不見於甲骨文、金文,釋義不見於《説文》。用作助詞的"着"是在其"附着"義的基礎上語法化而來。中古時期"着(著)"的用法及分布如下表所示:

中古時期"着(著)"的用法及分布狀況表

用法 / 文獻①	獨用	V 着(著)			V 着(著)NP			其他
		V空間運動着(著)		V抽象着(著)	V空間運動着(著)L		V抽象着(著)O	
		一位移	+位移		一位移	+位移		
修	12	0	1	0	0	1	0	0
六	79	0	0	0	2	13	0	0
生	43	0	2	0	1	2	2	0
抱	54	0	0	0	0	0	0	0
世	53	0	0	0	3	4	0	3②
百	35	0	2	0	1	4	2	0
顔	16	0	0	0	0	0	0	0

由上表可以看出,"着"在中古時期主要用法是獨用作句子的謂語動詞。此外,"着"還可以用於"V 着"式和"V 着 L"式,且"V 着"式少於"V 着 L"式,此時"着"的實在意義已經虛化。

"V 着"式,如:

(1)佛漏已盡,無復縛著。(《修行本起經》,0472a10)

(2)寂然憺怕獲諸脱門,分别法界究竟猗著,皆念一切諸所作爲。(《生經》,0084a17)

(3)其人異日,將彼獼猴入於城中,縛著於柱,搨捶毒痛,毁辱折伏。(《生經》,0106a04)

---

① 因爲"着"的用法較爲單一,在文獻的選取上,我們在中古各個時期選擇了七部文獻。
② 這三處用法分别爲:人名(顧孟著)用字、官職名(著作郎)用字、名詞"酒器"義。

(4)凡夫之人亦復如是，爲無量煩惱之所窮困，而爲生死魔王債主之所纏著。(《百喻經》，0548b05)

(5)如值寶篋，爲身見鏡之所惑亂，妄見有我，即便封著，謂是真實，於是墮落，失諸功德。(《百喻經》，0548b05)

這種用法比較少見，僅有的幾例也全部出自漢譯佛經文獻。"着"前面的動詞也是表示某個具體動作的詞語，"V着"應該看作是並列詞組，但"着"的實在意義有所減弱。

"V着NP"式，如：

(1)難陀尋至，牽著道側。(《修行本起經》，0465c02)

(2)王逮群臣，徙著山中。(《六度集經》，0007c28)

(3)負米一斛送著寺中。(《六度集經》，0023a13)

(4)於是族姓子，棄家牢獄，鋃鐺杻械，想著妻子，而自繫縛，不樂梵行。(《生經》，0070b02)

(5)候比丘尼，適脫衣被，入水洗浴，尋前掣衣，持著遠處，欲牽犯之。(《生經》，0100a12)

(6)心意流馳，貪著五欲。(《百喻經》，0550a09)

(7)王獨在輿上，回轉顧望，左右移時不至，然後令送著門外，怡然不屑。(《世說新語・簡傲》，頁417)

(8)陳太丘詣荀朗陵，貧儉無僕役，乃使元方將車，季方持杖後從，長文尚小，載著車中。(《世說新語・德行》，頁5)

(9)既至，荀使叔慈應門，慈明行酒，餘六龍下食，文若亦小，坐著膝前。(《世說新語・德行》，頁5)

在"V着NP"式中，以"V着L"式相對常見，中土文獻和漢譯佛經文獻中均有用例。"着"可以用在表示位移的空間運動動詞前面，如例(1)、(2)、(3)、(5)、(7)、(8)；也可以用在非位移的空間運動動詞前面，如例(9)；還可以用在抽象動詞的後面，如例(4)、(6)。用於空間運動動詞前面者，即蔣紹愚所説的"着"在南北朝時期的用法，"着"爲補語，其後爲表示地點名詞(L)。我們發現，在中古時期的文獻(尤其是在漢譯佛經文獻)中，"着"還可以用於抽象動詞

如"想"、"貪"等詞語後面,表示一種持續的狀態,"着"後加賓語(O),即構成
"V抽象着O"式。此時"着"前面的動詞範圍擴大,不僅僅限於空間運動動詞,
"着"後面成分的範圍也進一步由地點名詞擴大到普通名詞,"着"後面的名詞
不再是補語,而是賓語。"着"進一步語法化,爲動態助詞"着"的形成提供了更
爲成熟的條件。但是中古時期動態助詞"着"還沒有形成,"V抽象着O"式更像
是"V抽象着"構成並列結構,後面再加賓語。"V着O"式用法在中古時期還受
到很大的限制,即"着"前必須是抽象動詞。直到近代前期(唐五代),"V着O"
式沒有了這種限制,動態助詞"着"形成。可見,中古漢譯佛經中"V抽象着O"
式的出現爲動態助詞"着"的產生起了推波助瀾的作用。動態助詞"着"的形成
過程如下所示:

着(動詞)→V 着(L)→V$_{抽象}$着 O→V$_{一般動作動詞}$着 O

第七章　事態助詞

事態助詞也是中古時期新産生的助詞次類,在中古時期只有"來"一個成員。事態助詞"來"用於句子末尾,表示事情曾經發生,一般用於新近發生且對現在造成了一定的影響的事情,事態助詞"來"給句子加上一個已然的標記。

第一節　事態助詞"來"的研究現狀

一　"事態助詞"的"名"與"義"

從二十世紀末期開始,一些研究近代漢語的學者用"事態助詞"這一術語來定義近代新産生的"來"①、"去"、"了"等助詞。在此之前,大概由於它們位於句末,與句末語氣助詞"矣"的用法又有一定的相似之處,因此大多數學者稱其爲語氣助詞或語氣詞。還有學者因爲它們與時間有關(表示已然),而將這一類詞語稱爲"時制助詞",如張誼生(2001:33—36,58—73)。每一種不同的稱法都是從不同的視角來看這些助詞,都有一定的道理。由於本章所討論的助詞"來"是中古新産生一個助詞,且其用法在中古時期有很大的特殊性,加之目前研究中古、近代漢語語法的學者大多采用"事態助詞"這一稱法,因此我們也選擇使用"事態助詞"這一稱法。

劉堅等(1992:123—124)指出:"事態助詞'來'的語法意義,在於指明一個事件,一個過程是曾經發生的,是過去完成了的。在句子裏使用助詞'來',是給句子所陳述的事件、過程加上了一個表示'曾經'的標誌,所以,它的語法位

---

① 目前一般認爲事態助詞"來"産生於中古。

置,不是像唐以後發展起來的動態助詞'了''着''過'那樣跟在動詞的後面,而是加在分句或全句的末尾(在疑問句中存在疑問語氣詞時,加在疑問語氣詞之前)。"①曹廣順(1995:98)指出:"事態助詞的語法意義,是指明一個事件、一個過程所處的狀態。"②前輩學者已經對"事態助詞"這一類詞語的特質有了較爲深入的看法,爲以後的研究奠定了堅實的基礎。

二 事態助詞"來"的産生時間

上個世紀,學者們一般認爲事態助詞"來"産生於近代前期——唐朝。如太田辰夫(1958/2003:356)、劉堅等(1992:122)、江藍生(1995)、曹廣順(1995:95)、吳福祥(1996:309)等③。本世紀初,隨着研究的不斷深入以及新材料(漢譯佛經文獻等)的運用,一般認爲事態助詞"來"在中古時期就已經産生了,如龍國富(2003:127)指出:"大約在六朝,'來'最終虛化爲事態助詞。"④之後(2004:271),他又將事態助詞"來"的産生時間限定到了南北朝⑤。梁銀峰(2004a,2004b)認爲事態助詞"來"在南北朝時期、最晚在隋朝已經正式確立⑥。

三 事態助詞"來"的形成過程

目前,關於事態助詞"來"的形成過程尚存在爭議。曹廣順(1995:106—107)指出:"目前,對'來'由動詞發展到事態助詞的全過程和背景,我們還不能作十分清楚準確的描寫。通過我們以上述及的情況,'來'從表示趨向的動詞,發展出表示完成、以來、以後等多種用法,使用中又從動詞逐漸演變成跟在動詞之後作補語、作助詞,再跟在分句後作助詞,最終變爲在句尾作助詞。這一系列語義和語法功能的轉變,或許就是動詞'來'到助詞'來'的演變過程。"⑦

---

① 參劉堅等《近代漢語虛詞研究》,頁 123—124。

② 參曹廣順《近代漢語助詞》,頁 98。

③ 參[日]太田辰夫著,蔣紹愚、徐昌華譯《中國語歷史文法》,頁 356;劉堅等《近代漢語虛詞研究》,頁 122;江藍生《疑語助詞"來""得來"溯源》,《中國語言學報》1995 年第 5 期,頁 12—27;曹廣順《近代漢語助詞》,頁 95;吳福祥《敦煌變文語法研究》,頁 309。

④ 參龍國富《姚秦譯經中的事態助詞"來"》,《漢語史研究集刊》(第六輯),頁 127。

⑤ 參龍國富《姚秦譯經助詞研究》,頁 271。

⑥ 參梁銀峰《時間方位詞"來"對事態助詞"來"形成的影響及相關問題》,《語言研究》2004 年第 2 期,頁 54—59;《漢語事態助詞"來"的産生時代及其來源》,《中國語文》2004 年第 4 期,頁 333—342。

⑦ 參曹廣順《近代漢語助詞》,頁 106—107。

　　對事態助詞"來"產生過程的探討自然要涉及到對其來源的探討。關於事態助詞"來"的來源，蔣紹愚、曹廣順（2005：248－250）指出："事態助詞'來'源於趨向動詞'來'，這一點基本沒有疑義，但直接來源是什麼，演化過程如何，目前還沒有達成一致看法。"該書引述了編者認爲較有影響的三種觀點：

　　1. 認爲直接由趨向動詞"來"重新分析而來。如太田辰夫（1958/2003）等。

　　2. 認爲是動詞"來"虛化爲語氣詞後，功能專一化的結果。如孫錫信（1992）等。

　　3. 認爲是表示趨向的動詞經過動相補語變成表完成的動態助詞，再進而發展爲特指過去曾經做某事。如江藍生（1995）、曹廣順（1995）、吴福祥（1996）等。

　　關於事態助詞"來"的產生過程，根據江藍生（1995）的觀點，把事態助詞"來"的產生過程描述如下：

　　趨向動詞＞動相補語＞完成態助詞＞表曾經的事態助詞

同時指出："由於已經虛化的'來'用法比較複雜，各種用法相互之間的關係還有很多不清楚的地方。"①

　　總之，在對事態助詞"來"的研究方面，前輩學者已經取得了很大的成就，給後學提供了諸多可資借鑒之處。然而由於"來"本身用法的複雜性，在事態助詞"來"產生時間及形成過程方面還有一些問題有待進一步思考。不可否認，中古時期是事態助詞"來"形成的關鍵時期。在本章，我們以選定的十六部中古文獻爲基本語料，着重對事態助詞"來"的產生時間及形成過程進行研究，希望可以對進一步深入認識事態助詞"來"貢獻綿薄之力。

第二節　動詞"來"的典型用法及特徵

　　"來"的字形，殷商卜辭作"來"、"來"、"來"、"來"等，兩周銘文作"來"、"來"等，均

_____

① 參蔣紹愚、曹廣順主編《近代漢語語法史研究綜述》，頁 248－250。

象禾麥之形。《説文·來部》依據小篆形體"來"説解其本義曰："來,周所受瑞麥來麰,一來二縫。象芒束之形。天所來也,故爲行來之來。"可見,"來"的本義是農作物"禾麥",後假借爲"行來"之"來"。上古時期,"來"的典型用法是作動詞,表示"行來"之"來"。我們要討論的事態助詞"來"還需從"行來"之"來"講起。"來"作句子的主要動詞,表示"行來"之義,從古到今都不乏其例,現僅從我們所選定的十六部文獻中略舉幾例以示説明:

(1)世論行善者福至,爲惡者禍來。(《論衡·福虛》,頁 261)

(2)錠光佛今日當來,施設供養。(《修行本起經》,0461c29)

(3)吾自無數劫來。(《六度集經》,0004a17)

(4)又常日西域雜胡欲來貢獻,而諸豪族多逆斷絶;既與貿遷,欺詐侮易,多不得分明。(《三國志·魏書·倉慈傳》,頁 512)

(5)卿東來,故應有此物,可以一領及我。(《世説新語·德行》,頁 27)

(6)舉家無食,汝何處來?(《顔氏家訓·治家》,頁 45)

提到動詞"來",它一般用來表示由彼至此的路徑,並且以位移的目的地爲基本參照點。由上面的例證可以看出,動詞"來"既可以用於表示將然的事件,如例(1)、(2)、(4);也可以用於表示已然的事件,且這個已然的事件是新近發生、對現在造成了一定影響的事件,如例(3)、(5)、(6)。此外,動詞"來"既然表示一個路徑,如果"來而未至",以動作的出發點爲參照點,"來"是一個已然的動作;如果以目的地爲參照點,"來"就是一個將然的動作。動詞"來"的路徑如下圖所示:

來:路徑,動作的持續過程

出發地………………………………………………………＞目的地

這可能是動詞"來"既可以表已然又可以表將然的原因之一。

在現代漢語中,如果句子凸顯的成分是"來"的目的地,那麼動詞"來"後可以帶賓語,一般爲地點賓語,如①:

（1）歲數挺年輕的就來北京。（何秀珍《1982 年北京話調查資料》）

（2）這是咱們偉大首都北京的春天，是我來北京後所經歷的第一個春天。（《中國北漂藝人生存實錄》）

需要指出的是，在上古、中古漢語中，動詞"來"是個不及物動詞，不帶賓語。"來"的目的地一般在語境中出現，而不出現於句中。因此如果"來"獨用作句子的主要動詞，則一般位於句子的末尾。

總之，動詞"來"在用法上的這些特徵是事態助詞"來"形成的基礎，並伴隨於其語法化的整個過程之中。

第三節　事態助詞"來"的來源及形成過程

通過對動詞"來"用法的分析，我們知道它是個不及物動詞。如果要使一個句子傳遞更大的信息量就必然會使其句法結構變得更爲複雜。具體的手段如：可以與其他同義或類義的及物動詞（如"至、到"等）構成並列式短語後帶賓語；還可以與其他詞語構成連動式，表達更爲複雜的動作等。這些表達方式在古漢語及現代漢語都很常見，事態助詞"來"的産生與句子表意的豐富性要求大概不無關係，它伴隨着表義的需要以及自身用法的不斷擴展而産生。

梁銀峰（2004）認爲："從最初的來源看，事態助詞'來'是由連動式'V（＋NP）＋來'中的趨向動詞'來'虛化而來的，體現了實詞虛化進程的一般特點。"①誠然，事態助詞必然是用來幫助説明某種事態，"來"前面的成分"V＋NP"一般是用來敘述一個基本事件，句末的"來"再給這個事件加上一個已然的標記。因此，梁先生的觀點有一定的道理，但我們認爲"NP"在其産生之初並非是一個可有可無的成分，而是一個必不可少的成分。就我們所調查的十六部文獻來看，"V＋NP＋來"式所表達的語法意義多種多樣。我們試圖從"NP"所充當的句法成分以及"來"的語義指向等方面入手來分析事態助詞"來"的形成過程。

---

① 參梁銀峰《漢語事態助詞"來"的産生時代及其來源》，《中國語文》2004 年第 4 期，頁 333－342。

一 "(S)＋V＋NP＋來₁^①"式

"(S)＋V＋NP＋來₁"式在我們所調查的十六部文獻中大致有如下幾例：

(1)釋睹王來，欣迎之曰："數服高名，久欲相見，翔茲快乎？"執手共坐。(《六度集經》，0021c09)

(2)賊聞大軍來，騎斷其後，必震怖遁走，不戰自破賊矣。(《三國志·魏書·劉劭傳》，頁 619)

(3)我臨陳使瑣奴往，聞使君來，即便引軍退。(《三國志·魏書·鮮卑傳》，頁 839)

(4)國中人民聞阿恕伽來，自然歸伏。(《阿育王傳》，0099c14)

(5)彼家母人見迦羅來，即出來迎恭敬問訊。(《摩訶僧祇律》，0271a20)

(6)微疾，乃於禪中見一人來，形甚端嚴，語通言，良時至矣。(《高僧傳·釋慧通傳》，頁 416)

(7)年三十許，病篤，大見牛來，舉體如被刀刺，叫呼而終。(《顏氏家訓·歸心》，頁 405)

"(S)＋V＋NP＋來₁"式中的"NP"都是有生命的人或動物，是"來₁"的主語。"NP＋來₁"構成主謂短語充當"V"的賓語。可見，"來₁"沒有作整個句子的主要謂語動詞，而僅作了主謂短語的謂語動詞，其動詞的功能從某種程度上說已經有所弱化。不管有沒有到達目的地，在"(S)＋V＋NP＋來₁"式中，"來₁"這一動作已經發出，"來₁"位於句末，表示一個已經發出的動作。"(S)＋V＋NP＋來₁"式的句法結構以及"來"的指向如下圖所示：

"(S)＋V＋NP＋來₁"式的句法結構以及"來"的指向

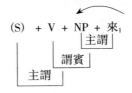

---

① 我們把動作性極強的表示"行來"之義的"來"(動作動詞)標記爲"來₁"。

二　"(S)＋V＋(O)＋來₁"式——陳述句

在這種句式中,"V"與"來₁"之間的名詞性成分由有生命的人或動物擴展到了無生命的物體,且由名詞或名詞性短語作主語或賓語更加具體到了作整個句子的賓語,即它不再作"來₁"的主語,而是作了"來₁"前面動詞"V"的賓語,如:

(1)帝釋持刀來,天神受髮去,遂復前行。(《修行本起經》,0468b02)

(2)時諸女人復持種種好食來,問言:"與誰?"(《摩訶僧祇律》,0543b17)

(3)若女人持俗嚴飾服來,合度出家者,越比尼罪。(《摩訶僧祇律》,0545a21)

(4)王安期作東海郡,吏錄一犯夜人來。王問:"何處來?"(《世説新語·政事》,頁95)

(5)昔有一長者,遣人持錢至他園中,買菴婆羅果而欲食之,而敕之言:"好甜美者,汝當買來。"(《百喻經》,0554a21)

(6)我馬已死,遂持尾來。(《百喻經》,0554b26)

(7)先恒稱弟婆羅陀義讓恭順,今日將兵來,欲誅伐我之兄弟?(《雜寶藏經》,0447b21)

這種用法的"來"依然是動詞,這種句式實際上就是連動式。"來"的主語與其前"V"的主語一致,即整個句子的主語。"來"的意義指向主語,是主語所發出的動作。這種句式中的賓語有時可以省略,如例(4)。我們發現進入這種句式的"V"一般是"持奪"義動詞,如"持"、"將"等。"買"和"錄"雖然沒有明顯的"持奪"義,但"買"的目的是要把東西據爲己有,"錄"的結果是把人"據爲己有",與"持奪"義動詞在語義上有着一定的相似性。在"(S)＋V＋O＋來₁"式中,"來"都是已經發生的動作。"(S)＋V＋(O)＋來₁"式的句法結構以及"來"的指向如下圖所示:

“(S)＋V＋(O)＋來₁”式的句法結構以及“來”的指向

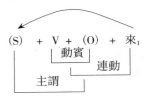

三 “(S)＋V＋(O)＋來₂^①”式——祈使句

“(S)＋V＋(O)＋來₂”式一般用於祈使句當中，大致又有如下三種情況：

(一)賓語爲無生命的物體

在我們所選定的十六部文獻中，“(S)＋V＋(O)＋來₂”式中的賓語有些爲無生命的物體，如：

(1)季子呼薪者曰：“取彼地金來！”(《論衡·書虛》，頁167)

(2)孔子病，商瞿卜期日中。孔子曰：“取書來，比至日中何事乎？”(《論衡·別通》，頁599)

(3)舅尋還曰：“今以少珠惠汝，取屬盤來。”(《六度集經》，0019b06)

(4)爾時世尊告阿難：“持我衣來。”阿難持衣授與如來。(《摩訶僧祇律》，0238a27)

(5)若王言：“汝不知地中寶物應屬我耶？汝何以用？盡還我來。”比丘爾時應以塔物還。(《摩訶僧祇律》，0370c14)

(6)佛語阿難：“往索水來。”(《雜寶藏經》，0450b16)

以上例句中“V”的賓語都是無生命的物體，“來”雖依然爲動詞，但它的語義指向與“(S)＋V＋(O)＋來₁”式相比，發生了明顯的變化，它的語義不再指向主語“S”，而是指向句中的前一動詞“V”。進入這種句式的“V”也一般爲“持奪”義動詞，如“取、將、持、還、索”等。此外，“給予”類動詞也可以進入這種句式，與“持奪”義動詞不同的是“給予”義動詞一般構成雙賓句，如：

---

① 我們把趨向動詞“來”標記爲“來₂”。

　　與我物來。(《百喻經》,0551a29)

在此例證當中,"我"爲間接賓語,"物"爲直接賓語。"持奪"義動詞還可以構成雙賓句的同義説法,如:

　　一切盡還我來。(《摩訶僧祇律》,0370c14)

在此例證當中,賓語"一切"位於句首。就我們目前的調查情況來看,"來"用於雙賓句以及雙賓句的同義形式的句子都極爲罕見,但似乎在這兩種用法中,"來"的虛化程度要比在獨賓句更高一些。

　　與"(S)＋V＋(O)＋來₁"式相比,"(S)＋V＋O＋來₂"式中的"來"雖然也是動詞,但句子謂語的重心已經轉移到了前一個動詞上,"來"的動作性減弱,趨向性增強。這時的"來"已經不能作謂語動詞了,它降格爲作趨向補語,從某種意義上説,"來"在一定程度上有所虛化。"(S)＋V＋O＋來₂"式中的"來"都用於將然的動作,但這個動作一般都要馬上執行,事件要在離現在不遠的未來的某一時刻發生。

(二)賓語爲生命度等級極高的人

　　在我們所選定的十六部文獻中,"(S)＋V＋(O)＋來₂"式中的賓語有些爲有生命的人,如:

　　(1)梵志故在乎? 疾呼之來!(《六度集經》,0030a11)

　　(2)吾友在内,爾呼之來。(《六度集經》,0037b24)

　　(3)民有知者,曰:"第七山中有兩道士,一名闍犁,一曰優犇,知斯神女之所處也。"王曰:"呼來。"使者奉命,數日即將道士還。(《六度集經》,0044b12)

　　(4)呼比丘來。(《生經》,0092c23)

　　(5)諸比丘以是事具白世尊:"某甲比丘妄語,自稱得過人法。"佛言:"呼來。"(《摩訶僧祇律》,0259c06)

　　(6)唤彼比丘來。(《摩訶僧祇律》,0231c20)

　　(7)呼達膩伽比丘來。(《摩訶僧祇律》,0238a27)

　　(8)呼優波難陀來。(《摩訶僧祇律》,0301c03)

(9)可令二子來！（《世説新語·言語》,頁39）

在這種用法中,"來"依然是趨向動詞,作句子的補語。但與前面由生命度等級較低的事物作賓語相比,人作賓語(O)可以發出"來"的動作,而不是由句子的主語所代行發出。進入這種句式的"V"一般是"令呼"義動詞,如"呼、令、喚"等。此類用法在漢譯佛經文獻(尤其是律部文獻)中極爲常見,大概與漢譯佛經文獻的文體以及表義的需要有一定的關係。據我們所調查的十六部文獻來看,此類用法在東漢譯經中就已經出現,此後在譯經中頻繁出現。而中土文獻直到南朝《世説新語》中才出現了一例這樣的用法,即例(9)。漢語史中這種用法的出現有可能是受到了翻譯佛經的影響,由漢譯佛經文獻擴展到了中土文獻。但在擴展中又有發展,漢譯佛經文獻一般用"呼"、"喚"等動詞,擴展到中土文獻後,還可以用"令"、"叫"等其他動詞。

(三)"抽象名詞/事件+來"式

在這種句式中,賓語已經不是具體的某個無生命的物體或者是有生命的人了,它可以是抽象名詞或事件。在我們所查檢的十六部文獻當中,這種用法均出現於《摩訶僧祇律》,如:

(1)時魔眷屬常作方便,於行正法人伺求其短,變爲人形端正無比,種種花香瓔珞以嚴其身,於難提前住,謂難提言:"比丘,共相娛樂,行婬事來。"時難提言:"惡邪速滅！惡邪速滅!"口作此言而目不視。(《摩訶僧祇律》,0232a13)

(2)有一黄門謂比丘言:"可前,大德,共作如是事來。"比丘言:"世尊制戒,不得行婬。"(《摩訶僧祇律》,0233c21)

(3)呼跋陀利言:"長老,共入聚落乞食去來。"答言:"汝等自去,我不能去。"(《摩訶僧祇律》,0359c15)

(4)若語喚婦人來取酒來。(《摩訶僧祇律》,0429a20)

(5)長老,共作布薩來。(《摩訶僧祇律》,0448c17)

(6)若言喚彼女來取酒來,應軟語言。(《摩訶僧祇律》,0457b25)

(7)次行乞食至一家,有一女人,語比丘:"作是事來。"答言:"我比丘法不得作是事。"(《摩訶僧祇律》,0465a10)

(8)有比丘尼呼言:"某甲乞食去來。"答言:"阿梨耶,待我取僧伽梨。"

（《摩訶僧祇律》，0527c14）

這種用法的"來"可以出現的句法環境更爲寬泛，謂語動詞突破了"持奪"義與"令呼"義動詞，擴展到了"行"、"爲"、"作"等表示的動作非常泛化的詞語。隨着"來"所存在的句法環境的不斷擴展，它的實在意義更加虛化了。這種用法的"來"雖然也表示一種動作的趨向，但明顯比前兩類的趨向性更弱，虛化程度更高。正因爲如此，龍國富（2004:271）認爲它是"將出現變化的助詞"，認爲其來源於趨向動詞"來"[1]。這種説法有一定的道理，但我們認爲"來"在此雖然偏離了趨向動詞的用法，但並未完全虛化，且"抽象名詞/事件＋來"式用於將然的事件，此時的"來"是一個非典型的趨向動詞。事態助詞"來"至晚在西晉時期就已經產生[2]，而"抽象名詞/事件＋來"式的產生又在此之後，這種句式當爲"來"用於祈使句的進一步發展。當然，這種句式的形成也與"來"本身用法的複雜性以及其存在的句法環境不斷擴展有關。

綜上，用於祈使句的"(S)＋V＋(O)＋來$_2$"式均表示將然的事件，且集中出現在漢譯佛經文獻當中，而在中土文獻中罕見。該句式的句法結構以及"來"的指向如下圖所示：

"(S)＋V＋(O)＋來$_2$"式的句法結構以及"來"的指向

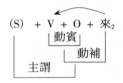

四　"(S)＋VP＋(O)＋來$_3$[3]"式

"來"的用法一再擴展，其前面的動詞可以是其他類型的動詞，"來"的語義由以前的指向動詞，而變成了指向整個句子，即它由管着一個動詞成爲管着一個句子，虛化爲事態助詞。就我們的考察來看，這種用法的"來"較早出現於西晉，如：

---

① 參龍國富《姚秦譯經助詞研究》，頁 271。

② 具體分析見下文。

③ 我們把事態助詞"來"標記爲"來$_3$"

(1)汝爲偷來？何邊多得是好香耶？（《阿育王傳》，0116c25）

(2)我加趺坐來，默然無言，何時喚汝？（《阿育王傳》，0125a23）

(3)汝從何處得此錢來，以用布施？（《阿育王傳》，0130c14）

以上三例都來自西晉譯經《阿育王傳》，"來"表示事件曾經發生，而且是新近發生，且對現在造成了影響，這時的"來"已經虛化爲事態助詞。例(1)、(3)中的"VP"可以看作是"動詞＋賓語"，而例(2)中的"VP"則是"方式＋動詞"，但它們都是表示一種事態。"來"的作用由以前的指向謂語動詞到了指向整個句子，具有成句的作用，正如曹廣順(1995:98)所說："在句子裏使用它，是給句子所陳述的事件、過程加上了一個'曾經'的標誌。"[1]

在我們所調查的十六部文獻中，事態助詞的典型用例僅以上三例，但是我們發現中古時期的其他譯經中還有不少用例，如：

(1)彼時舊天，於前次第，先曾聞來。（《正法念處經》，0217a14）

(2)如是天者，不曾學來，不曾聞來。（《正法念處經》，0247b06）

(3)又彼憙樂多言語者，復有大過，種種言語，先已聞來，心樂謂樂。（《正法念處經》，0285a14）

(4)若復彼人，未曾聞來，未曾見來。（《正法念處經》，0289b18）

(5)不從他人，先見聞來。（《正法念處經》，0289b18）

(6)以彼他人，知如是人，先不見來，先不聞來，則言如是不善之人，如是妄語。（《正法念處經》，0289b18）

這種用法在《正法念處經》中多見，其他漢譯佛經中也偶有用例。這種用法的"來"恐怕是用來湊足音節以構成四字句，其意義比較虛[2]。在這些句子當中，謂語動詞前往往有"先"、"曾"等，表明這是一個已然的事件，也間接地說明了"來"的事態助詞身份。進入這種句式的"V"的範圍突破了"持奪"、"給予"、"令呼"義動詞的限制，使用範圍更加廣泛。"(S)＋VP＋(O)＋來$_3$"式的句法結構以及"來"的指向如下圖所示：

---

① 參曹廣順《近代漢語助詞》，頁98。

② 龍國富(2004)曾列舉了姚秦譯經中事態助詞"來"的一些用例（參龍國富《姚秦譯經助詞研究》，頁267－268）。

"(S)＋VP＋(O)＋來₃"式的句法結構以及"來"的指向

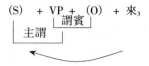

$$(S) \quad + VP + \quad (O) \quad + 來_3$$

第四節 小結

就我們所調查的十六部文獻來看,事態助詞"來"至晚在西晉時期已經產生,其形成過程如下圖所示:

(S)＋來₁＋(O)→(S)＋V＋NP＋來₁→(S)＋V＋(O)＋來₁(陳述句)→(S)＋V＋(O)＋來₂(祈使句)→(S)＋VP＋(O)＋來₃

"來"用法的複雜性在於在有些情況下,句法成分之間的順序没有改變,而深層的語義關係却發生了變化。"來"的詞性由動作動詞到趨向動詞再到事態助詞,這是其詞性的變化過程,是其表面的現象。在深層的句法關係上,"來"所作的句子成分不斷地發生變化,由在"(S)＋來₁＋(O)"式中作句子的主要動詞,到"(S)＋V＋NP＋來₁"式中作主謂短語的主要動詞,到"(S)＋V＋(O)＋來₁(陳述句)"式作連動式的後一動詞,再到"(S)＋V＋(O)＋來₂(祈使句)"式作動趨式中的補語,最後到"(S)＋VP＋(O)＋來₃"式不作句子成分,成爲事態助詞。在這個過程中,"來"的意義指向也在發生變化。這是由於它所處的句法環境的變化,它所能搭配的句法環境不斷變化。"來"受到所處的句法位置的變化以及可以搭配的詞語範圍的擴展等因素的影響,最終導致其語法意義的變化,事態助詞"來"的用法形成。

究竟是"來"的語義發生了變化,進而導致其出現的句法環境發生了變化,還是"來"出現的句法環境發生了變化,進而導致其語義的變化? 是因爲"來"是常用詞,用得太多,人們熟悉了它所出現的句法環境,進而將其擴展,還是人們最初的求新或誤用導致其發生變化? 我們認爲事態助詞"來"的形成是句法、語義、語用這些因素共同起作用的結果。

"來"從古至今都是一個常用詞,且用法多而靈活。由於它常用,人們對其非常熟悉,因此對它出現的環境的要求就會有所降低,可以與它連用的詞語就越來越多,從而導致可以進入"來"的句法的詞語不斷拓展,進而使"來"的意義和功能發生了變化。"來"演化的路徑就是由實到虛,由具體到抽象,最終使它成爲一個表示已然的標記,由實義動詞語法化爲事態助詞。語言中的每一個因素的變動都會導致其他因素隨之變動,各因素相互制約,互相影響,周而復始,事態助詞"來"的形成過程也是如此。然而不管"來"前面的動詞的語義範疇如何擴展,它都一定是持續動詞。這就是說受"來"之常用義的影響,它要表示一個過程,必然要求它前面的動詞是持續動詞。事態助詞"來"來源於動詞"來",即使它的實在意義再虛化,用法再靈活,都會受到其原來實在意義的影響,繼續保留着實義動詞"來"的某些特徵。

此外,在我們所調查的中古時期的十六部文獻當中,"(S)+VP+(O)+來₃"式不見於中土文獻,僅見於漢譯佛經文獻。"(S)+V+(O)+來₂"式也多見於漢譯佛經文獻。可見,翻譯佛經活動對事態助詞"來"的産生起到了一定的促進作用。

總之,事態助詞"來"的形成經歷了一個極爲複雜的過程,它是在多種因素的共同作用下逐步形成。關於事態助詞"來"在中古以後的發展情況,學者們着力頗多,如劉堅等(1992)、曹廣順(1995)、龍國富(2004),等等。正如學者們所普遍看到的,唐以後事態助詞"來"的用例逐漸多了起來,且擴展到中土文獻,事態助詞"來"發展成熟。

第八章　嘗試態助詞

嘗試態助詞也是中古時期新產生的一個助詞次類，僅有"看"一個成員。嘗試態助詞"看"用於句子（包括小句）末尾，表示一種嘗試的狀態，這種嘗試一般是針對謂語動詞所發出的動作。

第一節　嘗試態助詞"看"的研究現狀

本節從"嘗試態助詞"之"名"入手，對漢語嘗試態助詞"看"的研究現狀作了詳細分析。

一　"嘗試態助詞"之"名"

對於用於句末表嘗試的"看"，學者們有用諸如"助語"、"語助詞"、"語氣詞"、"語氣助詞"、"動態助詞"、"時態助詞"、"嘗試態助詞"等不同的稱謂來稱呼它。不難想象，由於它位於句末，首先想到的就是用"語助辭"、"語氣助詞"、"語氣詞"等來稱呼它，如陸儉明、勞寧、心叔、蔡鏡浩等學者。隨着研究的深入開展，大概因爲這種用法的"看"用於動詞後表示嘗試，與"時"及"態"都有一定的關係，一些學者就用"動態助詞"、"時態助詞"或"嘗試態助詞"等稱謂來稱呼它，如吳福祥（1995）用"嘗試態助詞"[①]；張誼生（2002：19—20）把它看作"時態助詞"，並提出了幾點看法來支持他的"時態助詞"說[②]；蔣冀騁、龍國富（2005）

[①]　參吳福祥《嘗試態助詞"看"的歷史考察》，《語言研究》1995 年第 2 期，頁 161—166。

[②]　參張誼生《助詞與相關格式》，頁 19—20。

大體將其稱爲“嘗試態助詞”，但在行文中也還偶爾用“語氣助詞”來指稱它；而蔣紹愚、曹廣順(2005:220-221)則將其列入“動態助詞”部分對其進行了綜述①。

以上這些稱法都有一定的道理，我們采用“嘗試態助詞”這種稱法，原因如下：如果稱這種用法的“看”爲“助語”或“語辭”，雖然指明了它的虛詞身份，但還不夠細緻；如果稱其爲“語助詞”、“語氣助詞”或“語氣詞”，那麼它就應該對整個句子起作用，而表嘗試的“看”其語義主要指向謂語動詞，因此這種稱法也不夠確切。如此一來，看似與謂語動詞密切相關的“動態助詞”、“時態助詞”和“嘗試態助詞”這些提法似乎更爲合理。然而“動態助詞”一般直接用於動詞後，助詞“看”除了直接用於動詞後構成“V 看”式外，還有“VO 看”式、“VC 看”式等，爲了與第六章論述的“動態助詞”相區別，因此“動態助詞”這種稱法也不太合適。衆所周知，漢語的形態並不發達，“時態助詞”相對於形態發達的語言而言似乎更爲合適。綜上，根據漢語的特點以及目前的研究狀況，我們選擇了從語義方面看離漢語的事實較近的“嘗試態助詞”這種稱法。

二 嘗試態助詞“看”的研究主綫

漢語史上用於句子末尾表示嘗試的“看”，與“看”的典型用法“以視綫接觸人或物”有了較大的差別。就現有的文獻記載來看，較早關注並在自己的論述中提及這種現象的是南宋的項安世。他在《項氏家説》卷八《説事篇一》“隱語”條有：“俗間助語多與本辭相反，……於口耳亦曰‘看’。如‘説看’、‘聽看’是也。”又同篇“本語改失其意”條有：“因觀《宋徽宗實録》，見執議立新君，曰：‘且召二王來看。’蓋北人之語句末多用‘看’字。本是助語，而修史者遽書曰：‘召二王來觀之。’如此則是執正議時，初未識親王之面，乃今始欲親相其貌而立之也，其去本意豈不遠哉！”②由是觀之，項氏不僅指出了這種用法的“看”是虛詞(“助語”)，也指出了它是當時的俗語詞(“俗間”)，且推測其多用於北方(“蓋北人之語句末多用‘看’字”)。

張相(1953/1977:332)較早從詞彙角度對表嘗試的“看”進行了關注：“看，

---

① 參蔣紹愚、曹廣順《近代漢語語法史研究綜述》，頁 220-221。
② 引自文淵閣《四庫全書》子部。

嘗試之辭，如云試試看。"①並列舉了唐宋詩詞中的一些用法作爲例證。

　　陸儉明（1959/1999：276）較早從語法角度對表嘗試的"看"作了研究，認爲從唐代開始逐漸在口語中出現，《水滸》以後成爲道地的語助詞，且大致認爲表嘗試的"看"是在北方方言的基礎上發展而來，但陸先生也没有否認這種用法的"看"在南方方言中也存在②。之後，勞寧（1962）③、心叔（1962）④相繼在《中國語文》上發表文章來探討嘗試態助詞"看"的産生時間及形成過程，爭論的焦點主要在於其産生的時間。勞寧認爲早在北宋時"看"就是個道地的語助詞了，而心叔則認爲時間還可以更提早些⑤。陸儉明、勞寧、心叔等學者都把這種用法的"看"稱爲"語助詞"（實指"語氣助詞"），並認爲它來源於動詞"看"。

　　蔡鏡浩（1990）提出了在中古時期"看"有"測試"義，"看"再由"測試"義進一步虚化而變成嘗試態助詞⑥。即認爲：動詞"看"由"以視綫接觸人或物"義發展到嘗試態助詞經過"測試"義這一中間環節。這一觀點的提出，對於嘗試態助詞"看"的研究而言，可謂是一個重大發現，此後學者大多在此基礎上不斷深入。如吳福祥（1995）認爲："動詞'看'本爲'瞻視'義，……魏晉六朝時，動詞'看'由'瞻視'義引申出'測試'義（蔡鏡浩1990）……'看'由視覺動作演變成泛指的'測試'，詞義開始抽象，從而爲其虚化奠定了基礎。……如果進一步虚化，並且用於祈使句就變成嘗試態助詞了。"北方方言中存在嘗試態助詞"看"的用法已經是個不爭的事實，而吳先生發現《祖堂集》中有很多嘗試態助詞"看"的用例，因此他認爲南北方都有嘗試態動詞"看"的用法⑦。之後，吳福祥（1996：357）又説："'看'由動詞到嘗試態助詞的演

---

①　參張相《詩詞曲語辭匯釋》，頁332。
②　參陸儉明《現代漢語中一個新的語助詞"看"》，載陸儉明、馬真《現代漢語虚詞散論》，頁276。
③　參勞寧《語助詞"看"的形成時代》，《中國語文》1962年6月號，頁278。
④　參心叔《關於語助詞"看"的形成》，《中國語文》1962年8、9月號，頁392。
⑤　陸儉明（1999：277）在將《現代漢語中一個新的語助詞"看"》一文收入論文集《現代漢語虚詞散論》時，在"補白"中對自己早先的看法作了修改，他同意勞寧的觀點，且認爲心叔關於"看"的産生時代"還可以更提早些"的説法論據不足，還不能推翻勞寧的看法。參陸儉明《現代漢語中一個新的語助詞"看"》，載陸儉明、馬真《現代漢語虚詞散論》，頁277。
⑥　同陸儉明、勞寧、心叔一樣，蔡鏡浩也把表嘗試的"看"稱作"語助詞"。參蔡鏡浩《重談語助詞"看"的起源》，《中國語文》1990年第1期，頁75—76。
⑦　參吳福祥《嘗試態助詞"看"的歷史考察》，《語言研究》1995年第2期，頁161—166。

變是從詞義演變開始的,由表示視覺動作的'瞻視'擴大使用範圍,抽象成一切用感官測試的動作('測試'),這種詞義變化(抽象化)促使'看'的組合關係、語法功能發生相應變化:由作爲中心動詞帶賓語變成依附主要動詞之後,不帶賓語。但'看'的詞義抽象化達到一定程度便引起詞義虛化,最終失去詞彙意義,變成只表示嘗試語義的語法單位。"①這就更加細化了嘗試態助詞"看"的形成過程。蔣冀騁、龍國富(2005)指出:"動詞'看'由表視覺動作的'瞻視'演變爲泛指的感官'試作',再抽象爲嘗試態語氣。這種演變的情形可以用圖表示:'瞻視'(動詞)→'試作'(動詞)→'嘗試語氣'(助詞)。"並認爲南方的文獻如《祖堂集》、《張協狀元》、《西遊記》中也有嘗試態助詞"看"的用例,因此得出結論:"看來把'看'字定論在北方方言有所欠妥,南北兩地都有存在。"②

　　總之,目前學界關於嘗試態助詞"看"的研究尚存在着一定的爭議,主要集中在其產生時間、形成過程以及最初使用地域等方面。關於嘗試態助詞"看"的產生時間,早期學者認爲是在近代,如陸儉明(1959)等。六十年代初,經過勞寧、心叔等學者的進一步探討,認爲嘗試態助詞"看"產生於中古在學界達成共識,之後不斷有學者爲"中古説"提供證據。不過,在嘗試態助詞"看"產生的具體時間上不同的學者尚存在着一定的差異。關於嘗試態助詞"看"的形成過程一般認爲經歷了如下步驟:

動詞("瞻視"義)→動詞("測試"義)→助詞(表"嘗試")

　　然而在嘗試態助詞"看"的產生原因及形成機制等方面卻有着不同的看法,對其形成過程的描述也存在着一定的分歧。關於嘗試態助詞"看"的產生地域,學者們没有足夠的證據來證明它到底產生於在北方還是在南方,大部分學者傾向於認爲早期南、北方都出現了嘗試態助詞"看"。

　　對於嘗試態助詞"看",前輩學者的研究越來越精細,越來越深入,不僅給我們的研究提供了一個起點很高的研究平臺,也爲我們提供了諸多可資借鑒之處。然而盡管前輩學者在對嘗試態助詞"看"的研究方面已經取得了

----

　　① 參吴福祥《敦煌變文語法研究》,頁 357。
　　② 參蔣冀騁、龍國富《中古譯經中表嘗試態語氣的"看"及其歷時考察》,《語言研究》2005 年第4 期,頁第 60-65。

很大的成就,但仍有一些問題值得深入挖掘。在本章,我們以選定的十六部文獻作爲基本語料,從語義、句法以及語用等方面入手來探討嘗試態助詞"看"的産生時間及形成過程等一系列問題。通過考察我們發現,"看"在中古時期的用例雖然並不是特別多,但其用法多樣,嘗試態助詞"看"在西晉時期也已經産生。在嘗試態助詞"看"的形成過程方面,我們認爲並非如前輩學者所説的由動詞"看"經過"測試"義虛化而來,而是由"觀察"義虛化而來。在嘗試態助詞"看"的地域問題方面,我們也傾向於最初可能多用於北方方言。

第二節 "看"的用法及嘗試態助詞 "看"形成的條件

本節以大量文獻用例爲依據,總結了"看"的用法,探討了嘗試態助詞"看"形成的語義、句法和語用條件。

一 "看"的用法——嘗試態助詞"看" 形成的語義條件

要考察嘗試態助詞"看"的形成過程,首先應該把"看"在文獻中的用法描寫清楚。"看"的字形不見於殷商卜辭、兩周銘文。《説文・目部》依據小篆形體"𥄂"説解其本義曰:"看,睎也。"《説文》還有一個"看"的或體(相當於異體字)"𥅴",亦爲小篆。可見,"看"字的出現時間相對較晚。根據字形及許慎的説解,"看"字的本義當爲"以手加額遮目而望"之義,然而我們懷疑"看"字可能只是爲了給"以視綫接觸人或物"這一動作用了一種形象的方式所造的字,作爲詞語而言,"看"的本義可能就是"以視綫接觸人或物"。

(一)先秦、兩漢時期"看"的用法

汪維輝(2000:118—119)指出:"就目前所知,'看'字最早見於《韓非子・外儲説左下》:'梁車爲鄴令,其姊往看之。'是'看望'義。不過先秦典籍中僅此一見而已。"[①]檢先秦時期的文獻,我們發現兩例:

---

① 參汪維輝《東漢—隋常用詞演變研究》,頁118—119。

(1)梁車新爲鄴令，其姊往看之，暮而後至，閉門，因逾郭而入。(《韓非子·外儲說左下》，頁308)

(2)若乃好賢而能用，舉事而得時，則不看時日而事利，不假卜筮而事吉，不禱祀而福從。(《全上古三代文》卷六齊太公《六韜》，頁49)

就這僅有的兩例來看，"看"有"看望"義者，如例(1)；還有"觀察"義者，如例(2)，這兩種用法都並非其本義。可見，在先秦時期，"看"的用法可能已經有所發展。當然，就現存的文獻材料來看，"看"在先秦時期的用例極爲罕見，除了《韓非子·外儲說左下》中的一例外，另外一例所出文獻的可靠程度也還有待商榷。

到了兩漢，"看"仍不多見。在我們所調查的十六部文獻當中，東漢時期的《論衡》和《修行本起經》中都沒有出現"看"的用例。我們查檢了漢朝其他文獻中"看"的用例，如：

(1)臣之事仲尼，譬如渴而操杯器就江海飲，滿腹而去，又焉知看江海之深？(漢桓譚《新論·啓寤》，頁28)

(2)太過可怪，不及亦然，邪不空見，終必有姦，審察表裏，三焦別焉，知其所舍，消息診看，料度腑藏，獨見若神，爲子條記，傳與賢人。(《傷寒論》下編《平脈法》，頁17)

(3)望河洛之交流兮，看成皋之旋門。(《全後漢文》卷九十六班昭《東征賦》，頁987上)

(4)高徑華蓋，仰看天庭。(《全後漢文》卷五十八王延壽《魯靈光殿賦》，頁790下)

總之，在上古時期，就現有的文獻來看，"看"的用例並不多見，且有些文獻的可靠性尚待查證。《説文·目部》已經將"看"收入，無可否認，"看"字至晚在漢朝已經產生。與後代相比，這一時期"看"的用法也並不複雜，一般是作句子的謂語動詞。我們推測，可能在上古時期，"看"只是一個方俗語詞，還沒有被人們所普遍接受。

(二)魏、西晉時期"看"的用法

從魏晉時期(尤其是東晉)開始，"看"的用例就逐漸地多了起來，其意義多種多樣,出現的句法環境也變得複雜起來,"看"的嘗試態助詞的用法也是在這一時期産生。因此,要討論嘗試態助詞"看"的形成過程,魏晉時期是一個極爲關鍵的時期。

在我們所選定的十六部文獻中,"看"較早出現於三國時期的漢譯佛經文獻《六度集經》,即:

母時采果,心爲忪忪。仰看蒼天,不睹雲雨。(0007c28)

這也是《六度集經》中僅有的一例,"看"爲"以視綫接觸人或事物"義。三國時期歷史短暫,留下的口語性較强的文獻也不多見。根據我們的調查,大概從兩晉之交"看"的用例才多了起來,我們主要從兩晉時期"看"的文獻用例來說明其如何虛化爲嘗試態助詞。兩晉時期是"看"發展的關鍵時期,爲了提高研究的準確性,我們把西晉和東晉兩個時期的文獻分開來考察。

西晉時期,在我們所選定的《三國志》、《生經》和《阿育王傳》三部文獻中,《生經》中沒有出現"看"的用例,剩下一部中土文獻(《三國志》)和一部漢譯佛經文獻(《阿育王傳》)中均出現了"看"的用例。具體用法如下:

1. 以視綫接觸人或物

(1)手自著火,薪柴都盡,亦復不熱。又以屋椽,塗蘇衆疊,悉然使盡,水冷如故。怪其所由,便看鑊中。(《阿育王傳》,0099c14)

(2)見向比丘結跏趺坐,坐千葉蓮花上。爾時耆梨甚驚所以,便往白王,王即來看。(《阿育王傳》,0099c14)

(3)阿育王見其弟便下御座,五體投地爲之作禮,起而合掌看宿大哆。(《阿育王傳》,0106a21)

(4)帝失羅叉,得即殺之,破腹而看,見其腹中有一大虫。(《阿育王傳》,0108b14)

(5)我聞此聲剛强心滅如象失子。遣人往看。見駒那羅無眼黑瘦而不識之。(《阿育王傳》,0109b22)

(6)魔即入林化作佛身,如以綠色畫新白㲲作佛身相,看無厭足。(《阿育王傳》,0119b13)

(7)此是虎之二子,汝等先言:"何以與是虎食?汝今看是虎子神力!"

(《阿育王傳》,0120b22)

(8)汝可往看,實如夢不。(《阿育王傳》,0125b29)

與先秦、兩漢相比,西晉時期"看"的基本用法(用作"以視綫接觸人或物"義)幾乎没有變化。

2. 欣賞

十四年夏四月,後主至湔,登觀阪,看汶水之流,旬日還成都。(《三國志·蜀書·劉禪傳》,頁897)

3. 觀察

(1)外既如此,又以黄門張當爲都監,專共交關,看察至尊,候伺神器,離間二官,傷害骨肉。(《三國志·魏書·諸夏侯曹傳》,頁286)

(2)交州絶域,南帶江海,上恩不宣,下義壅隔,知逆賊劉表又遣賴恭闚看南土,今以爕爲綏南中郎將,董督七郡,領交阯太守如故。(《三國志·吴書·士爕傳》,頁1192)

(3)今此郡民,雖外名降首,而故在山草,看伺空隙,欲復爲亂,爲亂之日,魴命訖矣。(《三國志·吴書·周魴傳》,頁1388)

(4)大軍王便使相師占相其子,相師言曰:"此兒必當王一天下,唯有一過,多所傷害。初生子時,大設供養,極有威德。如日之威,難可看視。"是故名爲"難可看視"。(《阿育王傳》,0126a21)

4. 拜訪,看望

我平安時遣人唤汝,汝言非是時。今日我受困厄,身被剪削,何以看我。(《阿育王傳》,0116c25)

以上例證幾乎是我們所選西晉時期文獻中"看"的全部例證①。"看"的用

---

① 《阿育王傳》中還有三例用於專名"難看王",與我們的論述關係不大,故省。

例多見於漢譯佛經文獻《阿育王傳》中，中土文獻《三國志》中則相對少見。由於先秦"看"的用例極爲罕見，我們只有憑藉兩漢時期"看"的用例來對其早期用法及特點作出分析。"看"的基本意義是"以視綫接觸人或物"，如果以視綫接觸人或物，帶有了一定的目的性，那麽它的詞義就會發生變化。如果用於物，那麽就有"欣賞"、"觀察"義，"觀察"似乎比"欣賞"的目的性更强一些，如用法 2、3。如果用於人，則有"拜訪、看望"義，如用法 4。

　　由這些例證可以看出，"以視綫接觸人或物"義的"看"經常用於連動式的後一動詞，如"來看"、"往看"等，"看"前面的詞語一般是位移動詞，如"來"、"往"等，這種"位移動詞＋看"的連用法先秦兩漢時就已經出現。值得注意的是，這一時期不僅僅是位移動詞可以與"看"連用，其他意義的動詞也可以與"看"連用，構成連動式，如"看察、鬪看、看伺、看視"等，這裏的"看"有位於"V"前者，也有位於"V"後者。如果"看"位於連動式的後一動詞，即構成"V 看"式，那麽其充當主要謂語動詞的地位就受到了衝擊。

（三）東晉時期"看"的用法

　　東晉時期，在我們所選的漢譯佛經文獻《摩訶僧祇律》中共出現了"看"三百七十三次之多，而在中土文獻《抱朴子内篇》中僅兩見。具體用法如下：

1. 以視綫接觸人或物

　　（1）又雲母有五種，而人多不能分别也，法當舉以向日，看其色，詳占視之，乃可知耳。（《抱朴子内篇·仙藥》，頁 202）

　　（2）又向日看之，晻晻純黑色起者，不中服，令人病淋發瘡。（《抱朴子内篇·仙藥》，頁 203）

　　（3）爾時此女親里知識共相謂言當往塚間看此女人爲死爲活，便共俱行，往詣塚間。（《摩訶僧祇律》，0235a18）

　　（4）開比丘草庵，見死屍在中，屍上看見新行欲處。（《摩訶僧祇律》，0235b20）

　　（5）尊者，若不見信，可自往看。（《摩訶僧祇律》，0238a27）

　　（6）爾時仙人作是念："誰説是偈？"便起出看，見此龍爲金翅鳥所逐，即便説偈。（《摩訶僧祇律》，0240b11）

　　（7）爾時獵師便以藥箭射彼大象，中其眉間，血流入眼。象便舉頭看箭來處，即見獵師，便遥誨之。（《摩訶僧祇律》，0240b15）

(8)沙門釋子已擔衣去,<u>衣主便起看之</u>:"咄哉!實持衣去。"(《摩訶僧祇律》,0241c11)

(9)恐衣濕故,<u>便出看之</u>。(《摩訶僧祇律》,0247c25)

(10)時諸比丘隨後遥望<u>看彼群賊所至何處</u>,追之不止。漸近聚落,賊便分物。(《摩訶僧祇律》,0247c25)

(11)若復爲受樂故,<u>更方便逐看</u>,禽獸欲令出,出者僧伽婆尸沙。(《摩訶僧祇律》,0263a17)

(12)若復爲樂故,<u>更逐往看</u>,令失者僧伽婆尸沙。(《摩訶僧祇律》,0263a17)

(13)諸比丘聞,<u>鬥諍聲出看</u>,語婆羅門言:"置置放優陀夷。"(《摩訶僧祇律》,0264b10)

(14)轉法輪處,阿難大會處,羅睺羅大會處,般遮于瑟大會處,是諸大會時,<u>多人來看</u>。(《摩訶僧祇律》,0265c14)

(15)便詣優陀夷所白言:"阿闍梨,<u>我欲入看</u>。"(《摩訶僧祇律》,0267c19)

(16)第三羯磨時,<u>提婆達多看六群比丘面而作是言</u>。(《摩訶僧祇律》,0283b15)

(17)若比丘於精舍外脱衣,熱作忘衣在外。夜憶即出求之,不見。<u>晨朝出看</u>,見衣去。夜行迹二十五肘内者不犯。(《摩訶僧祇律》,0293c22)

(18)時偷蘭難陀即持此衣到精舍,<u>舒看見不净著衣</u>。(《摩訶僧祇律》,0300b22)

(19)即將至兩重閣上語言:"<u>看是長老彫文刻鏤,五種彩畫紺琉璃地,床褥卧具</u>。"<u>看已</u>,答言:"實好。"(《摩訶僧祇律》,0301c03)

(20)出房已,弟子大呼,諸比丘聞聲已,<u>皆驚出看</u>。(《摩訶僧祇律》,0343a12)

(21)若池若河若井,漉取滿器,<u>看無虫然後用</u>。(《摩訶僧祇律》,0345a14)

(22)爾時下座中有一晚學摩訶羅,作如是言:"我等今日不爲食來,意爲汝意故來。我等已於餘處飽食竟,汝若不信者,<u>看我脚上肉汁</u>。"園民聞已,心中不悦。(《摩訶僧祇律》,0352a05)

（23）若世尊不制戒者，<u>汝眼看猶不可得</u>。（《摩訶僧祇律》，0370c14）

（24）若比丘道中行，渴，須水，<u>到井取水時當細看</u>。（《摩訶僧祇律》，0372c26）

與東晉以前“看”的這種用法相比，雖然基本意義一致，但其可以出現的句法環境有了拓展，它的使用情況更爲複雜。東晉以前，“看”一般用作主要謂語動詞，有時也可以用於簡單的連動式當中，“看”的賓語一般是比較具體的事物。而東晉時期動詞“看”前後的修飾成分越來越多，賓語也變得複雜起來，其賓語可以是一個抽象的事件。

東晉時期，“看”除了這種典型用法外，還有很多其他用法：

2. 欣賞，觀賞

（1）阿跋吒言：“<u>我欲看諸房舍</u>。”（《摩訶僧祇律》，0301c03）

（2）時優波難陀答言：“可爾，<u>汝等不欲看</u>，尚當示汝，況復欲見。”（《摩訶僧祇律》，0301c03）

（3）爾時六群比丘入白衣舍，<u>看象看馬，看駱駝看鳥，看伎兒歌舞</u>，爲世人所譏。（《摩訶僧祇律》，0400a11）

（4）爾時波斯匿王欲詣東庫園林池觀，語侍者言：“明當與夫人婇女出<u>東園遊看</u>，可掃灑莊嚴敷施床褥。”（《摩訶僧祇律》，0411c04）

3. 觀察

（1）<u>吾近晨朝登樓觀看星宿</u>，時見有一金色鹿王乘空南來，凌虛北逝。（《摩訶僧祇律》，0229a15）

（2）比丘應審諦數，<u>看有何相貌</u>，然後乃舉。（《摩訶僧祇律》，0370c14）

（3）時至即遣，彼還，恐失食故，<u>並看日時</u>，疾疾而還。（《摩訶僧祇律》，0376c07）

4. 拜訪，看望

(1)爾時長老優陀夷同聚落,舊知識婆羅門有一女,新到夫家,愁憂不樂。遣信白父:"願來看我,若不能得來者,語阿闍梨優陀夷來看我。"(《摩訶僧祇律》,0289c19)

(2)聞世尊安居訖,詣王舍城。我今當往,問訊世尊,并從佛去,過看親里。(《摩訶僧祇律》,0293c22)

(3)是我親里比丘時時來看我,若我不與共相娛樂者,誰復應爾? 是我家法有何可怪?(《摩訶僧祇律》,0347c20)

(4)送我往看姊尼去。(《摩訶僧祇律》,0349b20)

由這些例證可以看出,尊卑長幼都可以用"看"來表示。

5. 照料,照顧

(1)是愚癡者,將無飢死。便告大臣:"將愚人來。"重告臣曰:"好看此人,莫令羸瘦。"(《摩訶僧祇律》,0242b26)

(2)婆羅門敕婦言:"汝自謹慎,好看兒子。"(《摩訶僧祇律》,0259c06)

(3)語優陀夷言:"我欲餘行,長老,能時時往返,看我家中婦兒不?"(《摩訶僧祇律》,0269c20)

(4)彼舍婦女者便自念言:"我當還家,看本婦女。"著入聚落衣,往到本家。(《摩訶僧祇律》,0271a20)

(5)彼檀越若親里言:"被舉人病,汝往看,若無常者,不應與華香供養屍,不應爲作飲食、非時漿。"(《摩訶僧祇律》,0438c02)

(6)汝等同梵行人病痛不相看視,誰當看者。(《摩訶僧祇律》,0455a25)

(7)皆同一姓沙門釋子,不相看視,誰當看者? 若比丘病,和上應看。若無和上,同和上應看。若不看者,越毘尼罪。若有阿闍梨,阿闍梨應看。若無阿闍梨,同阿闍梨應看。若不看者,越毘尼罪。若有同房,同房應看。若無同房,比房應看。若不看者,越毘尼罪。若無比房者,僧應差看。隨病人宜須,幾人應與。若不看者,一切僧越毘尼罪。(《摩訶僧祇律》,0455a25)

(8)居士言:"尊者,宜住,共相看視。"差已俱去。(《摩訶僧祇律》,0455a25)

(9)世尊制戒，病者應看。(《摩訶僧祇律》,0455a25)

(10)爾時尊者優波離白佛言："世尊，若大德比丘病者，當云何看視?"
(《摩訶僧祇律》,0455a25)

(11)如世尊説："看持戒病比丘，如看我無異。……"(《摩訶僧祇律》,
0455a25)

(12)大德比丘病，應如是看視? (《摩訶僧祇律》,0455a25)

(13)小德比丘病，當云何看視? (《摩訶僧祇律》,0455a25)

6. 看待，對待

"譬如穿器無用，那得不苦?"比丘答言："但莫愁憂，我當爲汝語令平
均。"便語其夫："汝無所知，云何效人多畜妻婦，不能平均，偏與一人共起
共卧?"答言："當如之何?"比丘言："當等看視，務令平均。"答言："當如師
教。"比丘爾時得偷蘭罪。(《摩訶僧祇律》,0271a20)

7. 治療

(1)時毘舍離有一病比丘，嬰患經久治不時差，看病比丘心生疲厭。
(《摩訶僧祇律》,0253c09)

(2)長老，我看病，久不得奉侍和上阿闍梨，亦不得受經誦經。(《摩訶
僧祇律》,0253c09)

(3)佛語諸比丘："若病比丘食不盡者，聽看病比丘作殘食法已，得
食。"(《摩訶僧祇律》,0354c12)

8. 表提醒

(1)爾時尊者優陀夷擔重羊毛，僂身而行，從城裏出，爲世人所嫌："看
沙門優陀夷，如駱駝如驢如客負人，如是負羊毛去，失沙門法，何道之有?"
(《摩訶僧祇律》,0309b18)

(2)歡喜示諸比丘言："看此長老，非親里比丘尼，與少毛得多毛來。"
(《摩訶僧祇律》,0310a18)

(3)時王舍城比丘尼，嫌世尊作如是言："看是斷事不平等，二人俱犯罪。"(《摩訶僧祇律》，0327a25)

(4)爾時營事比丘，自手斫樹折枝棄自摘花果，爲世人所嫌，作是言："汝等看是沙門，瞿曇無量方便毀呰殺生讚嘆不殺生，而今自手斫樹采華傷殺物命，失沙門法。"(《摩訶僧祇律》，0339a06)

(5)汝看沙門釋子，皆是年少同共剃髮，似如婬女迭相調戲，是輩敗人何道之有？(《摩訶僧祇律》，0348b01)

(6)汝等看此沙門釋種子，放逸無道，猶如俗人，本共交通，此壞敗之人，何道之有？(《摩訶僧祇律》，0349a02)

(7)見是事已，心大歡喜，即白王言："看我家福田神德如是。"王見已，心大歡喜。(《摩訶僧祇律》，0380a23)

9. 測試

答言："始還待我小息，須煮竟當與。"其家有机，讓比丘坐。即坐，小待復起，以指内釜中，看湯熱不。(《摩訶僧祇律》，0307c20)

10. 嘗試態助詞

(1)時王即自試咬指看，痛殊難忍。即便遣信敕語大臣："莫截彼指。"臣答王言："已截其指。"(《摩訶僧祇律》，0242b26)

(2)來已，當更行籌。行籌已，數看，若白籌多一不應唱言，多一應作是唱。(《摩訶僧祇律》，0333c27)

(3)時尊者優陀夷見鳥已，即語："長壽，借我弓箭，試我手看。"答言："可爾。"(《摩訶僧祇律》，0377a26)

東晉時期，"看"的用法就已經極爲複雜多樣了，其用法在西晉的基礎上又有了較大的發展。這一時期"看"的用法更加多樣，涵蓋面更爲廣闊，盡管有些用法尚未發展成熟，但至少説明了此時具備了産生這些用法的條件。同時，嘗試態助詞"看"在這一時期産生。

(四)中古時期"看"的用法的整體分布情況

由前面的分析可以看出,兩晉時期"看"的用法有了極大發展,嘗試態助詞"看"在這一時期也已經出現。我們在對兩晉時期"看"的用例分析的基礎上,對"看"在中古時期的整體狀況作出分析。在我們所選定的十六部文獻當中,"看"的用法如下表所示:

中古時期"看"用法表

用法＼文獻	以視綫接觸人或物	欣賞,觀賞	觀察	拜訪,看望	看護,看守	照顧,照料	治療	看待,對待	表提醒	測試	嘗試態助詞	其他
論	0	0	0	0	0	0	0	0	0	0	0	0
修	0	0	0	0	0	0	0	0	0	0	0	0
六	1	0	0	0	0	0	0	0	0	0	0	0
三	0	1	3	0	0	0	0	0	0	0	0	0
生	0	0	0	0	0	0	0	0	0	0	0	0
阿	6	1	2	0	0	1	0	0	1	0	0	3①
摩	141	21	18	26	0	72	65	1	23	1	3	1②
抱	0	0	2	0	0	0	0	0	0	0	0	0
世	28	9	0	10	0	1	1	0	0	0	0	0
觀	2	0	1	1	0	0	0	0	0	0	0	0
百	6	2	0	0	3	0	0	0	0	0	1	0
南	6	2	0	0	1	0	0	0	1	0	0	1③
高	23	0	0	0	0	3	0	0	0	0	0	0
顔	3	0	0	0	0	0	0	0	0	0	0	1④
齊	12	0	2	0	0	1	0	0	0	25	3	0
雜	35	0	0	1	0	1	1	0	0	0	0	0

由上面的表格可以看出,中古時期,尤其是南北朝以前,與漢譯佛經文獻

---

① 人名(難看王)用字。

② 用於"佛言:'此非法食,汝云何看是擾亂比丘僧而入舍心?'"其中的"看"似爲"依照"義。

③ 《南齊書·五行志》:"但看三八後,摧折景陽樓。"其中的"看"似爲"等待"義。

④ 作"口甘反"的被切字。

相比，中土文獻中"看"的用例相對較少，只有《摩訶僧祇律》中"看"的用例特別多。究其原因，一方面與佛經内容的需要有關，另一方面可能是《摩訶僧祇律》的口語性比較強。直到南北朝時期，中土文獻中"看"的用例才多了起來。據此，我們可以大致推測，從東晉開始，"看"開始由方俗語逐步走向通語。

（五）"看"的特點及其衆多義位之間的關係脈絡

"看"在中古前期迅速發展出多個義位，這些義位之間並非無章可循，其引申規律及各義位之間的關係如下圖所示：

"看"詞義引申規律及義位間關係圖

引申　　↗客體偏向於物體：欣賞/觀賞，看護/看守

看：以視綫接觸人或物————→客體偏向於人：拜訪/看望，照顧/照料，治療

　　　　　　　　　　　　　　　↗觀察→測試，嘗試態助詞

　　　　　　　客體偏向於事件：→看待/對待

　　　　　　　　　　　　　　　↘表提醒

"看"字從"目"，"看"這一動作的直接發出者是眼睛。"用視綫接觸人或物"是"看"的基本用法，這種用法的"看"在中古尤其是近、現代漢語一直是一個常用詞。"看"本是一個客觀的動作，"看"了不一定能"見"，此即所謂的"視而不見"、"熟視無睹"。由前文所舉例證也可以隱約看出：上文發出"看"這一動作，下文用"見"來表示"看"這個動作的結果；還有"看見"連文者。可見，"看"這個動作本身就包含着一個將然的結果：或者看見，或者看不見。我們知道，嘗試態助詞用來表示嘗試，對於嘗試者而言，其結果也是一個不得而知的將然事件。因此，"看"本身的語義特點爲嘗試態助詞"看"的形成奠定了語義基礎。

此外，"看"最初是用眼睛看，其客體一般是具體的人或物。"看"這個動作的發出也沒有一定的目的性，是一個比較客觀的動作。然而，"看"這一動作很快就與一定的目的性結合在一起，表示多種多樣的意思。如"看"帶有一定的目的性，那麽就有了"欣賞、觀賞"義，如果目的性更加强烈一些，則有"觀察"義，而"觀察"義一般是用於觀察一個事件、一個過程或一種現象，因此它的客體一般就超越了人或物，上升到了事件。然後目的性逐漸增强，則有了"拜訪、看望"、"看護、看守"、"照顧、照料"、"看待、對待"、表"提醒"、表"測試"等用法。但無論如何，這些意義都與"看"的本義的特質有着密切的關係，即"看"這個動作的結果一般而言都處於未知的狀態。

"看"帶有了目的性,有時就需要"看"再加上其他感官的相互配合才可以達到"看"的目的,而"看"這一動作較其他動作而言,更爲基礎,更爲顯而易見,因此一般用"看"來代表了一系列的活動,如聽覺、嗅覺、觸覺、感覺等,在視覺的基礎上又加入了其他感官的活動,此時"看"就包含了視覺、聽覺、嗅覺、觸覺、感覺等動作的結果,即我們通常所謂的"通感"。人本來就是一個複雜的感知體,往往並非單一地用某一個器官去活動,人體是一個相互協調,相互合作的系統,哪一部分的作用大,作用最明顯,就凸顯哪一部分的作用,從而以局部代整體。對於語言而言,它一方面可以使語言更加簡練,另一方面也使交際更容易理解。視覺可以看到的東西一般都是具象的事物,而其他的感覺器官所感覺到的一般都是抽象的事物。因此人們用具體代抽象,用眼睛發出的動作"看"代替了其他器官所發出的動作。

在中古時期,"看"的用法有十幾種之多,可見它的意義已經泛化。"看"作動詞,其出現的句法環境也在一步步地擴大。反過來,這種狀況又造成"看"的使用頻率越來越高。但無論"看"如何發展,它都有一個顯著的特點,即"看"這個動作包含着未知的結果。

嘗試態助詞"看"就是從"看"的典型用法"以視綫接觸人或物"義逐步虛化而來,只有了解了"看"的基本用法,才可以更清楚地看到"看"虛化的途徑。嘗試態助詞"看"的產生與"看"用法的不斷泛化、多義化以及適用範圍的不斷擴大有着密切的關係。

二　嘗試態助詞"看"形成的句法條件

由於"看"意義的泛化,導致了一系列用法的擴展。在這一部分,我們主要從句法形式方面來探討嘗試態助詞"看"形成的條件。"看"的典型用法是作句子的主要謂語動詞,表示"以視綫接觸人或物"義。在中古時期,"看"有時還用在連動式中的後一動詞,如[①]:

(1)汝可往看,實如夢不?(《阿育王傳》,0125b29)

(2)尊者,若不見信可自往看。(《摩訶僧祇律》,0238a27)

(3)我今當往,問訊世尊,并從佛去,過看親里。(《摩訶僧祇律》,

① 兩晉時期,嘗試態助詞"看"已經出現,因此我們僅從兩晉及以前的朝代中尋找例證。

0293c22)

（4）我當供養舍利，即歸語夫取斧折好薪積置一處，即便闍維舍利，在一面立看，見有四鳥種種異色從四方來，鳥身即自變白而去。（《摩訶僧祇律》，0478b28）

（5）吾近晨朝登樓觀看星宿，時見有一金色鹿王，乘空南來，凌虛北逝。（《摩訶僧祇律》，0229a15）

（6）鏡者，油中水中鏡中，不得爲好故照面自看。若病差照面自看病差不差，若新剃頭自照看淨不淨，頭面有瘡照看，無罪。（《摩訶僧祇律》，0494b15）

（7）上座法，當徐徐食，不得速食，竟住看，令年少狼狽，食不飽，應相望看。（《摩訶僧祇律》，0499c28）

（8）爾時須闍提比丘尼，是優陀夷本二，語優陀夷言："尊者，我明日當守房，可來看。"（《摩訶僧祇律》，0539c13）

其中"往看"出現的頻率最高。這種用法的"看"仍具有明顯的實在意義。我們發現在東晉以前，能進入這種連動關係的詞語一般是位移動詞。從東晉開始，能進入這種關係的詞語的範圍不斷擴展，它也可以是位移動詞以外的普通動詞。總之，這一時期可以構成這種"看"位於後一動詞的連動式的詞語有很多，如"往看、過看、立看、觀看、照看、住看、來看"等，而在這些用例中，"看"後有不少省略賓語者，如例（1）、（2）、（4）、（7）、（8），以及例（6）中的第二個"看"的用法等，這時"看"就位於句末了，從作謂語動詞的重要程度方面看，"看"可能已經不及其前面的動詞了。"看"所表示的意義逐步泛化，由充當主要謂語動詞的地位退到充當連動式的後一動詞；"看"前面的動詞也由最初的位移動詞發展到其他動詞。"看"位於句末的連動式爲嘗試態助詞"看"的形成奠定了句法基礎。

三　嘗試態助詞"看"形成的語用條件

語用也是嘗試態助詞"看"產生的重要因素之一。語言是一個動態系統，我們在使用語言的過程中，希望由詞語組合而成的句子可以發揮"整體大於部分"的功能，達到最佳的表達效果。

在嘗試態助詞"看"產生之前，如果要表達同樣的內容一般需更多的句子來描述這樣的想法,如果只用一個句子的話,則需要這個句子較爲複雜,至少是連動式,且其賓語一般來説不能省略。從語用方面看,它們也只是一般的敍述,没有什麽感情色彩在其中。我們知道,在表示嘗試這一動作之時,一般會有一個上下文語境,即先有一個預設的目的,然後發出嘗試這一動作。在大的語境之下,嘗試的對象没有必要説明,或者嘗試的結果没有必要一個一個地列舉出來。語境爲交際雙方所共享,一些基本的情境完全可以在語境中獲得,没有必要再用話語的方式把它們表述出來。嘗試態助詞"看"的出現,減省了句子的長度,但表達的語義含量却不減少。在不影響句子表義的前提下,説話人會試圖用盡量簡單的句子表達更加豐富的内容,這就是語言的"經濟性原則"。語用要講求字面意思,更要講求言外之意。嘗試態助詞"看"産生之後,它不僅僅是用來表示一種嘗試的狀態,也可以使整個句子顯得比較委婉。委婉的話語對於交際而言,更加容易讓人接受。

總之,語用也是嘗試態助詞"看"産生的重要因素之一。嘗試態助詞的産生可以給交際帶來更大的方便,在一定程度上滿足了語言交際的需求。它的出現是漢語表述功能提高的表現之一,也給漢語的表達增添了新的氣象。

第三節　嘗試態助詞"看"的用法及特點

在句法、語義、語用條件都具備之後,嘗試態助詞"看"産生。

一　中古時期嘗試態助詞"看"的用法

在我們所調查的十六部文獻中,除了上文提到的《摩訶僧祇律》中出現了嘗試態助詞"看"的用法外,《百喻經》、《齊民要術》中也出現了嘗試態助詞"看",其他十三部著作則未出現。具體用例如下[①]。

(1)時王即自試咬指看,痛殊難忍。即便遣信敕語大臣:"莫截彼指。"臣答王言:"已截其指。"(《摩訶僧祇律》,0242b26)

(2)來已,當更行籌。行籌已,數看,若白籌多一不應唱言,多一應作

---

① 爲了更好、更全面地描寫和分析中古時期嘗試態助詞"看"的用法及特點,我們把上文提及的《摩訶僧祇律》中的用例也放到了這裏來論述。

是唱。(《摩訶僧祇律》,0333c27)

(3)時尊者優陀夷見鳥已,即語:"長壽,借我弓箭,試我手<u>看</u>。"答言:
"可爾。"(《摩訶僧祇律》,0377a26)

(4)婦怪不語,<u>以手摸看</u>,謂其口腫。(《百喻經》,0554b14)

(5)片脯三宿則出,<u>條脯須嘗看</u>,味徹乃出。(《齊民要術·脯腊》,頁
579)

(6)石榴、懸鉤,一杯可下十度。<u>嘗看</u>,若不大澀,杬子汁至一升。
(《齊民要術·作菹、藏生菜法》,頁 666)

(7)數回轉使勻,<u>舉看</u>,有盛水袋子,便是絹熟。(《齊民要術·雜説》,
頁 240)

(8)良久,清澄,瀉去汁,更下水,復抖如初,<u>嗅看</u>,無臭氣乃止。(《齊
民要術·柰、林檎》,頁 298)

(9)<u>酘看</u>:豆黄色黑極熟,乃下,日曝取乾。(《齊民要術·作醬等法》,
頁 536)

以上九例是我們所選十六部文獻中嘗試態助詞"看"的全部用例。"看"用
在動詞或動詞短語之後,表示試一試。根據測試内容的已知程度來看,中古時
期嘗試態助詞"看"所表示的嘗試有如下三種情形:其一,説話人知道結果,而
聽話人不知道結果,要聽話人去嘗試,如例(3)。其二,嘗試的結果未知,但説
話人和聽話人知道其中會有哪些結果,要説話人或聽話人去嘗試到底是哪種
結果,如例(2)、(5)—(9)。其三,嘗試的結果完全未知,要説話人或聽話人去
嘗試會有什麽樣的結果,如例(1)、(4)。

由上面的例證可以看出,中古時期嘗試態助詞"看"出現的句法環境主要
是"V 看"式和"VO 看"式,且動詞都是單音節動詞,這一方面可能是與古漢語
複音詞,尤其是複音的動詞比近、現代漢語少得多有關;另一方面也可能與
"看"虛化程度不夠高有一定的關係,在其產生之初,它要求前面的謂語動詞爲
光杆動詞。我們查檢中古時期的文獻,連動式"V 看"與嘗試態助詞"看"都並
不多見,連動式的"V 看"與嘗試態助詞"看"的主要區別在於"看"的對象與前
面提到的内容是否一致,如果一致,則非嘗試態助詞,如果不一致,則爲嘗試態
助詞。張誼生(2002:20)指出:"現代漢語的'着、了、過、看'還没有徹底虛化,

還不是一種純粹的語法形式。"①確實如此,嘗試態助詞"看"並不是虛化到只有語法功能的地步,它還可以表示一個嘗試的狀態。

在中古時期,嘗試態助詞"看"還没有完全發展成熟,其使用範圍尚有一定的限制,近、現代漢語除了"V看"式和"VO看"式外(其中的"V"可以是單音詞,也可以是複音詞),還有"VC看"式、"V一V看"式、"VV看"式等。學者們關於中古以後嘗試態助詞"看"用法的論述頗多,觀點大體一致,兹不贅述。

二　"測試"義的"看"與嘗試態助詞"看"的關係

與嘗試態助詞"看"密切相關的還有"測試"義的"看",在我們所查檢的十六部文獻中,"測試"義的"看"較早出現於東晉時期,即上文提到過的《摩訶僧祇律》中的一例。除了這一例外,其他例證均見於《齊民要術》,如:

(1)日日常拔,看稀稠得所乃止。(《種葵》,頁181)

(2)微相入,殆無際會,自非向明舉而看之,略不覺補。(《雜説》,頁227)

(3)看附骨盡,取冷水净洗瘡上,刮取車軸頭脂作餅子,著瘡上,還以净布急裹之。(《養牛、馬、驢、騾》,頁411)

(4)一團則得五遍煮,不破。看勢兩漸薄,乃削研,用倍省矣。(《養羊》,頁433)

(5)看麥多少,分爲三分:蒸、炒二分正等,其生者一分,一石上加一斗半。(《造神麴并酒》,頁489)

(6)三七日麴成。打破,看餅内乾燥,五色衣成,便出曝之;如餅中未燥,五色衣未成,更停三五日,然後出。(《笨麴并酒》,頁505)

(7)嘗看之,氣味足者乃罷。(《笨麴并酒》,頁506)

(8)看釀多少,皆平分米作三分,一分一次。(《笨麴并酒》,頁511)

(9)夏一宿,春秋再宿,冬三宿,看米好消,更炊酘之,還泥封。(《笨麴并酒》,頁511)

(10)看有裂處,更泥封。(《笨麴并酒》,頁513)

(11)五六日後,以手内甕中,看冷無熱氣,便熟矣。(《笨麴并酒》,頁

---

① 參張誼生《助詞與相關格式》,頁20。

514)

（12）七日，看黄衣色足，便出曝之，令乾。（《黄衣、黄蒸及藥》，頁
532）

（13）三四日，看米消，攪而嘗之，味甜美則罷；若苦者，更炊二三升粟
米投之，以意斟量。（《作酢法》，頁551—552）

（14）經宿，看餅漸消盡，更作燒餅投。（《作酢法》，頁552）

（15）熟豬肉肥者一升，細琢，酢五合，蔥、瓜菹各二合，薑、桔皮各半
合，魚醬汁三合，看鹹淡，多少鹽之適合。（《炙法》，頁619）

（16）豬肉鮓法：好肥豬肉作臠，鹽令鹹淡適口。以飯作糝，如作鮓法。
看有酸氣，便可食。（《炙法》，頁620）

（17）冬須竟日，夏即半日許，看米消減離甕，作魚眼沸湯以淋之，令糟
上水深一尺許，乃上下水洽。（《錫餔》，頁675）

（18）候皮爛熟，以匕瀝汁，看末後一珠，微有黏勢，膠便熟矣。（《煮
膠》，頁679—680）

（19）看皮垂盡，著釜焦黑，無復黏勢，乃棄去之。（《煮膠》，頁680）

以上是《齊民要術》中"看"表"測試"義的全部用例。目前學者們一般認爲
嘗試態助詞"看"來自於表示"測試"義的"看"，"測試"義的"看"是其虛化爲嘗
試態助詞的前一步驟，所舉例證也大多出自《齊民要術》。然而就我們的調查
來看，嘗試態助詞"看"的出現時間並不比表"測試"義的"看"晚，因此嘗試態助
詞"看"不一定直接來源於表"測試"義的"看"。我們更相信嘗試態助詞"看"的
直接來源是表"觀察"義的"看"，但表"測試"義的"看"的出現，在某種程度上加
速了嘗試態助詞"看"的發展。

"測試"義的"看"與嘗試態助詞"看"有着密切的關係，"看"用於非句末爲
"測試"義，而且此時"看"的賓語已經是一個事件或者是抽象的事物，一般而言
具有兩種或兩種以上的結果；用於句末則爲嘗試態助詞。

三　嘗試態助詞"看"的地域問題

漢語史研究中一旦涉及到方言地域，問題往往較爲複雜。原因在於歷史
語料本身存在着諸如文獻時代、地域，作者的經歷及寫作風格等問題，當時語
言的確切情況已不可見，更不要說各個方言的語音了。現代方言的運用也只

能是一種輔助手段,不能提供直接的證據。因此,在嘗試態助詞"看"的地域問題上,我們應該謹慎地對待。

上文提及南宋項安世在《項氏家説》中曾經指出:"俗間助語多與本辭相反,……蓋北人之語句末多用'看'字。"項氏用了"俗間"、"蓋"、"多用"等詞語,實際上他的論述只能説明在當時的南方方言中可能不經常用,而不能説明不用。《宋史·項安世傳》:"項安世字平父,其先括蒼人,後家江陵。"[①]這説明項安世是南方人,且項氏曾任紹興府教授、秘書省正字、校書郎兼實録院檢討官、户部員外郎、湖廣總領等官職,活動於南方,《項氏家説》中的看法大概不是空穴來風。嘗試態助詞"看"在當時可能是一個口語詞,南北方都在使用,而北方更多見。

四　"瞻視"義動詞與嘗試態助詞

龍國富(2004:289-290),蔣冀騁、龍國富(2005)曾經提及既然"測試"義的"看"可以發展成爲嘗試態助助詞,爲什麽"看"前面的"試"反而不能? 正如兩位先生所説,"試"的實在意義"嘗試"太濃烈了,且較爲常用,不具備語法化爲嘗試態助詞的條件[②]。然而在這一問題上,我們不僅要考察"嘗試"義動詞與嘗試態助詞的關係,還應該考察"瞻視"義動詞與"看"以及與嘗試態助詞的關係。

(一)"視"與"看"

上古時期,"用眼睛看"這一動作一般用"視"來表示。爲什麽古已有之的"視"没有發展出嘗試態助詞的用法,而中古時期剛剛發展起來的"看"却虛化爲嘗試態助詞? 原因恐怕在於上古時期不具備產生嘗試態助詞的條件:其一,粘合型連動式比較少見,要表示連動關係,兩個動詞之間經常要用連詞(如"而"、"以"等)來連接,這種連動式中每一個動詞的動作性都比較强烈。其二,漢語動補式尚未出現。其三,上古漢語以單音節詞爲主。如此等等。這些因素中除了第一條與嘗試態助詞的產生有着直接的關係外,其他因素均爲輔助條件。

然而從兩漢開始,兩個動詞連用中間也可以不用加任何連詞,粘合型連動

---

①　參《宋史》,頁 12088。

②　參龍國富《姚秦譯經助詞研究》,頁 289-290;蔣冀騁、龍國富《中古譯經中表嘗試態語氣的"看"及其歷時考察》,《語言研究》2005 年第 4 期,頁 62。

式越來越普遍,漢語動補式的產生,加之漢語複音詞大量增加等,這些因素使得動詞"看"位於後一動詞成爲便利,成爲一種比較合乎語言規則的普通現象。如果一句話中有兩個動詞,那麼位於後一動詞的意義逐漸變虛,這時就具備了產生嘗試態助詞的條件。

到了魏晉時期,雖然具備了產生嘗試態助詞的條件,而"視"又面臨着被"看"替代的境況。關於"看"對"視"的替換,汪維輝(2000:118—130)曾做過較爲細緻的研究,他指出:"'看'最早見於《韓非子》,但先秦僅此一例,此後在整個西漢和東漢的上半葉文獻用例都罕見。從漢末起例子才逐漸增多,到三國時,在各類文體中已用得較爲普遍,可以推斷,當時的口語早已是説'看'而不説'視'了。晉代以後,'看'的詞義和用法又有了新的發展,用例繼續猛增,在文學語言中也逐步取代'視'而占據了主導地位。"[1]然而根據我們的調查,大概從兩晉以後,"看"才逐漸在口語中取代了"視"。同樣以我們所選定的十六部文獻來看中古時期"看"與"視"的使用情況,其結果如下表所示:

中古時期"看"與"視"的用例情況表

文獻 \ 用例	東漢		魏	西晉			東晉		南北朝							
	論	修	六	三	生	阿	摩	抱	世	觀	百	南	高	顏	齊	雜
視	90	14	47	96	30	8	75	73	37	17	3	69	43	8	13	8
看	0	0	1	4	0	15	373	2	49	4	12	11	26	4	43	38

由此表可以看出,似乎在東晉及以前,"看"的使用頻率還要比"視"低一些。從東晉以後,在這狀況就有了很大的改變。魏晉時期,古已有之的"視"雖然沒有完全爲"看"所取代[2],但在口語中似乎也已經沒有太大的發展潛力了,嘗試態助詞的重任就落到了"看"身上。

還有一點值得注意,"看"雖然是對"視"的替換,但却在"視"的基礎上又有所發展。"視"的賓語一般不經常省略,而"看"的賓語却經常省略,"看"處於句末,這就在句法上爲其虛化爲嘗試態助詞提供了一定的便利。可見,常用詞的興替也並不僅僅是簡單的詞語替換,而是在繼承的基礎上又有發展,是語言系

---

① 參汪維輝《東漢—隋常用詞演變研究》,頁118—130。

② 由此看來,在中古時期,"看"還沒有完成對"視"的替換,嘗試態助詞"看"的用法少見的原因不言而喻。隨着"看"對"視"的替換,以及看的用法的進一步發展、成熟,在中古以後,嘗試態助詞"看"逐漸增多且趨於成熟。

統的調整、發展和演變。

(二)"見"與"看"

"見"在中古時期也是個常用詞,也是眼睛所發出的動作。在上古及中古前期,"見"與"視"是眼睛所發出動作的常用詞,但二者各有分工,"視"表示一個寬泛的動作,而"見"一般用來表示有結果的"視"。到了中古時期,隨着"看"的出現以及"視"的式微,"看"與"見"這兩個表示用眼睛看的比較常見的詞語繼續維繫着上古及中古前期"視"與"見"的平衡。雖然"看"與"見"都是眼睛所發出的動作,然而"見"不具備虛化爲嘗試態助詞的條件。因爲"見"一般而言是一個已然的動作,"見"的對象已經知道。此外,按照動作發生的時間先後順序,必然是"看"在先,"見"在後。"看"是前提,"見"是結果。即"看"不知道結果,一旦"見"了,則有了結果。對於嘗試態助詞而言,要去嘗試,必然是不知道結果。因此與"看"相比,"見"虛化爲嘗試態助詞的條件並不成熟,要發展成爲嘗試態助詞的話,顯然是"看"更加合適。

(三)其他"瞻視"義動詞與"看"

上古和中古時期表示"瞻視"義的詞語不止是"視"、"見",除此之外,還有一些其他的詞語,隨意翻檢《説文·目部》都可以找到很多類似的詞語,如:

相:省視也。

省:視也。

眆:恨視也。

眑:目冥遠視也。

眈:視近而志遠。

䀹:左右視也。

眝:長眙也。

眮:直視也。

眙:直視也。

䀩:蔽人視也。

䁈:吴、楚謂瞋目、顧視曰䁈。

睊:視貌。

睎:望也。

睇:目小視也。

睹:見也。

奭：目袤也。

睨：袤視也。

瞗：仰目也。

睒：暫視貌。

眢：省視也。

睼：迎視也。

䁽：短深目貌。

督：低目謹視也。

奰：舉目驚奰然也。

瞥：轉目視也。

瞫：深視也。

矊：小視也。

瞿：鷹隼之視也。

瞻：臨視也。

瞜：視也。

此外，《說文·見部》也有一些此類的詞語，茲不贅舉。有如此多分工細緻的"瞻視"義詞語，不僅加重了語言系統本身的負擔，也加重了人們記憶的負擔。因此在後代，這些詞語或者消亡，或者成爲書面語詞。這大概也是"看"所表達的內容一再增加、詞義一再泛化的原因之一。

以上種種原因顯示，與"看"相比，其他"瞻視"義動詞發展爲嘗試態助詞的條件均不成熟，只有"看"具備了發展成爲嘗試態助詞的基本條件。

第四節　小結

嘗試態助詞"看"的形成，從語義上看，是由於其本身用法的不斷泛化以及詞義本身的特點所造成。嘗試態助詞"看"在語義方面的直接來源恐怕是"觀察"義而非"測試"義。從句法形式上看，"看"構成"V 看"式後，其用法更加泛化，進而使"看"的客體發生了變化，其客體不再是客觀、具體的事物了，而是一個未知的事件或抽象事物。從語用上看，在語言的經濟性原則以及人類認知的驅動下，嘗試態助詞"看"産生。嘗試態助詞"看"發展演變的主綫如下圖所示：

嘗試態助詞"看"發展演變主綫圖

引申　　　↗非句末："測試"義動詞

看(動詞,其結果未知)───→觀察

　　　　　　　　　↘句末:嘗試態助詞

　　由上文的論述可知,"看"有着複雜的引申關係,上圖僅顯示了與嘗試態助詞"看"的形成密切相關的引申主綫。總之,嘗試態助詞"看"産生於中古,成熟於近代,沿用至現代。

第九章　中古漢語助詞系統及特點

由上文的論述可知，中古時期已經形成了相對完善的漢語助詞系統。與上古及近、現代漢語助詞相比，中古漢語助詞次類經歷了比較大的變動，這是中古漢語助詞最顯著的特點。

第一節　中古漢語助詞系統

在中古時期，漢語助詞發生了比較大的變動。雖然有些次類還沒有發展成熟，但相對完善的漢語助詞系統在中古時期已經產生。漢語助詞系統在後代不斷完善，最終形成了現代漢語助詞系統現有的格局。

一　中古漢語助詞系統概況

中古時期，漢語助詞系統由結構助詞、語氣助詞、表數助詞、列舉助詞、動態助詞、事態助詞和嘗試態助詞構成，共計四十九個助詞。各類助詞在助詞系統中的分布狀況大體如圖所示（見下頁）。

中古時期，句首語氣助詞和句中語氣助詞是即將消亡的助詞次類。結構助詞、句末語氣助詞、表數助詞和列舉助詞都是承襲上古而來，在中古依然活躍的助詞次類。動態助詞、事態助詞和嘗試態助詞則是中古新產生的助詞次類。

二　中古漢語助詞各次類大體狀況

助詞是一個封閉的詞類，以下分別就每一類助詞的具體使用情況作出說明。

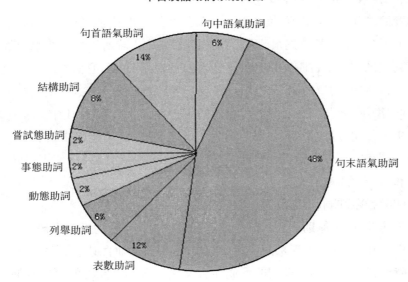

中古漢語助詞系統簡圖

句首語氣助詞　句中語氣助詞 6%　句末語氣助詞 48%

14%

結構助詞 8%

嘗試態助詞 2%

事態助詞 2%

動態助詞 2%

列舉助詞 6%

表數助詞 12%

（一）結構助詞

中古時期的結構助詞有"之"、"其"、"者"、"所"四個。結構助詞"之"的典型用法是用來連接定語和中心詞，有其存在的必要性。"者"和"所"各有分工，用來構成名詞性短語，作爲結構助詞，它們在中古時期還具有很強的生命力。結構助詞"其"一般而言只是爲了構成某種結構，多用於詩歌當中湊足音節。隨着社會的發展，在中古時期，結構助詞"其"就已經處於消亡的境地。

（二）語氣助詞

中古時期，句首語氣助詞和句中語氣助詞正在消亡。相比較而言，句首語氣助詞消亡的速度要比句中語氣助詞要緩慢一些。句中語氣助詞幾乎都化石化了，它們的運用是一種偶爾的、書面的行爲。句末語氣助詞較上古時期多了很多，占了語氣助詞的絕大部分，即使是在整個助詞系統中它也占了很大的比重。然而真正活躍在中古時期的句末語氣助詞卻並沒有那麼多。

中古時期，真正活躍的句末語氣助詞有"也"、"矣"、"乎"、"哉"、"耶"、"耳"、"否"、"而已"幾個。"那"、"未"、"非"、"無"是中古新産生的句末語氣助詞。句末語氣助詞"那"在後代寫作"哪"，具有一定的生命力。"未"、"非"、"無"雖然是中古新産生的句末語氣助詞，但它們的生命力並不旺盛，隨着時間的推移，在近代初期被"麼"所取代。

(三)表數助詞和列舉助詞

"餘"、"有"、"第"、"所"是沿用上古而來的表數助詞,除了"所"外,其他三個表數助詞在中古時期依然很活躍。"許"、"數"是中古時期新產生的表數助詞。

列舉助詞在中古時期只有"云"、"云云"和"等"三個,它們都是承襲上古而來。上古時期,列舉助詞"云"、"云云"要比"等"更常見一些。在上古和中古前期,列舉助詞"云"、"云云"和"等"它們的用法各有分工,都有其存在的必要性。到了中古後期、近代初期,列舉助詞"等"迅速發展,其功能逐步擴展到了列舉助詞"云"和"云云"。隨着列舉助詞"等"用法的擴展以及廣泛使用,列舉助詞"云"和"云云"逐漸消失。

(四)動態助詞、事態助詞和嘗試態助詞

動態助詞、事態助詞和嘗試態助詞都是中古新產生的助詞次類。

中古時期,漢語動態助詞雖然已經出現,但整體而言其發展並不成熟。而中古時期對於漢語動態助詞的形成而言又是一個極爲關鍵的歷史時期,很多詞語在此時都有發展成爲動態助詞的趨勢。如"已"、"訖"、"畢"、"竟"、"了"、"着"等,在中古時期都與其動詞的用法有了區別,有發展成動態助詞的趨勢。直到近代,它們才發展出動態助詞的用法,但大部分都不典型,除了"了"、"着"在近代前期有一些用例外,其他詞語都慢慢地消失了。"終"、"盡"雖然具備了一定的形成動態助詞的語義及句法條件,但它們始終未能發展成爲動態助詞,直接被扼殺在搖籃中。中古時期新產生的動態助詞只有"得"一個,用例不多見,也尚未完全發展成熟。

事態助詞只有一個成員——"來"。事態助詞"來"在中古剛剛產生,還沒有廣泛的口語基礎,但其生命力較强,中古以後不斷發展,逐步走向成熟,一直沿用到現代。

嘗試態助詞也只有一個成員——"看"。與事態助詞"來"一樣,嘗試態助詞"看"在中古剛剛產生,也還沒有廣泛的口語基礎。中古以後,嘗試態助詞"看"迅速發展,一直沿用到現代。

動態助詞、事態助詞和嘗試態助詞有一個共同特徵,即這些助詞的動作性都相對强烈一些,其語法化並不徹底,這也許是漢語形態不發達的表現之一。動態助詞用於謂詞後,主要用來表示動作的狀態,是就詞組層面而言;事態助詞用於句子或小句後,是就句子層面而言;而嘗試態助詞與動態助詞和事態助詞都有一定的相似性,但又有些不同:嘗試態助詞雖然與動態助詞一樣,其語

義指向動詞，但它又可以不像動態助詞那樣緊挨動詞，它可以構成"VO看"式以及"VC看"式等；嘗試態助詞雖然可以像事態助詞那樣與前面的謂語動詞用其他成分（如賓語、補語等）分開，位於句末，但它的語義主要是指向動詞。可見，動態助詞、事態助詞和嘗試態助詞三者之間既有聯繫又有區別。

　　總之，與現代漢語助詞系統相比，中古時期漢語助詞系統應有的次類都已經比較完備，只是有些次類（如動態助詞、事態助詞和嘗試態助詞）尚未發展成熟。

三　中古漢語助詞的歷史層次

　　本書共論述了存在於中古時期的助詞四十九個，然而這些助詞並非屬於同一個歷史層面，真正活躍在中古時期的助詞其實並不多。它們各有分工、各司其職。張誼生（2002：7）曾把現代漢語助詞分爲"典型成員"和"非典型成員"[1]。可見他意識到了現代漢語助詞之間的地位並不一樣。就中古漢語助詞而言，有些助詞剛剛產生，還沒有"典型成員"與"非典型成員"之別，因此我們使用了"活躍成員"與"非活躍成員"這一對範疇來表示中古漢語助詞的大體情況。"活躍成員"是口語基礎較強、用例較多的成員，而"非活躍成員"則是正在消亡或剛剛產生、用例較少的助詞。按照助詞在中古時期的活躍程度，我們做出如下表格：

中古漢語助詞使用情況表

詞類＼詞目		中古漢語助詞	
		活躍成員	非活躍成員
結構助詞		之、者、所	其
語氣助詞	句首語氣助詞	Ø	夫、蓋、唯/惟/維、且、故
	句中語氣助詞	Ø	也、乎、兮
	句末語氣助詞	也、矣、乎、耶、哉、耳、否、而已	諸、邪、與、歟、焉、爾、已、夫、兮、爲、那、不、未、非、無
表數助詞		餘、許、數、有、第	所
列舉助詞		云、等	云云
動態助詞		Ø	得
事態助詞		Ø	來
嘗試態助詞		Ø	看

----

①　參張誼生《助詞與相關格式》，頁 7。

由上表可知,真正活躍於中古時期的助詞大概只有十幾個,中古漢語助詞系統是一個比較簡潔的系統。

第二節　中古漢語助詞的特點——次類變動大

中古時期,漢語助詞最顯著的特點是次類變動大。

一　中古時期是漢語助詞變動的關鍵時期

中古時期是漢語助詞產生變動的關鍵時期,我們以動態助詞爲例對此加以説明:

中古有近六百年(東漢魏晉南北朝隋)的歷史。在這六百年裹,漢語詞彙、語音發生了很大的變化,語法雖然變化不大,但也有一定的發展。我們在語料的選取上兼顧了中古從東漢到南北朝的各個歷史階段,統計數據表明:東漢魏晉之時,連動式所占的比重還不是很大。到了南北朝,這種用法明顯增多。可見,大概是從魏晉南北朝開始,漢語動態助詞就已經開始萌芽,而且隨着時間的推移,連動式使用越多,動態助詞的特徵越明顯,這同樣也可以説明動態助詞的產生與連動式有着密切的關係。中古時期是漢語動態助詞萌芽、發展的重要階段,顯示出一種語言現象在產生初期的複雜狀況。很快,動態助詞在近代時期得到了規範,逐漸穩定在某些詞語身上,與其相應的語言表達相適應,並繼續在適應中不斷變化、發展。漢語動態助詞的產生有着多方面的因素,既有語言内部的因素,也有語言接觸帶來的影響。這些因素相互影響、相互作用,最終促成漢語動態助詞的產生、發展以及逐步完善。

在漢語動態助詞的產生過程中,中古時期是漢語動態助詞形成的一個極爲關鍵的時期。盡管本書所討論的動態助詞有些在中古僅處於萌芽狀態,還有些則始終沒有發展成爲動態助詞,但對它們的研究在漢語史中却有着重大的意義,它一方面可以使我們在一個發展演變的系統中看問題,另一方面也可以使我們看出語言系統自身的偉大之處。

二　中土文獻在捍衛詞語傳統用法中的作用不可低估

上古時期(尤其是先秦時期),大體言文合一,先秦和漢朝的散文,質樸自由,以散行單句爲主,不受格式拘束,有利於反映現實生活、表達思想。中古時期雖然去古未遠,但文人作品發生了言文脱節的現象,駢文盛行,講究排偶、辭藻、音律、典故等。駢文中雖也不乏優秀之作,但大體上是形式僵化、内容空虛的作品,流於對偶、聲律、典故、詞藻等形式,華而不實,不適於用。盡管我們選擇的文獻大部分都是當時口語性較强的文獻,但還是無法保證其完全口語化寫作。

中土文獻反映了比較純正的漢語,它在捍衛漢語傳統用法的過程中起到了不可低估的作用。然而這種現象一方面維持了語言的穩定性,另一方面也在某種程度上阻礙了語言的發展。由前面的統計表格可以看出,中土文獻在傳統用法上的數量明顯多於漢譯佛經文獻,而漢譯佛經文獻往往在新用法上相對多見。當然,中土文獻對捍衛經典用法的作用也並非一成不變,很多新的現象也會在中土文獻(尤其是一些口語性較强的中土文獻)中有所體現。

三　漢譯佛經文獻在一定程度上促進了新的語言現象的産生

從東漢開始,漢譯佛經文獻出現,它爲了滿足廣大人民群衆的要求,語言較爲口語化,是漢語史研究中不可或缺的文獻材料,由此萌芽、産生了很多新的語言現象。遺憾的是,漢譯佛經文獻近二、三十年才逐漸引起學者們的關注。近些年來,以漢譯佛經文獻爲對象的研究突破了許多以前僅靠中土文獻無法解釋的語言現象,爲漢語史研究注入了新鮮的血液。如朱慶之《佛典與中古漢語詞彙研究》“首次對漢文佛典語料做了由微觀到宏觀,由共時到歷時這樣比較全面系統的研究,這是難能可貴的”①。方一新、曹廣順、遇笑容師、俞理明、朱冠明、龍國富、高列過等一些學者也都在漢譯佛經研究方面有所創獲。

因此,在對中土文獻研究的同時,如果能同漢譯佛經文獻結合起來,就會發現很多僅靠中土文獻無法解決的問題。例如源自“完結”義的形成中的動態助詞的産生,在很大程度上與佛經翻譯有關。在相關的研究當中,如果能把中土文獻與漢譯佛經文獻結合起來考察,相互補充、相互映證,這將會使我們的研究更加全面、更加科學。

綜上,助詞本身有其鮮明的特點自不必説。單就中古這一時期的漢語助詞而言,其最大的特點就是助詞次類變動大,爲上古及近、現代漢語所遠不能及。

---

① 參方一新、王雲路師《讀〈佛典與中古漢語詞彙研究〉》,《古漢語研究》1994 年第 1 期,頁 11。

第十章　理論探索

　　在對中古漢語助詞研究的過程中，我們所遇到的不僅僅是一個個助詞的實例，還遇到了一系列的理論問題。在當今整體學術背景下，我們在對中古漢語助詞的面貌進行描寫和分析的同時，還很有必要在此基礎上作出一些理論方面的思考。理論是在實踐的基礎上總結而來，再用以指導實踐。任何研究都必須有一定的理論作爲依據，然而理論又要在實踐中得到檢驗，並在實踐中再提取出新的理論，周而復始，循環往復。

　　就對現代語言學理論方面的探討而言，國外起步相對較早，成果也相對要多一些。國外語言學理論的蓬勃發展給我們帶來一些啓示，它不僅使我們在看待語言現象時多了一些新的視角，也使我們在研究的過程中更加自覺地進行理論方面的探索。然而國外語言學理論大多是在印歐語的基礎上提煉而成，印歐語與漢語有着很大的差異，印歐語是曲折語，具有豐富的形態變化，而漢語則是典型的孤立語，一般不是通過詞語的内部形態變化來表達語法意義，而是通過虛詞和詞序來表達語法意義。加之雖然國外語言學理論研究已經有了很長的一段時間，但它還存在很多值得進一步完善之處，也不能説是完全成熟的語言學理論。因此，我們在運用國外語言學理論指導漢語語言實踐的過程中，就會顯示出形形色色水土不服的狀況。這就要求我們在參考國外語言學理論的同時，必須考慮到漢語自身的特點，積極探索，努力尋求立足於漢語的語言學理論研究之路。

　　本章在中古漢語助詞研究實踐的基礎上，對與之相關的理論和方法進行評述，並提出一些淺薄之見。

第一節 語言演變如何發生

　　1912年,法國語言學家 Meillet 提出了一系列富有挑戰性的問題,其中之一就是"語法化是如何發生的?"①我們在這裏將討論的範圍擴大,探討語言演變如何發生。語言演變是多種因素共同作用的結果,即使我們窮其所想恐怕也不能完全把語言演變的原因一一列舉。盡管如此,我們在此依然試圖對幾種可能導致語言演變的因素加以討論。

一　語言習得

　　在語言習得的過程中可能會導致語言發生演變,試看下圖:

語言演變模型圖②

　　由上圖可知,在語言習得的過程中,語言習得者由於對所習語言不熟悉,就有可能導致所習語言發生改變。在研究語言習得的過程中,一般把兒童作爲研究對象,因爲他們認爲單純地研究兒童的語言習得可以排除諸如語言接觸帶來的語言變化等。然而現在越來越多的學者傾向於把成年人也計算在語言習得者的行列之內,但相對兒童而言,成年人的語言習得對語言演變的貢獻要小一些。當然,對於古漢語研究而言,現在去古已遠,我們只能將語言習得的成

---

　　① 參[法]Meillet, *L' évolution des formes grammaticales*, Scientia(Rivista di Scienza)1912, no. 26,6。
　　② 此圖爲[美]Anttila1989 年所作。轉引自[美]Hopper & Traugott, *Grammaticalization*, Cambridge University Press,2003:p. 41。

果作爲解決問題的思路之一,而不太可能有直接的實驗證據了。

二　語言接觸

語言接觸理論告訴我們:在一定條件下,一種語言或方言會受到另外一種或幾種語言或方言(尤其是强勢語言或方言)的影響,從而發生變化。民族之間的貿易往來、文化交流、移民雜居、戰爭征服等各種形式的接觸,都有可能帶來語言的接觸。

(一)漢語史中的語言接觸研究

近年來,語言接觸研究逐漸成爲熱門,很多學者極力呼籲且身體力行,使我們對這種理論與方法逐漸有了較爲深入的了解。

就漢語語法史中的語言接觸來説,目前的研究主要集中於由語言接觸引發的語言演變所造成的結果,並進一步探討其形成的機制。研究的熱點是中古(東漢至六朝)漢譯佛經和元白話這兩個階段。圍繞着中古譯經語言對中古漢語的影響和元代蒙古語對北方漢語乃至整個漢語的影響,近年來已有不少的成果發表。但總的來看,整個研究還處於剛剛起步的狀態,對包括中古譯經和元代蒙古語在內的語言接觸過程究竟給漢語帶來了哪些語法改變,還缺乏深入的了解。所以,目前加強漢譯佛經、元代白話研究,挖掘語法歷史發展中的外來影響,是漢語語法史中的語言接觸研究的基礎。只有在發現事實的基礎上,才可能對其產生的機制,社會歷史條件與影響程度的關係等諸多問題加以討論。目前國內已經有了一些對漢譯佛經的梵漢對勘研究,和對元代白話文獻與蒙古語的比較研究,也開始了對其中特殊語法現象形成機制的探討。今後除了繼續進行這方面的研究之外,還應該更緊密地與漢語語法的歷史發展結合起來,探討作爲一種動因,語言接觸引發了漢語的哪些變化,這些發展變化是如何發生的,變化過程中它是如何與其他動因交互作用的。這些研究會對進一步揭示漢語語法發展的過程和規律有所幫助。[①]

以上是就漢語語法史中的語言接觸研究的論述。同樣,語言接觸對於語

---

① 參遇笑容師、曹廣順、祖生利主編《漢語史中的語言接觸問題研究·前言》,頁1。

言其他因素的影響也非常大,尤其是在詞彙方面。語言接觸理論使我們在漢語史研究中有了新的理論作爲參考。

(二)同一種語言内部不同方言之間的接觸

在同一民族内部,由於地域的不同,其語言會表現出很大的差異。北朝顏之推《顏氏家訓·音辭》就曾對此有過深刻的見解:

> 夫九州之人,言語不同,生民已來,固常然矣。……南方水土和柔,其音清舉而切詣,失在浮淺,其辭多鄙俗。北方山川深厚,其音沈濁而鈋鈍,得其質直,其辭多古語。然冠冕君子,南方爲優;閭里小人,北方爲愈。易服而與之談,南方士庶,數言可辯;隔垣而聽其語,北方朝野,終日難分。而南染吳、越,北雜夷虜,皆有深弊,不可具論。①

因此,我們研究語言的歷時發展,僅僅憑藉當時流傳下來的書面材料的確難以準確地分析出當時的語言狀況。面對語言當中這些紛繁複雜的狀況,我們不得不更加謹慎。

就我們的中古漢語助詞研究而言,地域差異最明顯的表現可能是南北方語言的差異,然而在這方面我們却没有太多的發現。可見,我們在地域、方言方面的研究還非常薄弱,很多語言現象尚待挖掘。

(三)不同語言之間的接觸

在本民族語言的發展過程中,也會受到外族語言的入侵。外族語言對本族語言的影響在很大程度上表現在詞彙方面,語音方面的影響不會太大,語法方面的影響可能小於詞彙而大於語音。以我們的中古漢語助詞研究爲例,從東漢初期開始,隨着佛教的傳入以及翻譯佛經活動的開展,給我們的語言帶來了極大的影響。我們在進行中古漢語研究的過程中不得不考慮這些因素,從上文的論述中可以發現,漢譯佛經文獻與中土文獻在語法方面有時也確實存在着一定的差異。日本學者太田辰夫曾經有過這樣的論述:

> 中國文藝的諸形態多發源於民間,一經知識人吸取並獲可嘉的發展便逐漸僵化而死亡,這在文學史上有一致的見解。語言也同樣,常常是新

---

① 參顏之推《顏氏家訓》,頁529—530。

的因素從民衆間産生，開始作爲卑俗的東西，筆下自不必説了，就是口頭上也很少用。但不久成爲普通話，成爲文學語言，隨之便死亡了。因而在給語言輸入新的生命力方面起作用的，正是那些在異民族鐵蹄下挣扎的被遺棄的民衆及作爲統治者的異民族自身。①

由此可見，我們在研究漢語史之時，不僅要考慮民族内部由於地域的不同而産生的差異，還要考慮外族語言對漢語的影響，尤其是在某些民族融合或對外關係非常密切的歷史時期，語言的接觸及融合也會更爲明顯。

(四)語言接觸理論簡評

在國内，語言接觸也是剛剛興起的研究領域，爲我們的語言學研究提供了一個新的視角，它可能會使一些長期以來僅靠本族語言無法解決的語言現象迎刃而解。然而在研究過程中，學者們在尋找兩種或多種語言確切的匹配對象時，有時會顯得困難重重，對此也需要格外謹慎。此外，語言接觸研究對研究者的要求也很高，它要求研究者對可能發生接觸的兩種或多種語言具有相當的熟悉度，只有這樣才會得出較爲恰當、公允的結論。

三　語言求新

在使用語言的過程中，追求新穎是人們的一種傾向，而這種求新的過程也可能會導致語言發生演變。比如語言中的一些用法最初是爲了求新，在某個或某些人中間使用，後來其他人也覺得這種説法新鮮，隨即跟風，久而久之，最終固定下來，從而導致語言發生變化。

四　社會因素

語言具有社會性，有些語言變化是由社會因素所造成。關於語言的社會性，國外學者對其關注還不夠，雖然大概在二十世紀六十年形成了社會語言學，但它一直以來都是比較邊緣的學科。在我國，社會因素常常是語言研究者考慮的因素之一。可以影響語言發展的社會因素很多，如性別、年齡、受教育程度、宗教信仰、族群等等都會對語言産生影響。此外，國家的政策對語言也

---

① 參[日]太田辰夫《關於漢兒言語——試論白話發展史》，載遇笑容師、曹廣順、祖生利主編《漢語史中的語言接觸問題研究》，頁 19。

有一定的影響,例如在分析句末語氣助詞"無"時,我們曾提及國家的政策對其使用及規範的問題。

　　綜上,語言是人類特有的交際工具,它在人類活動中産生,在人類活動中演變。離開了人類活動,語言恐怕既不能産生,更不能演變。人類活動和語言之間有着相互依存、不可分割的密切關係。就以上所討論的可能導致語言變化的四個因素而言,無一例外地與人類活動有關。英國語言學家 Croft 曾説:"Language don't change; people change language. "①(語言没有變化,人類改變了語言。)雖然這句話本是反對語言演變説的一個比較極端的説法,但在某種程度上也不無道理,它至少可以告訴我們:語言本是一種客觀存在的現象,只是因爲有了人類活動,才會使其産生、發展、演變。

第二節　語法化理論述評

　　在諸多現代語言學理論當中,與中古漢語助詞研究關係最爲密切的是語法化理論。

一　語法化理論簡介

　　語法化思想大約萌芽於十九世紀前後,代表人物是德國學者 Wilhelm von Humboldt。到了十九世紀末期,語法化研究的基本範式就已經産生,只是在當時尚缺乏對這一研究範式本身的命名。"語法化"(Grammaticalization)這一術語則是在二十世紀初(1912 年)由法國語言學家 Antoine Meillet 提出,當時所謂的"語法化"自然與現在看起來似乎無所不包的"語法化"存在着一定的差别。

　　語法化理論提出之後並未立刻引起學界的廣泛關注,它僅僅是一些研究印歐語系的語言學家們所關注的對象。語法化研究在當時受到冷落恐怕與二十世紀以共時研究爲主的結構主義盛行有關,重在關注歷時研究(或者説共時研究與歷時研究相結合)的語法化研究自然顯得比較冷清。經過近一個世紀的沉寂,到了二十世紀末期,語法化研究開始浮出水面,逐漸成爲學界的熱門話題。迄今爲止,"語法化"這一術語至少包含如下兩層含義:一是用來表示語

---

　　① 參〔英〕Croft, *Typology and Universals*, Cambridge University Press, 1990: p. 257。

言演變的過程,是個動詞;二是"語法化"理論本身,是個名詞。在此,我們着重探討語法化理論。

由上文的介紹可知,語法化理論是在印歐語的基礎上發展而來的一種相對年輕的理論。語法化理論大概在上個世紀九十年代初期傳入我國,本世紀初就成爲學者們討論的熱門話題之一。然而,在語法化理論"中國化"的過程中卻出現了很多問題。鑒於此,我們在介紹了"語法化"的大體情況之後,將對語法化理論的貢獻及其存在的弊端等問題進行解析,並試圖針對語法化理論的研究現狀提出一些看法。

二 語法化理論的貢獻

目前,無論是在國外還是在國內,語法化理論都對語言學界產生了巨大的影響,毋庸置疑,它必然有其獨特之處爲廣大語言學界所普遍接受。

上個世紀前半葉,由瑞典語言學家 Saussure 創立的結構主義語言學一直是國外語言學研究的主流。結構主義語言學長於描寫、分析語言的結構體系,但它重視對形式的研究,忽視對意義的研究;重視共時層面的研究,忽視歷時層面的研究。然而,意義的研究及歷時層面的研究對於語言學研究而言又不可忽視,因此轉換生成語言學應運而生。上個世紀五十年代後期,美國語言學家 Chomsky 創立了轉換生成主義語言學,形式與意義並重,在當時的語言學界産生了極大的影響,被稱爲"喬姆斯基革命"。然而轉換生成語言學也還存在着一定的弊端,它也是主要從共時方面考慮語言現象,對歷時方面的關注遠遠不夠,因此轉換生成語言學在其研究的過程中也遇到了一些難以克服的困難。在這種環境下,注重形式與意義相結合、歷時與共時相結合的語法化理論被重新提上了研究的日程,並逐漸成爲熱點。因此,語法化理論給國外語言學研究帶來的影響不言而喻。

在國內,語法化理論的傳入也給我國語言學界帶來了較大的影響。首先,語法化理論給我們的研究提供了一定的理論參考,開拓了我們的視野。其次,語法化理論使我們在研究的過程中,試圖找出規律性的東西,加快了理論探索的進程。

對於漢語研究,尤其是漢語史研究而言,語法化理論比結構主義、轉換生成主義等語言學理論更具參考價值,更符合漢語的語言實際。衆所周知,我國擁有悠久且從未間斷的文字記載歷史,有着進行語言歷時研究的天然優勢。

語法化理論的基本研究方法——歷時研究與共時研究相結合,也正是進行漢語史研究的基本方法。更重要的是,語法化理論的一些基本結論可以在漢語史研究當中找到大量的證據來印證,從而使我們更加相信,在進行相關的漢語史研究的過程中,在一定程度上可以利用現有的語法化理論作爲指導。此外,漢語的形態標記不明顯,因此加强對意義的研究對於漢語研究來說就顯得尤爲重要,這時形式研究與意義研究並重的語法化理論無疑給我們提供了諸多的啓發。與此同時,在語言研究的實踐過程中,我國學者也開始更加自覺地加强理論研究,逐步探索適合漢語自身特點的語言學理論。

三　語法化理論的弊端

在我國,目前語法化理論已經在較大範圍内獲得了認可,對我國語言學的發展起到了一定的推動作用。然而隨着研究的進一步深入,語法化理論的弊端也開始不斷暴露。

(一)反對者的聲音

任何事物都具有兩面性。自語法化理論提出之後,陸續出現了一些反對者的聲音,這說明語法化理論存在着一定的缺陷。反對者一般是首先提出語法化理論的反例,進而對其理論框架提出質疑。美國語言學家 Newmeyer(2001)甚至說"there is no such thing as grammaticalization"[①](没有語法化這種東西)。也許反對者所提出的問題有時太過絕對或極力吹毛求疵,但畢竟可以使我們從反對者的聲音當中反觀語法化理論,不斷地去發展、完善語法化理論,從而使其更好地爲我們的語言研究服務。當然,語言系統本身極爲複雜,在我們的研究過程中也不可能信守某一種理論,一切有利於語言研究的理論都可以積極地嘗試。

(二)語法化理論的缺陷

反對者的聲音提醒我們:語法化理論存在着缺陷,它並非放之四海而皆準。就我們看來,問題的根源恐怕在於語法化體系自身存在着漏洞,現擇要述之:

其一,語法化理論存在着一定數量的反例。關於這一點,就連介紹語法化理論的著作都無法迴避。當然,語法化理論的支持者認爲反例極少,且相

---

① 參[美]Newmeyer,*Deconstructing grammaticalization*,Language Sciences,2001(23):p.188。

當一部分反例可以解釋，因此語法化理論尚有其存在的必要，不能輕易被推翻。

大部分學者認爲語法化是語言成分由實到虛，或由虛到更虛。據此，語法化最著名的原則就是"單向性"原則，比如學者們幾乎都認同如下語法化斜坡："實詞＞語法詞＞附着形式＞詞綴"，或者更簡單一點説是："較多語法性＞較少語法性"。然而，在這個序列中却存在着一定數量的反例。[美]Hopper 和 Traugott 在 *Grammaticalization*（《語法化》）一書中有"語法化的單向性假設"一章，其中有一部分專門介紹語法化的反例，可參①。

還有些學者認爲語法化過程不一定會完全實現，一些語言現象只是有了語法化的趨勢，但最後並没有完成。我們所做的中古漢語助詞研究中就有這樣的例子，例如在"動態助詞"一章中，動詞"終"、"盡"雖然具備了一些語法化的條件，有了語法化的趨勢，但最終却没有演變成爲動態助詞。

此外，目前討論較熱的詞彙化對語法化也是一個衝擊。學者們認爲詞彙化是對語法化單向性的解構，即所謂的"degrammaticalization"（解構語法化）或"anti-grammaticalization"（反語法化），如美國語言學家 Lehmann（1982/1995）②等。雖然有學者不同意此看法，如王燦龍（2005）從"恨不得"和"物色"入手，考察了這兩個詞語的詞彙化過程，揭示了詞彙化的一些機制和規律，認爲詞彙化並非語法化"由實到虛"的簡單逆反，且詞彙化本身與語法化的單向性不構成矛盾，詞彙化並不是對語法化的解構③。但是無可否認，詞彙化確實給語法化帶來了不小的衝擊。

總之，隨着語法化反例的不斷出現，其理論也遭到質疑。

其二，語法化内部有些理論來自假設，包括著名的"單向性"原則。科學研究應該提倡在一定程度上的假設，但一種理論的核心部分來自於假設，於理有違，恐怕在其理論本身的説服力上會大打折扣。就連語法化理論的支持者自己也承認有些問題只是假設，應該盡量避免，如[美]Hopper 和 Traugott 在他們合著的 *Grammaticalization*（《語法化》）一書在提到某些假設時曾一再

---

① 參[美]Hopper & Traugott, *Grammaticalization*, Cambridge University Press, 2003: p. 130－138。

② 參[美]Lehmann, *Thoughts on Grammaticalization*, Lincom Europa, 1995。

③ 參王燦龍《詞彙化二例——兼談詞彙化和語法化的關係》，《當代語言學》2005 年第 3 期，頁225－236。

強調：

> Counterexamples such as those cited in Section 5.7 should caution us against making uncritical inferences about directions of grammaticalization where historical data are not available, since the possibility of an anomalous development can never be absolutely excluded(Hagège 1993; Tabor and Traugott 1998; Newmeyer 1998). [①]

> Because linguistic change is a social phenomenon, change does not have to occur. Whether something is innovated, and who innovates it, is a matter of chance (a factor which may contribute to the impression of randomness synchronically). It follows that all change, including grammaticalization, must be thought of in terms of tendencies, not absolutes. Because speakers may preempt elements of language for social purposes, because most societies have complex mixtures of linguistic populations, and because patterns of grammaticalization may be renewed, reconstructions based on an assumption of unidirectional match ("isomorphism") between cline and direction of change in a specific instance should be made with caution and should be framed as testable hypotheses. [②]

然而，語法化理論的一些假設還是不可避免地存在了，這必然會為其帶來更多的問題。

其三，目前國外語言學家越來越注重將語言的形式、功能、意義結合起來研究，而功能與意義的介入使語言研究變得更為紛繁複雜。語法化理論就是要把形式、功能、意義等因素綜合到一起來對語言現象進行分析，有時還包括了社會因素在其中，這就使得語法化理論的涉及面非常龐雜。近些年，語言接觸也被納入到了語法化研究當中，語言接觸對語法化的影響成為學者們關注的問題之一，例如一些學者對皮欽語和克里奧耳語中的一些語言現象進行語

---

① 參[美]Hopper & Traugott,*Grammaticalization*,Cambridge University Press,2003:p. 138。

② 參[美]Hopper & Traugott, *Grammaticalization*, Cambridge University Press, 2003: pp. 232—233。

法化研究等。語法化理論在其發展的過程中所囊括的範圍不斷擴大。在語言研究中,多考慮一些相關因素必然是好事,然而一個放之四海而皆準的理論對於語言學研究而言,無疑不是一件好事,它可能會使研究走向程式化、泛化或空化,對此我們必須時刻保持清醒的頭腦。

四　對策

語法化理論應該在大量實證的基礎上提取而來,還要在應用的過程中經得起實踐的檢驗。在不能確定一種説法是否是普遍規則的前提下,僅對語言事實本身(如演化路徑、結果等)進行描寫和分析,暫時不要上升到理論的高度,尤其不要輕易地從類型學角度將其説成是語言共性,否則很容易受到攻擊。隨着研究的不斷深入,在結論得到普遍驗證後,方可定論。

對於漢語研究而言,對語法化理論的弊端要有清醒的認識,不能一味地看到它的好處。我們一方面要認真了解國外語法化理論的實質,另一方面還要加強對漢語語言事實的理解和把握。只有在對文獻語言深入研究的基礎之上,才能更好地運用語法化理論,並盡快建立起適合漢語的語言學理論。當然,從另一方面説,我們的研究成果也可以爲豐富、完善語法化理論提供一定的借鑒意義。換言之,我們可以充分利用我國悠久且從未間斷的文字記載歷史以及衆多的方言(語言的活化石)來驗證、補充,甚至修訂現有的語言學理論。

第三節　語言共性與語言類型

從上個世紀八十年代開始,國外(尤其是歐美)語言學界在對語言研究的過程中把眼光放到除了英語以外的其他語言,進行跨語言或跨方言研究,在比較中探索語言之間的異同,進而尋求語言共性。這種研究方法及視角,無疑展現了語言研究的進一步發展。

語言共性與語言類型研究最先出現於歐美國家有其特定的原因:第一,歐美的語言學理論已經發展到了一定的階段,需要更進一步發展。第二,歐美語言學主要以英語爲研究對象,而英語的歷史本來就不長,其中還夾雜了很多外來的、異質的成分。因此,在對英語的研究發展到一定階段之後,爲了更好地對所遇到的各種語言現象進行説明,就不得不去研究與之相關的印歐語系諸語言乃至其他語系的語言。

美國語言學家 Greenberg(1963)創立了類型學研究的方法，最基本的做法是建立廣泛種類的語言數據，進而在此基礎上對語言進行分析。其後的學者大多在此基礎上不斷發展、完善。他們一般都是找幾種、幾十種、幾百種，甚至更多種不同的語言建立數據庫，進而尋求語言的共性。僅靠一種語言無法研究語言共性，或者説僅靠少量語料構擬的語言共性很容易因爲反例的出現而不攻自破。世界上存在的語言有幾千種，不可否認，很多語言已經消亡，或者正在消亡。一旦找到反例，假設本身就毫無意義了。當然，數據庫中的語言還要有代表性，即沒有語系、地域或類型的偏向①。總之，當今的語言類型學家們以 Greenberg 所創立的理論框架爲基礎，不斷深入、發展、完善這一理論框架，取得了僅僅憑藉研究單一語言所無法企及的成就。

我國有着悠久的文字記載歷史，有着進行類型學研究的天然優勢。在語言類型學研究方面，我國跨方言研究起步相對較早，成果也相對較多，而在漢語與其他語言的比較研究方面做得還遠遠不夠。在今後的研究當中，在對漢語進行研究的同時，盡可能把視野拓寬到其他語言。當然，我們的研究首先應該立足於本族語言的研究。漢語是典型的孤立語，我們把它研究好，也可以爲人類語言類型的確立提供一定的依據。此外，有些規律性的東西爲人類語言所共有，如果我們能把這些共性揭示出來，那麼不僅對漢語，而且對整個人類語言而言，都將具有十分重要的意義。

總之，我們既要從漢語方言之間尋求語言共性，也要從漢語和其他語言之間尋求語言共性，並試圖對這些語言共性作出解釋②。

第四節　共時與歷時研究方面的思考

自從瑞典語言學家 Saussure 提出了"共時"與"歷時"這一對範疇後，共時研究在語言學研究中一度占據了主流地位。當共時研究不能完全解決問題之時，歷時研究逐漸受到重視。目前，越來越多的學者傾向於將二者結合起來對語言現象進行研究。

---

① 參〔美〕Comrie, *Language Universals and Linguistic Typology*, The University of Chicago Press, 1989: pp. 1—12。

② 轉換生成語法認爲語言共性是天賦的，這種解釋實際上等於沒有解釋。

一　共時方面

語言現象在共時方面主要體現在成分之間的分布狀況,包括句法、語義和語用等。就漢語史研究而言,語言的新舊形式在大部分情況下可以長期共存,舊形式對新形式具有制約作用,即使是舊形式已經消失,也會把它的某些特徵繼續保留在新形式當中,對新形式的某些功能起到制約作用。語言的新舊形式並存,其結果至少有如下三種:其一,舊用法没有爲新用法所取代。其二,新用法取代了舊用法。其三,新舊用法在長時間內保持共存的狀態。

在研究的過程中,首先要在共時方面把語言中存在的現象描寫清楚,然後再從歷時方面尋求語言發展演變的軌迹,進而再對語言發展演變中存在的現象作出解釋。

二　歷時方面

隨着歷史語言學的興起、興盛,歷時研究逐漸引起學者們的廣泛關注。對語言進行歷時研究也包括語法、語義和語用等方面的演變研究。我們試從語義方面以中古漢語助詞研究爲例進行簡單説明,以窺語言歷時演變之一斑。就詞語的歷時演變而言,更多的是體現在詞語義項的變動或新詞的産生。虚詞一般是由實詞演化而來,大多不會是它的本義,助詞恐怕離其本義更加遥遠,甚至還會是假借用法。我們在對中古漢語助詞研究的過程中,或者從字的本義(或稱詞的本義)入手,或者從詞語的常用義入手對其進行研究。我們發現,中古漢語助詞的書寫形式——字形,它所代表的意義大多比較多,少則幾個,多則數十個,而與其語法化關係最爲密切的還是它的本義或者常用義。正如上文所説,語言在發展演變的過程中,不會是舊用法的徹底消失,舊用法的某些特徵,尤其是它的本義或常用義所包含的最顯著的特徵會保留到新用法當中,並且會在某些細節方面制約着新用法,這亦即語法化理論中所講的"滯留"現象[①]。

總之,從共時方面的描寫出發,尋求歷時方面的解釋,進而探索語言發展

---

① 關於對"滯留"現象的詳細説明,可參[美]Hopper,*On some principles of grammaticization.* In Traugott and Heine, eds. ,1991,vol. 1:17—35。

演變的軌迹,這種共時與歷時相結合的研究方法,對於語言學研究而言意義重大。

第五節　"估推"在語言學研究中的作用

邏輯學中的推理有三種方式:一種是歸納,一種是演繹,一種是估推。關於什麼是"歸納"、"演繹"和"估推",我們在此借用[美]Hopper 和 Ttaugott(2003:42)的例證和解釋①。Hopper 和 Ttaugott 首先列舉了一個簡單的邏輯三段論:

The Law(e. g. ,All men are mortal)——規則(如,所有的人都會死)
The Case(e. g. ,Socrates is a man)——實例(如,蘇格拉底是人)
The Result(e. g. ,Socrates is mortal)——結論(如,蘇格拉底會死)

他們分別把這個三段論中的三個部分稱作"規則"、"實例"和"結論",簡單一點說,我們可以按照形式邏輯,把它們分別稱爲"大前提"(所有的人都會死)、"小前提"(蘇格拉底是人)和"結論"(蘇格拉底會死)。歸納法就是由小前提和結論歸納出大前提,演繹法則是由大前提和小前提推導出結論。歸納法和演繹法是大家都比較熟悉的兩種最基本的邏輯推理方式,而估推法是由結論和大前提進而估推出小前提,這種方法相對前兩種方法而言,其科學性和嚴密性顯然要差一些。一般的學者都會運用歸納法和演繹法,這兩種方法都是我們進行研究的最基本的方法,估推法一直受到排斥。實際上,在缺乏證據的前提下,適當地運用估推法又何嘗不可? 說話人和聽話人之間的協商可以使語言發生演變,但對於古漢語研究而言,研究對象大多是書面的文獻材料,這就更加顯示出估推的重要性。語言學作爲一門科學,它要求研究者持有審慎的態度。然而語言學研究,尤其是古漢語研究,大部分是靠書面語,這就有很大的局限。書面語可以在多大程度上反映當時的口語? 書面語相對口語而言,在反映當時的語言面貌方面具有一定的滯後性。因此,在語言學研究的過程中,除了持有審慎的態度外,似乎還需要大膽假設。胡適所謂的"大膽假設,

---

① 參[美]Hopper &. Traugott, *Grammaticalization*,Cambridge University Press,2003: p. 42。

小心求證"不無道理。我們在假設中推進理論創新,在求證中檢驗理論、發展理論。當然,估推也會導致錯誤,它畢竟不是嚴密的邏輯推理,但我們似乎也不必"因噎廢食"。我們要在實踐中檢驗理論,在時間的浪潮中考驗理論。

第六節　國外語言學理論研究蓬勃 發展給我們帶來的啓示

　　國外對語言學理論的研究,大概始於十六世紀,迄今爲止,已有五、六百年的歷史了,目前研究已相對成熟。近些年,理論研究在我國也逐漸受到重視。

　　我國的傳統語言學被稱爲"小學",長期以來處於"經學"的附庸地位,除了清朝段玉裁、王念孫等少數學者具有樸素的語言學觀念外,其他大部分學者的"小學"研究是爲解經服務。直到清朝末年,西學東漸,我們才開始有了自覺的語言學理論研究。從上個世紀八十年代開始,我國的理論研究才逐步走向熱潮。本世紀前十年,理論探索已經成爲學者們的普遍追求,理論研究空前活躍。我國語言學理論研究的歷史大概只有一百多年時間,與國外相比,時間並不長。然而我們可以有較多的現有理論作爲參考,在國外語言學理論的基礎上繼續探索,少走些彎路,從而加快語言學理論研究的進程。

　　隨着國外語言學論著的不斷引進,以及國際間交流與合作的加強,我們想要了解國外語言學已並非難事。當然,我們要做的不僅僅是學習國外語言學的研究視角和研究方法,而且還需要對國外語言學的方法和理論細加甄別。國外語言學理論大部分是從印歐語(多爲曲折語)提取而來,而漢語是典型的孤立語,直接將國外的語言學理論運用到漢語的實踐當中有時會水土不服,也容易誤入歧途。

　　目前,我國的理論研究仍具有極大的緊迫性。在今後的語言研究當中,我們在繼承我國傳統語言學精髓的同時,還要積極吸收國外的一些語言學方法與理論爲我們的研究服務。此外,我們還要在此基礎上盡快創立自己的理論框架。這些都對推進我們的語言學研究有着極其重大的意義。

　　以上討論的這些方法與理論方面的問題都是我們在進行中古漢語助詞研

究的過程中所遇到的一些問題。理論問題不容忽視，故單獨將其抽取出來加以討論，可能還有很多思考尚不成熟，希望在今後的研究當中可以逐步完善。

結　語

　　本書從文獻材料出發，對中古時期的漢語助詞作了較爲細緻地描寫和分析，從而揭示了中古漢語助詞的系統，歸納了中古漢語助詞的特點，探索、實踐了中古漢語助詞研究的理論和方法，爲推進漢語史及相關研究作出了積極的嘗試。

第一節　本書的主要觀點

　　綜合主體部分，本書的主要觀點如下：

一　中古漢語助詞研究意義重大

　　二十世紀五十年代以前，漢語史研究"重兩頭"（上古、現代），"輕中間"（中古、近代）的研究範式導致中古漢語和近代漢語長期受到冷落，直到五十年代以後，這種狀況才逐漸得到改善。隨着中古漢語分期的明確以及中古漢語語法研究的深入，專書、專類體裁語法研究的成果不斷涌現，爲斷代專題語法研究奠定了良好的基礎。目前關於中古漢語助詞的研究較爲零散，尚無系統的研究。因此，對中古漢語助詞進行系統全面地研究意義重大。

二　中古漢語助詞系統是一個簡潔而又相對完善的系統

　　本書在大量語言事實的基礎上，結合助詞的功能、意義等因素，並參考"原型範疇"和"連續統"理論，以及統計學理念對漢語助詞作出界定：附着於某個語法單位,幫助表示某種語法意義,本身並不充當句法成分的一類虛詞。據此,我們將助詞分爲結構助詞、語氣助詞(句首語氣助詞、句中語氣助詞、句末語氣助詞)、表數助詞、列舉助詞、動態助詞、事態助詞、嘗試態助詞等七大類。中古時期,這些助詞次類之間以及次類内部的發展雖不平衡,但它們已經存在於中古漢語當中。因此,中古漢語助詞系統是一個相對完善的系統。

本書共論述了存在於中古時期七大類、九小類共計四十九個助詞。值得注意的是,中古時期的這四十九個助詞並非屬於同一個歷史層面,也並非都是活躍成員,真正活躍於中古時期的助詞大概只有十幾個。剖析出中古漢語助詞的歷史層次,這樣可以更加清晰地呈現出中古漢語助詞的本來面貌,進而更好地使其在漢語史中準確定位。因此,我們這裏講的中古漢語助詞"系統"是一個真正屬於中古時期的助詞系統,與以往論及的"系統"存在着一定的差別。

總之,從文獻記載來看,中古時期的漢語助詞有近五十個,但真正活躍於中古時期的助詞大概只有十幾個,它們各有分工、各司其職,故中古漢語助詞系統是一個比較簡潔的系統。

三　中古漢語助詞最顯著的特點是次類變動大

中古時期,句首語氣助詞和句中語氣助詞是即將消亡的助詞次類。結構助詞、句末語氣助詞、表數助詞和列舉助詞都是承襲上古而來,在中古依然活躍的助詞次類。動態助詞、事態助詞和嘗試態助詞則是中古新産生的助詞次類。即便是承襲上古而來的結構助詞、句末語氣助詞、表數助詞和列舉助詞,它們的用法也與上古有所不同,有了新的發展。

中古漢語助詞研究是斷代史研究,而斷代史研究可以使我們更加細緻地把握這一時期的一些語言特色。本書通過對中古漢語助詞的描寫和分析,先説明助詞各次類的特點,然後説明整個中古時期漢語助詞的特點,進而把它們放到漢語史當中去審視,與上古和近、現代漢語助詞比較,突出中古漢語助詞的特色,即次類變動大。中古漢語助詞的這一鮮明特點也再次證明了中古(東漢魏晉南北朝隋)這一特殊的歷史時期在漢語史研究中占據着重要的歷史地位。

四　中古漢語助詞研究需要多種理論與方法
並用方可使研究深入、透徹

在描寫的基礎上進行解釋,找出語言演變的規律,這已是語言工作者不可推卸的責任之一。語言一直在發展演變,中古漢語助詞必然有諸多不同於上古及近、現代漢語之處,甚至在中古漢語内部就存在着一些明顯差異。中古時期的助詞有些是從上古繼承而來,有些是中古新産生的,有些在上古就有的助詞在中古消失或者正在消失,還有一些助詞則處於萌芽的狀態,尚未發展成熟,如此等等。這些現象爲什麼會發生,其機制是什麼,有什麼規律可循,這也是我們需要解決的另外一個主要問題,而要想解決這個問題就要不斷探索、運用多種理論和方法。

第二節　本書的不足之處

在本書的寫作過程中,我們也遇到了一些問題,雖然已經作出了積極的努力和認真的思考,但仍有很多地方不盡如人意,現擇其要者羅列於下:

一　地域、方言差異尚待進一步剥離

中古時期,南北經常處於相互對峙的局面,由於兩地在政治、經濟、文化、風俗習慣以及自然環境等方面存在着顯著的差異,因此其文學作品無論是在内容上還是在表現形式上必然也會有所不同。《顔氏家訓·音辭》:"南方水土和柔,其音清舉而切詣,失在浮淺,其辭多鄙俗。北方山川深厚,其音沉濁而鈋鈍,得其質直,其辭多古語。"據此,汪維輝(2007:59)以《周氏冥通記》和《齊民要術》爲例,説明了六世紀漢語詞彙的南北差異:"可見在顔之推生活的南北朝後期(公元 6 世紀),漢語的南北方言不僅語音有異,而且詞彙也存在差別。可是迄今爲止,我們對這種差別的具體情形並不清楚。南北朝時期南北方言的差異問題一直是漢語史學家們所關注的重大課題,但大家的注意力主要集中在語音上,對詞彙和語法則幾乎尚未觸及。"[①]李麗(2006:246)以《魏書》和《宋書》爲比較對象,發掘了一些南北朝用詞的差異:"我們看到南北朝時期南北的詞彙差異表現在雙方都有一批具有各自地域特徵的語詞,另外表達同一概念時選用不同的語詞。在對新興語詞的選擇上,北朝漢語的趨新程度並不比南朝遜色,甚至表現得更爲激進。但從總的情況來説,北方地區更多地保留了

古語.”①

　　在研究過程中,我們在語料的選擇上考慮到了南北兩地文獻的相互協調問題,結果却發現南北兩地在助詞運用方面的差異表現得並不明顯。衆所周知,在語言的三要素語音、詞彙、語法當中,詞彙的變化最快,語音次之,而語法却相對具有穩定性,變化較爲緩慢,這可能也是南北兩地在助詞運用方面差異不大的原因之一。

　　然而,從地域方面來考慮,南北兩地的語言必然存在着諸多的差異,如果能够把這些差異徹底調查清楚,這將爲我們更好地了解中古漢語助詞提供極大的幫助。就現有的條件來看,我們在對漢語史研究的過程中,南北比較操作起來還存在着一定的困難,規律性也不是很强,需要我們在大量語言事實的基礎上,結合當時的社會背景、作者生平等方面的因素對我們所調查的語言現象作出全面地評價,“大膽假設,小心求證”。

　　總之,在本書的寫作過程中,地域、方言方面的探討還做得很不够。

二　關於漢譯佛經文獻的利用問題

　　在本書的寫作過程中,我們雖然積極地運用了漢譯佛經文獻進行研究,但似乎對這些文獻的利用還不够充分,其中很重要的一個原因就是筆者不通梵文原典。

　　據我們所看到的情形,中土文獻和漢譯佛經文獻都既有維護語言穩定的一面,又有促進語言創新的一面。就對漢語助詞發展的影響方面,中土文獻主要是在維護語言穩定性方面起了較大的作用。語言在同質的情況下,發生變化比較困難。雖然我們所選的文獻基本上都是口語性較强的文獻,但它們也都是書面語,相對於當時口語而言更具穩定性,其發展滯後於口語。中土文獻雖然在對語言創新方面的表現没有漢譯佛經文獻明顯,但對語言的新用法也並非毫無反映。一種語言現象產生之後,逐漸爲社會廣泛使用,它也就會慢慢進入到書面語當中。

　　漢譯佛經文獻的性質本身要求它具有較强的口語性,因此它主要是在促進語言創新方面起了很大的作用,中古時期很多語言現象的產生和發展是由漢譯佛經文獻所推動。當然,漢譯佛經文獻偶爾也會維護傳統用法。一般而

_____

① 　參李麗《〈魏書〉詞彙研究》,頁 246。

言,漢譯佛經文獻在反映語言的新現象方面,較之中土文獻會表現得比較積極,有時還會顛覆傳統用法,但它在對一些語言中比較常見、比較典型的用法,有時又會表現出較强的捍衛語言傳統用法的趨勢。

總之,中古時期,翻譯佛經活動對漢語的影響不可低估。在語言發展演變的過程中,有時中土文獻與漢譯佛經文獻會相互制約、相互影響,共同推動語言朝着一個健康的方向發展。在今後的研究當中,如果我們可以把中土文獻、漢譯佛經文獻以及梵文原典結合起來進行比較研究,這樣也許可以揭示出更多僅靠中土文獻和漢譯佛經文獻所難以發現的語言現象。

三 漢語史研究過程中存在的問題

中古漢語助詞研究是斷代史研究,中古時期的助詞有近五十個,數量雖然不是特別多,但涉及面非常廣泛,在論述的過程中,往往會忽略一些細微方面的問題。

此外,盡管我們對中古漢語助詞的歷史層次進行了大致的考察,但中古畢竟早已遠去,留給我們的書面材料也不足以完全反映當時語言的實際情況,因此這種分類法尚存在着一定的主觀性。在助詞研究方面,恐怕不同方言語音的差異,以及同一方言或同一語言語音的變化等,也會導致文字及其代表的詞彙的變化。加之古人喜歡"聽音爲字",王雲路師(1990:19)指出:"我們民族記錄語言往往有一種心理習慣,即憑聽覺隨意書寫,不去注意它實際的讀音與寫法,我們姑且把這種現象稱之爲'聽音爲字'。"①這就更增加了漢語助詞研究的難度。當然,不能否認,中古漢語助詞的歷史層次研究意義重大。在今後的研究中,我們還需要不斷去努力,不斷去探索,最終還原中古時期漢語助詞使用情況的本來面貌。

第三節 中古漢語助詞研究前景展望

隨着研究的不斷深入,今後的中古漢語助詞研究有如下發展趨勢:

一 助詞概念界定逐漸明朗,次類劃分進一步完善

關於助詞的名稱,從古至今有"語助"、"助語辭"、"助字"、"助辭"、"助詞"

---

① 參王雲路師《望文生訓舉例與探源》,《古漢語研究》1990 年第 2 期,頁 19－24。

等多種稱法，其界定範圍也不盡相同。清朝馬建忠（1898/1983：23）指出："凡虛字用以煞字與句讀者，曰助字。"①馬氏是第一位給助詞作出界定的學者，之後陸續有很多學者爲其作出界定②。然而到目前爲止，學界對助詞的界定、囊括的範圍以及術語的運用等都還沒有達成普遍共識。從某種程度上說，這種情況的産生恐怕與助詞自身的特點不無關係。吕叔湘（1956/1984：277—278）指出："'助辭'或者'助字'是個古老的名稱，也是個相當寬泛的名稱，範圍可大可小。……助詞這個詞類牽涉到的詞（一部分學者不承認裏邊的一部分是詞）是多種多樣，各家所劃的界限也是參差不齊的。"③張誼生（2002：4）曾經指出："近年來，似乎有這樣一種傾向，凡是不宜歸入其他各類虛詞的、功能和用法又比較特殊的輔助詞、小品詞，就往往被歸置到助詞中安身。所以，可以這麽説，現代漢語助詞似乎成了漢語詞類劃分中剩餘虛詞的收容所，成了一個'收容"編餘"的雜類'。……助詞内部各小類之間的差異非常大，相互之間沒有内在聯繫，明顯地缺乏作爲一種詞類的共性……總之，由於'編餘'的特點，即使同一助詞小類中的一些成員，也都具有一系列與衆不同的個性特點，内部缺乏統一、協調的一致性。"④郭鋭（2002：235）也指出："助詞是虛詞中的剩餘類，虛詞中歸不進介詞、連詞、語氣詞的就歸進助詞，因此助詞内部各成員的個性最強，成員間共性最少。"⑤當然，助詞研究的進一步完善還需要學科内部的相互溝通，共同發展，才能使助詞擺脱"編餘"的地位。由於助詞的界定存在爭議，助詞的分類也就不夠明朗。隨着學者們對助詞認識的不斷深入，助詞的次類劃分呈現出越來越細緻的趨勢。不過分類過細也容易使研究陷入主觀，從而失去了其應有的概括性。助詞研究應該在概念界定逐步明朗的基礎上，次類劃分逐步科學，術語運用逐步統一。

二　共時研究與歷時研究相結合，更加注重研究的系統性

我國有悠久的文獻記載歷史，而且這段歷史從未間斷，豐富的文獻記載爲

---

① 參馬建忠《馬氏文通》，頁 23。
② 詳見本書第一章。
③ 參吕叔湘《助詞説略》，載吕叔湘《漢語語法論文集》，頁 277—278。
④ 參張誼生《助詞與相關格式》，頁 4。
⑤ 參郭鋭《現代漢語詞類研究》，頁 235。

我們的語言學研究提供了極大的便利。就現階段而言,共時研究與歷時研究相結合是漢語史研究的基本方法之一。我們的中古漢語助詞研究也是以中古爲依託,上溯下探,研究範圍並不局限於中古這一時期。

對語言進行較爲系統地研究,往往能透過現象看到本質,發現語言的一些共性與規律。今後中古漢語助詞研究應該是在個案研究的基礎上,逐步擴展到對每一類助詞的研究,進而擴展到對整個中古時期助詞的研究,最終把它納入到整個漢語史研究的範圍之內。

三　類型學研究視野更加深入人心

我們注意到在國外的語言學研究當中"cross-linguistic"("跨語言")、"linguistic universals"("語言共性")、"linguistic typology"("語言類型")等字眼隨處可見。國外的語言學者不僅關注本民族的語言,還關注世界上其他民族的語言,要尋求語言的共性或某些語言的特性。我們對這種做法的具體操作過程及目前的結論暫不做評判,但這種放眼世界的做法值得肯定。

漢語有着悠久且從未間斷的文字記載的歷史,相信對它進行透徹的研究將會對世界語言學的發展起到極大的推動作用。我們的歷時研究與共時研究的範圍也應該盡量不局限於漢語,要把目光放到整個人類語言學的範圍之內,爲人類語言學的發展貢獻更大的力量。劉丹青(2003:7)曾經指出:"漢語歷史這麼悠久,方言這麼豐富複雜,有這麼多關係密切的親鄰語言,正是類型學大好的用武之地。缺少對類型學及其豐富成果的了解,實在使我們錯過了一塊珍貴的他山之石。"[①]在研究的過程中,充分運用類型學研究視野,將會使我們的研究具有更大的意義。

四　充分利用其他相關學科的研究成果
來推進自身發展

語言是一個複雜的統一體,中古漢語助詞研究要積極利用其他學科的研究成果來推動自身的發展。邵敬敏等(2003:4)曾經指出:"目前語法研究已不再是純粹的語法範疇內的研究了,而是與語音、詞彙、語義、語用、功能等結合在一起的研究,同時又與心理學、邏輯學、社會學、民族學、歷史學、文化學、人

---

① 　參劉丹青《語序類型學與介詞理論》,頁 7。

類學、認知科學等結合,形成了各種邊緣學科。……這不僅豐富了漢語語法研究的内容,擴大了語法研究的領域,也開闊了人們的視野,看到了語法學與語言學内部不同分支學科、乃至與各種社會學科和自然學科之間的種種聯繫,從而也加强了對語法規律自身的解釋性。"①例如,在當今這個數字化進程異常迅猛的時代,電子文獻的重要性已經進一步顯現,我們的文獻存儲與檢索正在朝縮微化、計算機化的道路邁進。目前可以用來研究、檢索的紙質文獻與電子文獻並存,手工檢索與計算機檢索並用,從而使我們的研究更加準確、高效。中古漢語助詞研究也要充分利用現代科技給我們提供的諸多便利。

在學科内部,語法與語音,尤其與詞彙有着密切的關係,在研究過程中要加强三者的溝通。如詞彙研究的發展可以推動語法研究的發展,語法研究的深入也會促進其他相關學科的發展。中古漢語語法研究還應注意與方言、外語的溝通,語言類型學就是基於比較的方法而建立起來的一門進行跨語言(包括方言和外語)研究的新興學科,尋求人類語言的共性,中古漢語助詞研究在這方面也應當有所嘗試,爲漢語史乃至整個人類語言學史的研究作出貢獻。

五　注重研究方法,加强理論的建樹

方法的不斷更新,理論的不斷探索已成爲當今學者們孜孜不倦的追求。前面幾點所講雖然都與理論、方法有關,但我們在這裏還有必要重新把它們提出來再加以强調。

現代語言學給我們提供了諸多的理論與方法,如結構理論與結構層次分析,變換理論與句式變換分析,特徵理論與語義特徵分析,配價理論與配價結構分析,指向理論與語義指向分析,認知理論與語言認知分析,語用理論與語言運用分析等,我們應該立足于中古漢語,善於從現代語言學中選擇一些合適的理論與方法去爲中古漢語助詞研究服務。

在學術研究中,方法問題至關重要,柳士鎮指出:"語法史研究常用的方法是描寫和解釋。描寫什麼,怎樣描寫,用什麼理論解釋,怎樣解釋,也是語法史研究中必須考慮的重要問題。"②在研究過程中不僅要注意描寫的方法,更要注意解釋的方法,還要在此基礎上提取出相關的理論,把研究提升到一個新的

---

① 參邵敬敏等《漢語語法專題研究》,頁4。
② 參柳士鎮《漢語歷史語法散論》,頁168。

高度。目前中古漢語助詞研究的理論與方法還基本處於借鑒與摸索的階段。中古漢語助詞研究在結合與借鑒現代語言學的過程中要考慮到漢語自身的特點,也要考慮到與現代漢語的差別,注意總結並提出自己的理論與方法。

六　加强語法史研究

應當撰寫《中古漢語語法史》。這部《中古漢語語法史》應該是描寫與解釋相結合,理論與方法相結合,既包含着傳統語言學的深厚底蘊,又充滿着現代語言學的氣息,是一部從學術發展的角度進行的理論性的總結。當然,這需要以專書、專題、斷代語法研究爲基礎,使詞法、句法研究融會貫通,形成系統,從而使中古漢語語法的面貌完全展現出來。

總之,今後的中古漢語助詞研究如果能够在搜集大量文獻用例的基礎上,充分吸收前賢時彦的研究成果,並做到古今溝通,中外融會,將會有更爲廣闊的研究空間。

附　録:中古漢語助詞在十六部文獻中的分布狀況表[①]

文獻＼助詞		論	修	六	三	生	阿	摩	抱	世	觀	百	南	高	顔	齊	雜
結構助詞	之	+	+	+	+	+	+	+	+	+	+	+	+	+	+	+	+
	其	+	−	+	−	+		−	+	+	+		+	+	−	−	
	者	+	+	+	+	+	+	+	+	+	+	+	+	+	+	+	+
	所	+	+	+	+	+	+	+	+	+	+	+	+	+	+	+	+
語氣助詞	句首語氣助詞	夫	+	−	+	+		+	+	+		−	+	+	+	+	+	+
		蓋	+	+	+		+		+			−	+	+	+		+	
		唯	−															
		惟	+	−														
		維	−															
		且	+	−		+	+							+				
		故	+			+												

————————

① 句首語氣助詞"唯"和"維"在我們調查的十六部文獻中雖無用例,但"惟"有一例用法,根據常識,我們把"唯"和"維"也考慮在內,又調查了中古時期的其他文獻,發現它們也有少量用例,故在此也將它們列入其中。"所"作表數助詞在我們所調查的十六部文獻中也未出現,然而在其他文獻中發現了表數助詞"所"的用例,故亦將其列入考察的範圍之內。

（續）

			論	修	六	三	生	阿	摩	抱	世	觀	百	南	高	顏	齊	雜
語氣助詞	句中語氣助詞	也	+	−	+	−	−	−	−	−	+	−	−	+	+	−	−	−
		乎	−	−	+	+	−	−	−	+	−	−	−	−	−	−	−	−
		兮	−	−	−	−	−	−	−	−	+	−	−	+	+	−	−	−
	句末語氣助詞	也	+	+	+	+	+	+	−	+	+	+	+	+	+	+	+	+
		矣	+	+	+	+	+	−	−	+	−	+	+	+	+	+	−	+
		乎	+	−	+	+	+	−	+	+	+	+	+	+	+	−	−	+
		諸	+	−	−	+	−	−	−	+	−	−	−	−	−	+	−	−
		邪	+	−	−	+	−	−	−	+	−	−	−	−	−	+	−	−
		耶	−	−	+	+	+	−	+	+	+	+	+	+	+	−	−	+
		與	+	−	−	+	−	−	−	+	−	+	−	−	−	−	−	−
		歟	+	−	−	+	−	−	−	+	−	−	−	+	+	+	−	−
		哉	+	+	+	+	+	+	−	+	+	+	+	+	+	−	+	+
		焉	+	−	+	+	−	−	+	+	+	+	−	−	−	−	−	−
		耳	+	+	+	+	+	+	+	+	+	+	+	+	+	+	+	+
		爾	+	−	−	+	−	−	−	+	+	+	−	+	+	+	+	−
		已	+	−	−	+	−	−	−	−	−	−	−	−	−	+	−	−
		夫	−	−	−	+	−	−	−	+	−	−	−	−	+	+	−	−
		兮	−	−	−	+	−	−	−	+	+	−	−	−	−	−	−	−
		爲	−	−	+	+	−	+	+	−	−	−	+	+	−	−	−	+
		那	−	−	−	−	−	−	+	−	−	−	−	−	−	−	−	−
		不	+	−	+	+	+	+	−	+	−	+	+	+	+	−	−	−
		否	+	−	−	+	−	−	−	+	−	−	−	+	−	+	−	+
		未	+	−	−	+	−	+	+	+	−	−	+	+	−	−	−	+
		非	−	−	−	−	−	−	−	−	+	−	+	−	−	−	−	−
		無	−	−	−	−	−	−	−	−	−	−	−	−	−	−	−	−
		而已	+	−	+	+	−	+	−	+	+	+	−	+	+	+	+	+

（續）

文獻\助詞		論	修	六	三	生	阿	摩	抱	世	觀	百	南	高	顏	齊	雜
表數助詞	餘	+	−	+	+	+	−	−	+	−	+	−	+	+	−	−	+
	許	−	−	+	+	−	−	−	+	−	+	−	+	+	+	+	−
	數所	−	−	−	+	−	−	−	−	−	+	−	+	−	−	−	−
	有	+	−	+	+	−	−	−	−	−	+	−	+	+	−	−	−
	第	−	−	+	+	+	+	+	−	−	−	−	−	+	−	−	+
列舉助詞	云	−	−	+	+	−	−	−	+	+	+	−	−	+	−	−	−
	云云	−	−	−	−	−	−	−	−	−	−	−	−	−	−	−	−
	等	+	+	+	+	+	+	+	+	−	+	+	+	+	+	+	+
動態助詞	得	−	+	+	+	+	+	+	+	+	+	+	+	+	+	+	+
事態助詞	來	−	−	−	−	−	−	+	−	−	−	+	−	−	−	−	−
嘗試態助詞	看	−	−	−	−	−	+	+	−	−	−	−	−	−	−	−	−

徵 引 文 獻

B

《抱朴子內篇校釋》,晉・葛洪著,王明校釋,北京:中華書局 1985 年版。

《白居易集箋校》,唐・白居易著,朱金城箋注,上海:上海古籍出版社 1988 年版。

《北夢瑣言》,五代・孫光憲,北京:中華書局 2002 年版。

《賓退録》,宋・趙與時,上海:上海古籍出版社 1983 年版。

《碧嚴録》,宋・圜悟克勤,北京:華夏出版社 2009 年版。

C

《楚辭補注》,宋・洪興祖撰,白化文等點校,北京:中華書局 1983 年版。

《春秋左傳注》,楊伯峻編著,北京:中華書局 1981 年版。

《春秋公羊傳注疏》,李學勤主編,北京:北京大學出版社 1999 年版。

《春秋穀梁傳補注》,清・鍾文烝撰,駢宇騫、郝淑慧點校,北京:中華書局 1996 年版。

《春秋繁露義證》,漢・董仲舒著,蘇輿撰,鍾哲點校,北京:中華書局 1992 年版。

《曹植集校注》,三國魏・曹植著,趙幼文校注,北京:人民文學出版社 1998 年版。

《朝野僉載》,唐・張鷟,北京:中華書局 1979 年版。

《重刊老乞大諺解、朴通事諺解》,臺北:聯經出版公司 1978 年版。

《初刻拍案驚奇》，明·淩濛初編，冉休丹點校，北京：中華書局 2001 年版。

D

《大正新修大藏經》，臺北：新文豐出版公司 1996 年版。

《佛説大安般守意經》，漢·安世高譯，《大正藏》第 15 冊，NO. 0602。
《道行般若經》，漢·支婁迦讖譯，《大正藏》第 8 冊，NO. 0224。
《修行本起經》，漢·竺大力共康孟詳譯，《大正藏》第 3 冊，NO. 0184。
《大明度經》，三國吴·支謙譯，《大正藏》第 8 冊，NO. 0225。
《六度集經》，三國吴·康僧會譯，《大正藏》第 3 冊，NO. 0152。
《舊雜譬喻經》，三國吴·康僧會譯，《大正藏》第 4 冊，NO. 0206。
《生經》，晉·竺法護譯，《大正藏》第 3 冊，NO. 0154。
《阿育王傳》，晉·安法欽譯，《大正藏》第 5 冊，NO. 2042。
《摩訶僧祇律》，晉·佛陀跋陀羅共法顯譯，《大正藏》第22冊，NO. 1425。
《十誦律》，姚秦·弗若多羅與鳩摩羅什譯，《大正藏》第 23 冊，NO. 1435。
《大莊嚴論經》，姚秦·鳩摩羅什譯，《大正藏》第 4 冊，NO. 0201。
《雜寶藏經》，北魏·吉迦夜共曇曜譯，《大正藏》第 4 冊，NO. 0203。
《賢愚經》，北魏·慧覺等譯，《大正藏》第 4 冊，NO. 0202。
《正法念處經》，北魏·婆羅門瞿曇般若流支譯，《大正藏》第 17 冊，NO. 0721。
《百喻經》，南朝齊·求那毗地譯，《大正藏》第 4 冊，NO. 0209。

《敦煌變文校注》，黄征、張涌泉校注，北京：中華書局 1997 年版。
《敦煌變文選注》，項楚，北京：中華書局 2006 年版。
《東周列國志》，明·馮夢龍著，清·蔡元放改編，孫通海點校，北京：中華書局 2001 年版。
《蕩寇志》，清·俞萬春，北京：人民文學出版社 1981 年版。

E

《兒女英雄傳》，清·文康著，何草點校，北京：中華書局 2001 年版。

F

《風俗通義校注》,漢·應劭著,王利器校注,北京:中華書局 1981 年版。

《封氏聞見記》,唐·趙貞信,北京:中華書局 2005 年版。

《范仲淹全集》,宋·范仲淹著,清·范能濬編集,薛正興校點,南京:鳳凰出版社 2004 年版。

《封神演義》,明·許仲琳,北京:中華書局 2002 年版。

G

《國語》,春秋·左丘明,上海:上海古籍出版社 1978 年版。

《管子校正》,唐·尹知章注,清·戴望校正,臺北:世界書局 1966 年版。

《觀世音應驗記三種譯注》,董志翹,南京:江蘇古籍出版社 2002 年版。

《高僧傳》,南朝梁·慧皎著,湯用彤校注,北京:中華書局 1992 年版。

《關漢卿全集校注》,元·關漢卿著,王學奇、吳振清、王靜竹校注,石家莊:河北教育出版社 1988 年版。

《故鄉天下黃花》,劉震雲,北京:人民文學出版社 2009 年版。

H

《黃帝內經》,姚春鵬譯注,北京:中華書局 2010 年版。

《韓非子集解》,清·王先慎撰,鍾哲點校,北京:中華書局 1998 年版。

《淮南子集釋》,何寧,北京:中華書局 1988 年版。

《韓詩外傳集釋》,漢·韓嬰撰,許維遹校釋,北京:中華書局 1980 年版。

《漢書》,漢·班固,北京:中華書局 1962 年版。

《後漢書》,南朝宋·范曄,北京:中華書局 1965 年版。

《紅樓夢》,清·曹雪芹、高鶚,北京:人民文學出版社 1982 年版。

J

《晉書》,唐·房玄齡等,北京:中華書局 1974 年版。

《近代漢語語法資料彙編》(唐五代卷),劉堅、蔣紹愚主編,北京:商務印書館 1990 年版。

《揭曼碩詩集》,元·揭傒斯,北京:中華書局 1985 年版。

《剪燈新話》(附《剪燈餘話》),明·瞿佑,上海:上海古籍出版社 1996 年版。

L

《禮記正義》,唐·孔穎達,上海:上海古籍出版社 2008 年版。

《論語正義》,劉寶楠撰,高流水點校,北京:中華書局 1990 年版。

《列子集釋》,楊伯峻,北京:中華書局 1979 年版。

《老子校釋》,朱謙之,香港:太平書局 1962 年版。

《呂氏春秋集釋》,許維遹撰,梁運華整理,北京:中華書局 2009 年版。

《論衡校釋》,漢·王充著,黃暉撰,北京:中華書局 1990 年版。

《兩漢紀》,漢·荀悅、晉·袁宏,北京:中華書局 2002 年版。

《陸機集》,晉·陸機,北京:中華書局 1982 年版。

《梁書》,唐·姚思廉,北京:中華書局 1973 年版。

《李太白全集》,唐·李白,北京:中華書局 1977 年版。

《柳宗元集》,唐·柳宗元,北京:中華書局 1979 年版。

《李清照集校注》,宋·李清照著,王仲聞校注,北京:人民文學出版社 1979 年版。

《六一詩話》,宋·歐陽修,北京:人民文學出版社 1962 年版。

《劉基集》,明·劉基著,林家驪點校,杭州:浙江古籍出版社 1999 年版。

《笠翁傳奇十種校注》,清·李漁著,王學奇、霍現俊、吳秀華主編,天津:天津古籍出版社 2009 年版。

《老殘遊記》,清·劉鶚著,陳翔鶴校,戴鴻森注,北京:人民文學出版社 2000 年版。

《魯迅全集》(第二卷),魯迅,北京:人民文學出版社 2005 年版。

《駱駝祥子》,老舍,北京:人民文學出版社 1962 年版。

《老舍作品經典》,老舍,北京:中國華僑出版社 1999 年版。

《老舍小說全集》,老舍著,舒濟、舒乙編,武漢:長江文藝出版社 2004 年版。

M

《孟子正義》,清·焦循撰,沈文倬點校,北京:中華書局 1987 年版。

《墨子校注》,吳毓江撰,孫啓治點校,北京:中華書局 1993 年版。

《孟郊集校注》,唐·孟郊撰,韓泉欣校注,杭州:浙江古籍出版社 1995 年版。

《茅盾選集》,茅盾,成都:四川人民出版社 1982 年版。

N

《南齊書》,南朝梁·蕭子顯,北京:中華書局 1972 年版。

《南村輟耕録》,元·陶宗儀,北京:中華書局 2004 年版。

《孽海花》,清·曾樸著,韓秋白點校,北京:中華書局 2001 年版。

Q

《全上古三代秦漢三國六朝文》,清·嚴可均校輯,北京:中華書局 1958 年版。

《齊民要術校釋》,北魏·賈思勰著,繆啓愉校釋,北京:中國農業出版社 1998 年版。

《全唐詩》,清·彭定求等編,北京:中華書局 1960 年版。

《全唐文》,清·董誥等編,北京:中華書局 1983 年版。

《全唐五代詞》,曾昭岷等編撰,北京:中華書局 1999 年版。

《全宋詩》,北京大學古文獻所編,北京:北京大學出版社 1998 年版。

《全宋詞》,唐圭璋編,北京:中華書局 1965 年版。

《全元散曲》,隋樹森編,北京:中華書局 2000 年版。

《全元曲》,張月中、王鋼主編,鄭州:中州古籍出版社 1996 年版。

《全元雜劇外編》,楊家駱編,臺北:世界書局 1974 年版。

《全元雜劇初編》,楊家駱編,臺北:世界書局 1985 年版。

《全元雜劇二編》,楊家駱編,臺北:世界書局 1988 年版。

《全元雜劇三編》,楊家駱編,臺北:世界書局 2009 年版。

《清詩別裁集》,清·沈德潛選編,石家莊:河北人民出版社 1997 年版。

《清明時節》,張天翼,北京:人民文學出版社 1957 年版。

R

《人之窩》,陸文夫,上海:上海文藝出版社 1995 年版。

《人生》,路遥,北京:人民文學出版社 2006 年版。

S

《尚書正義》,唐·孔穎達,上海:上海古籍出版社 2007 年版。

《詩經今注》,高亨注,上海:上海古籍出版社 1980 年版。

《商君書解詁》,朱師轍,臺北:世界書局 1966 年版。

《睡虎地秦墓竹簡》,睡虎地秦墓竹簡整理小組編,北京:文物出版社 1990 年版。

《孫子兵法》,春秋·孫武,北京:中華書局 2006 年版。

《史記》,漢·司馬遷,北京:中華書局 1959 年版。

《説苑校證》,漢·劉向撰,向宗魯校證,北京:中華書局 1987 年版。

《傷寒論》,漢·張仲景著,顧武軍主編,北京:中國醫藥科技出版社 1998 年版。

《三國志》,晉·陳壽,北京:中華書局 1982 年版。

《世説新語校箋》,南朝宋·劉義慶撰,徐震堮校箋,北京:中華書局 1984 年版。

《宋書》,南朝梁·沈約,北京:中華書局 1974 年版。

《水經注》,北魏·酈道元著,陳橋驛譯注,王東補注,北京:中華書局 2009 年版。

《隋書》,唐·魏徵等,北京:中華書局 1973 年版。

《宋史》,元·脱脱等,北京:中華書局 1977 年版。

《十三經清人注疏》,北京:中華書局 1983—1990 年版。

T

《太平經合校》,王明編,北京:中華書局 1960 年版。

《陶淵明集》,晉·陶淵明著,逯欽立校注,北京:中華書局 1979 年版。

《檮杌閑評》,清·佚名著,劉文忠校點,北京:人民文學出版社 1999 年版。

W

《文心雕龍注》,南朝梁·劉勰著,范文瀾注,北京:人民文學出版社 1958 年版。

《文選》,南朝梁·蕭統編,唐·李善注,上海:上海古籍出版社1986年版。

《魏書》,北齊·魏收,北京:中華書局1974年版。

《王梵志詩校注》,項楚,上海:上海古籍出版社1991年版。

《五燈會元》,宋·普濟,北京:中華書局1984年版。

《文則注譯》,宋·陳騤著,劉彥成注譯,北京:書目文獻出版社1988年版。

《頑主》,王朔,《小説月報》1988年第2期。

X

《先秦漢魏晉南北朝詩》,逯欽立輯校,北京:中華書局1983年版。

《荀子集解》,清·王先謙,北京:中華書局1988年版。

《新論》,漢·桓譚,上海:上海人民出版社1967年版。

《新序、説苑》,楊家駱主編,臺北:世界書局1970年版。

《西京雜記》,晉·葛洪,北京:中華書局1985年版。

《新編諸子集成》,北京:中華書局1982—2009年版。

《西遊記》,明·吳承恩,北京:人民文學出版社1980年版。

《小五義》,清·佚名,杭州:浙江古籍出版社1997年版。

《西望長安》,老舍,北京:群衆出版社1979年版。

《寫在人生邊上》,錢鍾書,北京:中國社會科學出版社1990年版。

Y

《鹽鐵論校注》,漢·桓寬著,王利器校注,北京:中華書局1992年版。

《顏氏家訓集解》,北齊·顏之推著,王利器集解,北京:中華書局1993年版。

《永樂大典戲文三種校注》,錢南揚校注,北京:中華書局1979年版。

Z

《周易譯注》,周振甫譯注,香港:中華書局1996年版。

《莊子解》,清·王夫之,北京:中華書局1964年版。

《戰國策》,漢·劉向集錄,上海:上海古籍出版社1985年版。

《諸子集成》,上海:上海書店1986年版。

《祖堂集》,南唐·静、筠二禪師,北京:中華書局2007年版。

《資治通鑒》,宋·司馬光主編,北京:中華書局 1956 年版。

《周朝秘史》,明·余邵魚,北京:大眾文藝出版社 2000 年版。

《中華要籍集釋叢書》,上海:上海古籍出版社 2000—2008 年版。

《中國古典文學基本叢書》,北京:中華書局 1959—2010 年版。

《中國古典文學叢書》,上海:上海古籍出版社 1978—2010 年版。

參　考　文　獻

著作類

B

《不對稱和標記論》,沈家煊,南昌:江西教育出版社 1999 年版。

《北宋語氣詞及其源流》,羅驥,成都:巴蜀書社 2003 年版。

C

《詞彙訓詁論稿》,王雲路,北京:北京語言文化大學出版社 2002 年版。

《詞彙語義學》,張志毅、張慶雲,北京:商務印書館 2005 年版。

《詞彙化:漢語雙音詞的衍生和發展》,董秀芳,北京:商務印書館 2011 年版。

D

《大廣益會玉篇》,梁·顧野王撰,唐·孫强增字,宋·陳彭年等重修,北京:中
　華書局 1987 年版。

《敦煌變文語法研究》,吳福祥,長沙:岳麓書社 1996 年版。

《東漢魏晉南北朝史書詞語箋釋》,方一新,合肥:黃山書社 1997 年版。

《東漢—隋常用詞演變研究》,汪維輝,南京:南京大學出版社 2000 年版。

《敦煌變文 12 種語法研究》,吳福祥,鄭州:河南大學出版社 2004 年版。

《東干語、漢語烏魯木齊方言體貌助詞研究》,王景榮,天津:南開大學出版社

2008 年版。

E

《二十世紀的中國語言學》，劉堅等，北京：北京大學出版社 1998 年版。
《二十世紀現代漢語語法論著指要》，馬慶株，北京：商務印書館 2006 年版。

F

《佛學大辭典》，丁福保編，北京：文物出版社 1984 年版。
《佛典與中古漢語詞彙研究》，朱慶之，臺北：文津出版社 1992 年版。
《佛經文獻語言》，俞理明，成都：巴蜀書社 1993 年版。
《佛經詞語匯釋》，李維琦，長沙：湖南師範大學出版社 2004 年版。

G

《國文法草創》，陳承澤，北京：商務印書館 1957 年版。
《古代漢語虛詞通釋》，何樂士等，北京：北京出版社 1985 年版。
《古漢語語法及其發展》，楊伯峻、何樂士，北京：語文出版社 1992 年版。
《〈古尊宿語要〉代詞、助詞研究》，盧烈紅，武漢：武漢大學出版社 1998 年版。
《古代漢語》，郭錫良、唐作藩、何九盈、蔣紹愚、田瑞娟，北京：商務印書館 1999
　年版。
《古代漢語》，王力主編，北京：中華書局 1999 年版。
《古代漢語虛詞詞典》，中國社會科學院語言研究所古代漢語研究室，北京：商
　務印書館 1999 年版。
《古漢語語法論文集》，郭錫良主編，北京：語文出版社 1998 年版。
《古漢語虛詞詞典》，王政白，合肥：黃山書社 2002 年版。
《古書虛字集釋》，裴學海，北京：中華書局 2004 年版。
《古漢語詞彙綱要》，蔣紹愚，北京：商務印書館 2005 年版。
《高等國文法》，楊樹達，上海：上海古籍出版社 2007 年版。
《古書虛詞通解》，解惠全、崔永琳、鄭天一，北京：中華書局 2008 年版。

H

《漢語古文字字形表》，徐中舒主編，成都：四川人民出版社 1981 年版。

《漢語語法史綱要》,潘允中,鄭州:中州書畫社 1982 年版。

《漢語語法論文集》,吕叔湘,北京:商務印書館 1984 年版。

《漢語語法論》,高名凱,北京:商務印書館 1986 年版。

《漢語語法史》,王力,北京:商務印書館 1989 年版。

《漢語史通考》,〔日〕太田辰夫著,江藍生、白維國譯,重慶:重慶出版社 1991 年版。

《漢語歷史語法要略》,孫錫信,上海:復旦大學出版社 1992 年版。

《漢語大字典》(縮印本),徐中舒主編,武漢,成都:湖北辭書出版社、四川辭書出版社 1992 年版。

《漢魏六朝詩歌語言論稿》,王雲路,西安:陝西人民教育出版社 1997 年版。

《漢語大詞典》(縮印本),羅竹風主編,上海:漢語大詞典出版社 1997 年版。

《漢語的句子類型》,范曉主編,太原:書海出版社 1998 年版。

《漢語詞彙語法史論文集》,蔣紹愚,北京:商務印書館 2000 年版。

《漢語韻律句法學》,馮勝利,上海:上海教育出版社 2000 年版。

《漢語語法化的歷程——形態句法發展的動因和機制》,石毓智、李訥,北京:北京大學出版社 2001 年版。

《漢語語法三百問》,邢福義,北京:商務印書館 2002 年版。

《漢語語法專題研究》,邵敬敏、任之鏌、李家樹,桂林:廣西師範大學出版社 2003 年版。

《漢語史稿》,王力,北京:中華書局 2004 年版。

《漢語韻律語法研究》,馮勝利,北京:北京大學出版社 2005 年版。

《漢語史論集》,郭錫良,北京:商務印書館 2005 年版。

《漢語語法化研究》,吴福祥主編,北京:商務印書館 2005 年版。

《漢語語法學史稿》,邵敬敏,北京:商務印書館 2006 年版。

《漢語歷史語法散論》,柳士鎮,上海:上海人民出版社 2007 年版。

《漢語史綱要》,史存直,北京:中華書局 2008 年版。

《漢語結構助詞“的”的歷史演變研究》,劉敏芝,北京:語文出版社 2008 年版。

《漢語詞類劃分手册》,袁毓林、馬輝、周韌、曹宏,北京:北京語言大學出版社 2009 年版。

《漢語俗字研究》,張涌泉,北京:商務印書館 2010 年版。

《漢語詞彙核心義研究》,王雲路、王誠,北京:北京大學出版社 2014 年版。

J

《積微居小學述林》，楊樹達，北京：中華書局 1983 年版。

《經典釋文》，唐·陸德明，北京：中華書局 1983 年版。

《金文編》，容庚、張振林、馬國權，北京：中華書局 1985 年版。

《甲骨文字典》，徐中舒主編，成都：四川辭書出版社 1988 年版。

《甲骨文簡明詞典——卜辭分類讀本》，趙誠，北京：中華書局 1988 年版。

《近代漢語詞彙研究》，蔣冀騁，長沙：湖南教育出版社 1991 年版。

《近代漢語虛詞研究》，劉堅、江藍生、白維國、曹廣順，北京：語文出版社 1992
　年版。

《甲骨金文字典》，方述鑫等，成都：巴蜀書社 1993 年版。

《近代漢語助詞》，曹廣順，北京：語文出版社 1995 年版。

《近代漢語綱要》，蔣冀騁、吳福祥，長沙：湖南教育出版社 1997 年版。

《近代漢語語氣詞》，孫錫信，北京：語文出版社 1999 年版。

《經傳釋詞》，清·王引之，南京：江蘇古籍出版社 2000 年版。

《近代漢語語法研究》，馮春田，濟南：山東教育出版社 2000 年版。

《近代漢語探源》，江藍生，北京：商務印書館 2000 年版。

《甲骨文語法學》，張玉金，上海：學林出版社 2001 年版。

《近代漢語副詞研究》，楊榮祥，北京：商務印書館 2005 年版。

《集韻》，宋·丁度，北京：中華書局 2005 年版。

《近代漢語研究概要》，蔣紹愚，北京：北京大學出版社 2005 年版。

《近代漢語語法史研究綜述》，蔣紹愚、曹廣順主編，北京：商務印書館 2005
　年版。

《近代漢語研究新論》，江藍生，北京：商務印書館 2008 年版。

《簡明漢語史》，向熹，北京：商務印書館 2010 年版。

《近代漢語虛詞研究》，鍾兆華，北京：中國社會科學出版社 2011 年版。

L

《六朝詩歌語詞研究》，王雲路，哈爾濱：黑龍江教育出版社 1999 年版。

《〈論衡〉與東漢佛典詞語比較研究》，胡敕瑞，成都：巴蜀書社 2002 年版。

《歷史語言學論文集》，周及徐，成都：巴蜀書社 2003 年版。

《呂叔湘文集》（第 1 卷），呂叔湘，北京：商務印書館 2004 年版。

《歷史語言學中的比較方法》，〔法〕梅耶，北京：世界圖書出版公司 2008 年版。

M

《馬氏文通》，清·馬建忠，北京：商務印書館 1983 年版。

《梅祖麟語言學論文集》，梅祖麟，北京：商務印書館 2007 年版。

《明清山東方言助詞研究》，翟燕，濟南：齊魯書社 2008 年版。

P

《普通語言學教程》，〔瑞士〕索緒爾著，高名凱譯，岑麒祥、叶蜚聲校注，北京：商
    務印書館 1980 年版。

Q

《〈齊民要術〉詞彙語法研究》，汪維輝，上海：上海教育出版社 2007 年版。

S

《詩詞曲語辭匯釋》，張相，北京：中華書局 1953 年版。

《説文解字》，漢·許慎，北京：中華書局 1963 年版。

《上古音手册》，唐作藩，南京：江蘇人民出版社 1982 年版。

《説文通訓定聲》，清·朱駿聲，北京：中華書局 1984 年版。

《説文解字繫傳》，南唐·徐鍇，北京：中華書局 1987 年版。

《説文解字注》，清·段玉裁，上海：上海古籍出版社 1988 年版。

《〈三國志〉校詁》，吳金華，南京：江蘇古籍出版社 1990 年版。

《〈説文解字〉今注》，蘇寶榮，太原：山西人民出版社 2000 年版。

《〈睡虎地秦墓竹簡〉語法研究》，魏德勝，北京：首都師範大學出版社 2000
    年版。

《上古漢語語法研究》，方有國，成都：巴蜀書社 2002 年版。

《〈三國志〉和裴注句法專題研究》，何亞南，南京：南京師範大學出版社 2004
    年版。

T

《同源字典》,王力,北京:商務印書館1982年版。

W

《魏晉南北朝小説詞語匯釋》,江藍生,北京:語文出版社1988年版。

《魏晉南北朝漢語研究》,程湘清主編,濟南:山東教育出版社1988年版。

《魏晉南北朝時期某些詞法問題研究》,馮春田,濟南:山東教育出版社1992年版。

《魏晉南北朝歷史語法》,柳士鎮,南京:南京大學出版社1992年版。

《"往""來""去"歷時演變綜論》,王錦慧,臺北:里仁書局2004年版。

《文言語法》,史存直,北京:中華書局2005年版。

《〈魏書〉詞彙研究》,李麗,北京:人民日報出版社2006年版。

X

《小説詞語匯釋》,陸澹安,上海:上海古籍出版社1979年版。

《現代漢語虛詞例釋》,北京大學中文系1955、1957級語言班,北京:商務印書館1982年版。

《現代漢語時體系統研究》,戴耀晶,杭州:浙江教育出版社1997年版。

《現代漢語八百詞》,吕叔湘,北京:商務印書館1999年版。

《現代漢語語法分析》,范開泰、張亞軍,上海:華東師範大學出版社2000年版。

《新著國語文法》,黎錦熙,北京:商務印書館2000年版。

《現代漢語通論》,邵敬敏主編,上海:上海教育出版社2001年版。

《現代漢語詞類研究》,郭鋭,北京:商務印書館2002年版。

《現代漢語虛詞研究綜述》,齊滬揚、張誼生、陳昌來編,合肥:安徽教育出版社2002年版。

《新校互注宋本廣韻》,余廼永,上海:上海辭書出版社2002年版。

《虛字説》,清·袁仁林,北京:中華書局2004年版。

《訓詁學》,郭在貽,北京:中華書局2005年版。

《先秦語法》,易孟醇,長沙:湖南大學出版社2005年版。

《現代漢語虛詞詞典》,朱景松,北京:語文出版社2007年版。

《訓詁學概論》,方一新,南京:江蘇教育出版社 2008 年版。

《現代漢語話語情態研究》,徐晶凝,北京:昆侖出版社 2008 年版。

《現代漢語詞典》,中國社會科學院語言研究所詞典編輯室,北京:商務印書館 2016 年版。

Y

《殷墟文字類編》,商承祚,北京:北京圖書館出版社 2003 年版。

《語序類型學與介詞理論》,劉丹青,北京:商務印書館 2003 年版。

《語法理論綱要》,范曉、張豫峰,上海:上海譯文出版社 2003 年版。

《姚秦譯經助詞研究》,龍國富,長沙:湖南師範大學出版社 2004 年版。

《語法化的機制和動因》,石毓智,北京:北京大學出版社 2006 年版。

《語法化與漢語歷史語法研究》,吳福祥,合肥:安徽教育出版社 2006 年版。

《語法化學說》,[美]霍伯爾、特拉格特著,梁銀峰譯,上海:復旦大學出版社 2008 年版。

Z

《中等國文典》,章士釗,上海:商務印書館 1933 年版。

《助字辨略》,清·劉淇,北京:中華書局 1954 年版。

《中國語法理論》,王力,北京:中華書局 1954 年版。

《中國現代語法》,王力,北京:商務印書館 1985 年版。

《助語辭集注》,王克仲,北京:中華書局 1988 年版。

《中國古代語法》,周法高,北京:中華書局 1990 年版。

《中古漢語語詞例釋》,王雲路、方一新,長春:吉林教育出版社 1992 年版。

《中古虛詞語法例釋》,董志翹、蔡鏡浩,長春:吉林教育出版社 1994 年版。

《助詞與相關格式》,張誼生,合肥:安徽教育出版社 2002 年版。

《中古漢語助動詞研究》,段業輝,南京:南京師範大學出版社 2002 年版。

《中國語歷史文法》,[日]太田辰夫著,蔣紹愚、徐昌華譯,北京:北京大學出版社 2003 年版。

《中國文法要略》,呂叔湘,載呂叔湘《呂叔湘文集》第 1 卷,北京:商務印書館 2004 年版。

《〈左傳〉虛詞研究》,何樂士,北京:商務印書館 2004 年版。

《中國中世語法史研究》，〔日〕志村良治著，江藍生、白維國譯，北京：中華書局 2005 年版。

《中古漢語讀本》，方一新、王雲路，上海：上海教育出版社 2006 年版。

《中古漢語語法史研究》，曹廣順、遇笑容，成都：巴蜀書社 2006 年版。

《〈祖堂集〉的動態助詞研究》，林新年，上海：上海三聯書店 2006 年版。

《中古近代漢語探微》，董志翹，北京：中華書局 2007 年版。

《中古漢語疑問句研究》，劉開驊，哈爾濱：黑龍江人民出版社 2008 年版。

《中古漢語詞彙史》，王雲路，北京：商務印書館 2010 年版。

《中古近代漢語詞彙學》，方一新，北京：商務印書館 2010 年版。

《中古漢語論稿》，王雲路，北京：中華書局 2011 年版。

《中古漢語稱數法研究》，張延成，武漢：武漢大學出版社 2013 年版。

《中古漢語語氣副詞研究》，張素英，濟南：山東大學出版社 2013 年版。

《中古近代漢語語法研究述要》，孫錫信主編，上海：復旦大學出版社 2014 年版。

論文類

A

《〈阿含經〉“V＋（O）＋CV”格式中的“已”》，龍國富，《雲夢學刊》2002 年第 1 期。

B

《北京話的語氣助詞和嘆詞》，胡明揚，《中國語文》1981 年第 5 期。

C

《重談語助詞“看”的起源》，蔡鏡浩，《中國語文》1990 年第 1 期。

《詞類活用的功能解釋》，張伯江，《中國語文》1994 年第 5 期。

《詞類範疇的家族相似性》，袁毓林，《中國社會科學》1995 年第 1 期。

《嘗試態助詞“看”的歷史考察》，吳福祥，《語言研究》1995 年第 2 期。

《重談“動＋了＋賓”格式的來源和完成體助詞的產生》，吳福祥，《中國語文》

1998 年第 6 期。

《詞尾"底"、"的"的來源》,梅祖麟,載《梅祖麟語言學論文集》,北京:商務印書館 2000 年版。

《從合助助詞再論古漢語語氣助詞的功能》,時兵、白兆麟,《杭州師範學院學報》2001 年第 5 期。

《從類型學看上古漢語定語標記"之"語法化的來源》,張敏,載吳福祥、洪波《語法化與語法研究》(一),北京:商務印書館 2003 年版。

《從語言角度看〈齊民要術〉卷前〈雜說〉非賈氏所作》,柳士鎮,載王雲路、方一新《中古漢語研究》,北京:商務印書館 2004 年版。

《從中古佛經看事態助詞"來"及其語法化》,龍國富,《語言科學》2005 年第 1 期。

《從"VP—neg"式反復問句的分化談語氣詞"麼"的產生》,吳福祥,載吳福祥《語法化與漢語歷史語法研究》,合肥:安徽教育出版社 2006 年版。

《從假設句的否定形式看甲骨文中的"勿"、"弜"與"不"、"弗"之別》,龔波,《中國語文》2010 年第 2 期。

《從藏緬語施助詞看古漢語"(N)所 V"句的性質——兼談古漢語"(N)所 V"句的來源》,程亞恒,《漢語史研究集刊》(第十五輯),成都:巴蜀書社 2012 年版。

D

《讀〈佛典與中古漢語詞彙研究〉》,方一新、王雲路,《古漢語研究》1994 年第 1 期。

《東漢佛經疑問句語氣助詞初探》,高列過,《古漢語研究》2004 年第 4 期。

《動態助詞"着"的形成過程》,蔣紹愚,《周口師範學院學報》2006 年第 1 期。

《"等""等等""什麼的"的分析研究》,毛書昌,華中科技大學 2010 年碩士學位論文。

E

《20 世紀 90 年代以來現代漢語虛詞研究綜述》,張春秀、李長春,《齊齊哈爾師範高等專科學校學報》2007 年第 5 期。

F

《〈佛本行集經〉中的"許"和"者"》,曹廣順,《中國語文》1999 年第 6 期。

《佛教混合漢語初論》,朱慶之,《語言學論叢》(第二十四輯),北京:商務印書館
    2001 年版。

G

《關於語助詞"看"的形成》,心叔,《中國語文》1962 年 8、9 月號。

《關於助詞的性質和類別問題》,劉叔新,《南開大學學報》1981 年第 3 期。

《古漢語助詞研究要略》,俞允海,《嘉興師專學報》1983 年第 2 期。

《關於殷墟卜辭的命辭是否問句的考察》,裘錫圭,《中國語文》1988 年第 1 期。

《關於疑問語氣助詞"那"來源的考察》,朱慶之,《古漢語研究》1991 年第 2 期。

《古漢語助詞"所"的省略與"有以……""無以……"句式》,吳國忠,《求是學刊》
    1993 年第 6 期。

《古代漢語語助詞的辨認和意義分析》,顔曉,《瓊州大學學報》1994 年第 1 期。

《古漢語助詞"之"概説》,趙世舉,《襄陽師專學報》1998 年第 1 期。

《古漢語語法研究論文集》,何樂士,北京:商務印書館 2000 年版。

《古本〈老乞大〉的助詞"有"》,李泰洙,《語言教學與研究》2000 年第 3 期。

《古代漢語裏的音節助詞"有"》,龍又珍,《語言研究》2002 年增刊。

《關於"VP 不"式疑問句中"不"的虛化》,朱冠明,《漢語學報》2007 年第 4 期。

《廣東廉江方言語氣助詞的功能和類別》,林華勇,《方言》2007 年第 4 期。

《古漢語中"得"的研究綜述》,張明媚、黃增壽,《西南交通大學學報》2008 年第
    1 期。

《古漢語"等"的詞性演變》,張瑜,《唐山師範學院學報》2012 年第 3 期。

H

《漢語句尾疑問助詞和被動語態演變的研究》,鄭權中,《復旦學報》1955 年第
    2 期。

《漢語方言的虛詞"着"字三種用法的來源》,梅祖麟,《中國語言學報》1988 年
    第 3 期。

《漢語反復問句的歷史發展》,劉子瑜,載郭錫良主編《古漢語語法論文集》,北

京：語文出版社 1998 年版。

《漢語方言體貌助詞研究與定量分析》，劉祥柏，《中國語文》2000 年第 3 期。

《漢語語氣表達方式及語氣系統的歸納》，徐晶凝，《北京大學學報》2000 年第
　3 期。

《漢魏六朝史書詞語考釋》，劉百順，《西北大學學報》2002 年第 3 期。

《漢語事態助詞“來”的產生時代及其來源》，梁銀峰，《中國語文》2004 年第
　4 期。

《漢語表“體”助詞研究述要》，伍和忠，《廣西師範學院學報》2005 年第 3 期。

《漢語事態助詞“來”的形成過程》，楚艷芳，《寧夏大學學報》2013 年第 3 期。

《漢語助詞的歷史發展概況及研究價值》，翟燕，《河北大學學報》2013 年第
　6 期。

《漢語嘗試態助詞“看”的産生過程》，楚艷芳，《寧夏大學學報》2014 年第 3 期。

J

《近十年間近代漢語研究的回顧與前瞻》，蔣紹愚，《古漢語研究》1998 年第
　4 期。

《甲骨金文中“其”字意義的研究》，張玉金，《殷都學刊》2001 年第 1 期。

《甲骨文中的“之”和助詞“之”的來源》，張玉金，《殷都學刊》2005 年第 2 期。

《居延漢簡的助詞》，張國艷，《寧夏大學學報》2008 年第 6 期。

《結構助詞“者”的歷史演變》，劉一豪，北京大學 2012 年碩士學位論文。

《近代漢語助詞“着”“了”研究述略》，劉勇，《泰山學院學報》2012 年第 4 期。

《近代漢語後期助詞系統的演變及特徵》，翟燕，《河北大學學報》2012 年第
　6 期。

L

《六朝漢語の疑問文》，［日］森野繁夫，《廣島大學文學部紀要》（第 34 卷），廣
　島：廣島大學文學部 1975 年版。

《論“所”、“所以”》，祝敏徹，《社會科學》1979 年第 2 期。

《論“底”、“地”之辨及“底”字的由來》，吕叔湘，載吕叔湘《漢語語法論文集》，北
　京：商務印書館 1984 年版。

《論同步引申》，許嘉璐，《中國語文》1987 年第 1 期。

《論〈祖堂集〉中以"不、否、摩"收尾的問句》,伍華,《中山大學學報》1987 年第
　4 期。

《略論現代漢語一般疑問語氣助詞的由來》,王修力,《鎮江師專學報》1993 年
　第 3 期。

《論疑問語氣詞"嗎"的形成與發展》,鍾兆華,《語文研究》1997 年第 1 期。

《〈老乞大〉四種版本從句句尾助詞研究》,李泰洙,《中國語文》2000 年第 1 期。

《"了、呢、的"變韻説——兼論語氣助詞、嘆詞、象聲詞的强弱兩套發音類型》,
　郭小武,《中國語文》2000 年第 4 期。

《論古漢語"者"字的詞類歸屬——兼談〈論語〉"者"字的用法》,胡雲晚,《華南
　理工大學學報》2004 年第 3 期。

《六世紀漢語詞彙的南北差異——以〈周氏冥通記〉與〈齊民要術〉爲例》,汪維
　輝,《漢語詞彙史新探》,上海:上海人民出版社 2007 年版。

《論具體語素與抽象語素的結合——並列複音詞中特殊的一類》,王雲路,《中
　國典籍與文化論叢》,北京:北京大學出版社 2008 年版。

《論古漢語名詞性成分後"者"的語法功能》,蘇天運,《齊齊哈爾大學學報》2008
　年第 2 期。

《略論近代漢語"VnegVP"正反問句》,傅惠鈞,《語言教學與研究》2010 年第
　5 期。

Q

《〈歧路燈〉結構助詞"哩"的用法及其形成》,馮春田,《語言科學》2004 年第
　4 期。

《情態表達與時體表達的互相滲透——兼談語氣助詞的範圍確定》,徐晶凝,
　《漢語學習》2008 年第 1 期。

S

《釋〈景德傳燈録〉中"在"、"著"二助詞》,吕叔湘,載吕叔湘《漢語語法論文集》,
　北京:商務印書館 1984 年版。

《宋元時期"了"字的用法——兼談"了"字的虛化過程》,潘維桂、楊天戈,《語言
　論集》(第 2 輯),北京:中國社會科學出版社 1984 年版。

《〈世説新語〉〈敦煌變文集〉中"着"之比較研究》,劉寧生,《南京師大學報》1985

年第 4 期。

《試論"等"和"等等"的詞性及其語法功能》,劉公望,《新疆大學學報》1988 年
　　第 1 期。

《試論上古漢語指示代詞的體系》,郭錫良,載呂叔湘等《語言文字學術論文
　　集》,上海:知識出版社 1989 年版。

《試論漢魏六朝佛典裏的特殊疑問詞》,朱慶之,《語言研究》1990 年第 1 期。

《試論完成貌助詞"去"》,陳澤平,《中國語文》1992 年第 2 期。

《〈世說新語〉"如馨地"再討論》,汪維輝,《古漢語研究》1996 年第 4 期。

《〈世說新語〉疑問句分析》,段業輝,《南京師範大學學報》1998 年第 3 期。

《〈詩經〉中的襯音助詞研究》,張仁立,《語文研究》1999 年第 3 期。

《〈尚書〉句首句中語助詞研究的幾點認識》,錢宗武,《古漢語研究》2000 年第
　　2 期。

《〈世說新語〉、〈齊民要術〉、〈洛陽伽藍記〉、〈賢愚經〉、〈百喻經〉中的"已"、
　　"竟"、"訖"、"畢"》,蔣紹愚,《語言研究》2001 年第 1 期。

《試論中古語法的歷史地位》,柳士鎮,《漢語史學報》(第二輯),上海:上海教育
　　出版社 2002 年版。

《〈詩經〉副詞、助詞研究》,王金芳,武漢大學 2003 年博士學位論文。

《〈世說新語〉中所反映的魏晉時期的新詞和新義》,殷正林,載王雲路、方一新
　　《中古漢語研究》,北京:商務印書館 2004 年版。

《時間方位詞"來"對事態助詞"來"形成的影響及相關問題》,梁銀峰,《語言研
　　究》2004 年第 2 期。

《〈搜神記〉與〈世說新語〉疑問句語氣助詞初探》,劉紅妮,《玉溪師範學院學報》
　　2006 年第 2 期。

《試談韻律與某些雙音詞的形成》,王雲路,《中國語文》2007 年第 3 期。

《試論助詞"等"在漢語史中句法和語義的特點》,宋瑄葉,《黑龍江教育學院學
　　報》2013 年第 7 期。

T

《談比較互證的訓詁方法》,王寧、陸宗達,載陸宗達主編《訓詁研究》第 1 輯,北
　　京:北京師範大學出版社 1981 年版。

《談古漢語中倒裝動賓之間的助詞》,汪貞干,《固原師專學報》1987 年第 4 期。

《談古漢語語氣助詞的轉化》,段德森,《雲夢學刊》1996 年第 3 期。

W

《魏晉南北朝到宋代的"動+將"結構》,曹廣順,《中國語文》1990 年第 2 期。

《望文生訓舉例與探源》,王雲路,《古漢語研究》1990 年第 2 期。

《吳語助詞"來""得來"溯源》,江藍生,《中國語言學報》1995 年第 5 期。

《魏晉南北朝時期"著"字的用法》,張赬,《中文學刊》2000 年第 2 期。

《〈五燈會元〉的句尾語氣詞"也"》,沈丹蕾,《安徽師範大學學報》2001 年第 4 期。

《"無"字形義探微》,楚艷芳,《漢字文化》2013 年第 2 期。

X

《現代漢語副詞獨用芻議》,陸儉明,《語言教學與研究》1982 年第 2 期。

《先秦語氣詞的歷時多義現象》,劉曉南,《古漢語研究》1991 年第 3 期。

《先秦兩漢的一種完成貌句式——兼論現代漢語完成貌句式的來源》,梅祖麟,《中國語文》1999 年第 4 期。

《現代漢語中一個新的語助詞"看"》,陸儉明,載陸儉明、馬真《現代漢語虛詞散論》,北京:語文出版社 1999 年版。

《現代漢語助詞及其再分類》,王啓龍,《青海民族學院學報》2005 年第 1 期。

《先秦至唐五代語氣詞的來源及衍生規律》,劉利、李小軍,《漢語史學報》(第十三輯),上海:上海教育出版社 2013 年版。

Y

《語助詞"看"的形成時代》,勞寧,《中國語文》1962 年 6 月號。

《"語法化"研究綜觀》,沈家煊,《外語教學與研究》1994 年第 4 期。

《疑問句功能瑣議》,張伯江,《中國語文》1997 年第 2 期。

《語氣助詞"呀"的形成及其歷史淵源》,鍾兆華,《中國語文》1997 年第 5 期。

《語氣助詞的語氣義及其教學探討》,徐晶凝,《世界漢語教學》1998 年第 2 期。

《楊萬里詩動態助詞研究》,張小艷,《井岡山師範學院學報》2001 年第 2 期。

《語法化機制探賾》,孫錫信,載《紀念王力先生百年誕辰學術論文集》,北京:商務印書館 2002 年版。

《姚秦譯經中的事態助詞"來"》，龍國富，《漢語史研究集刊》（第六輯），成都：巴蜀書社 2003 年版。

《語氣詞"的"、"了"的虛化機制及歷時分析》，齊滬揚，《忻州師範學院學報》2003 年第 2 期。

《語氣詞"邪"與"耶"使用情況調查》，吳欣春、張瑞英，《古漢語研究》2003 年第 2 期。

《也談持續體標記"着"的來源》，吳福祥，《漢語史學報》（第四輯），上海：上海教育出版社 2004 年版。

《語氣副詞與句末語氣助詞的共現規律研究》，齊春紅，《雲南師範大學學報》2007 年第 3 期。

《語言接觸的一個案例——再談"V(O)已"》，蔣紹愚，《語言學論叢》（第三十六輯），北京：商務印書館 2008 年版。

《英漢否定詞的分合和名動的分合》，沈家煊，《中國語文》2010 年第 5 期。

《疑問語氣詞"邪"、"耶"的歷時考察》，陳順成，《古漢語研究》2011 年第 4 期。

《語氣詞"未"的來源及形成過程——兼談古漢語"VP－Neg"型疑問句的性質》，楚艷芳，《長春大學學報》2013 年第 11 期。

《也談語氣詞"邪"與"耶"——兼談佛經翻譯對漢語詞彙的影響》，楚艷芳，《漢字文化》2015 年第 5 期。

《語氣詞"無"的來源及發展》，楚艷芳，《浙江傳媒學院學報》2015 年第 6 期。

Z

《〈朱子語類〉中的時體助詞"了"》，木霽弘，《中國語文》1986 年第 4 期。

《再論助詞"着"的用法及其來源》，孫朝奮，《中國語文》1997 年第 2 期。

《〈左傳〉"也"字研究》，張文國，《古漢語研究》1999 年第 2 期。

《中古漢語中的"VP 不"式疑問句》，遇笑容、曹廣順，《紀念王力先生百年誕辰學術論文集》，北京：商務印書館 2002 年版。

《中古漢語語法研究概述》，董志翹、王東，《南京師範大學文學院學報》2002 年第 2 期。

《中古漢語裏否定詞前的"了"字》，康振棟，《中國語文》2003 年第 4 期。

《中古佛經中的"所"字結構》，竺家寧，《古漢語研究》2005 年第 1 期。

《中古譯經中表嘗試態語氣的"看"及其歷時考察》，蔣冀騁、龍國富，《語言研究》2005 年第 4 期。

《中古漢語語氣詞專題研究》,羅素珍,南京師範大學 2007 年碩士學位論文。

《助詞"來/去"的語法化歷程》,張瑞穎,山西大學 2007 年碩士學位論文。

《字形的演變與用法的分工》,張涌泉,《古漢語研究》2008 年第 4 期。

《早期漢譯佛典語氣助詞研究》,王德傑,南京師範大學 2008 年碩士學位論文。

《中古漢語的"著"及相關問題研究》,王巖,西南交通大學 2010 年碩士學位論文。

《中古漢語語法研究綜述》,王雲路、楚艷芳,《古漢語研究》2010 年第 3 期。

《助詞"等"在漢語史上的句法、語義特點考察》,陳秀蘭,《河池學院學報》2011年第 1 期。

外文文獻

Alice C. Harris & Lyle Campbell. 1995. *Historical Syntax in Cross—Linguistic Perspective*. Cambridge：Cambridge University Press.

Anthony Woods，Paul Fletcher & Arthur Hughes. 1986. *Statistics in Language Studies*. Cambridge：Cambridge University Press.

Bauer，L. 1988. *Introducting Linguistic Morphology*. Edinburgh：Edinburgh University Press.

Bernard Comrie. 1989. *Language Universals and Linguistic Typology*. Chicago：University of Chicago Press.

Bernd Heine，Ulrike Claudi & Friederike Hünnemeyet 1991. *Grammarticalization—A Conceptual Framework*. Cambridge： Cambridge University Press.

Bernd Heine & Tania Kuteva. 2002. *World Lexicon of Grammaticalization*. Cambridge：Cambridge University Press.

Bernd Heine & Tania Kuteva. 2005. *Language Contact and Grammatical Change*. Cambridge：Cambridge University Press.

Brinton，L. & E. C. Traugott. 2005. *Lexicalization and Language Change*. New York：Cambridge University Press.

George Lakoff & Mark Johnson 1980. *Metaphors We Live By*. Chicago：University of Chicago Press.

George Lakoff 1987. *Women, Fire, and Dangerous Things: What Categories Reveal about the Mind*. Chicago: University of Chicago Press.

Halliday, M. A. K. 1985. *An Introduction to Functional Grammar*. London: Edward Arnold.

Harris A. S. 1951. *Methods in Structural Linguistics*. Chicago: University of Chicago Press.

Jens Allwood & Peter Gärdenförs. 1998. *Cognitive Semantics—Meaning and Cognition*. Amsterdam: John Benjamins Publishing Company.

John Bybee, Rerkins &.W. Pagliuca 1994. *The Evolution of Grammar— Tense, Aspect, and Modality in the Languages of the Word*. Chicago: University of Chicago Press.

John I. Saeed. 1997. *Semantics*. Oxford: Blackwell Publishers Limited.

John Lyons. 1995. *Linguistic Semantics: An Introduction*. Cambridge: Cambridge University Press.

Kittay, E. 1989. *Metaphor: Its Cognitive Force and Linguistic Structures*. Oxford: Oxford University Press.

Kuno, S. & K. Takami. 1993. *Grammar and Discours Principles: Functional Syntax and GB Theory*. Chicago & London: University of Chicago Press.

Langaker, Ronald W. 1987. *Foundations of Cognitive Grammar—Theoretical Prerequisities*. Stanford: Stanford University Press.

Levin, S. 1977. *The Semantics of Metaphor*. Baltimore & London: Johns Hopkins University Press.

Paul J. Hopper & Elizabeth Closs Traugott. 2003. *Grammaticalization*. Cambridge: Cambridge University Press.

Roger Lass. 1997. *Historical Linguistics and Language Change*. Cambridge: Cambridge University Press.

Ross John R.. 1972. *The Category Squish: Endstation Hauptwort*. CLS 8 —*Chicago Linguistic Society*. Chicago: Chicago university.

Taylor, J. 1989. *Linguistic Categorization : Prototypes in Linguistic Theo-ry*. Oxford: Clarendon Press.

Trask Robert Lawrence. 1996. *Historical Linguistics*. London: Edward Arnold(Publishers) Limited.

Van Valin, R. Jr. & R. J. Lapplla. 1987. *Syntax*. Cambridge: Cambridge University Press.

William Croft. 1990. *Typology and Universals*. Cambridge: Cambridge University Press.

William Croft. 1991. *Syntactic Categories and Grammatical Relations : The Cognitive Organization of Information*. Chicago: University of Chicago Press.

William Croft. & D. Allan Cruse 2004. *Conginitive Linguistics*. Cambridge: Cambridge University Press.

後　記

　　本書是在我的博士學位論文的基礎上修改而成。光陰荏苒，博士畢業至今已近四年，當初寫論文的情景依然歷歷在目，如今書稿出版在即，藉此聊抒內心感想。

　　我在碩士階段就對探究虛詞的來源及演變過程比較感興趣，完成了碩士學位論文《現代漢語反詰語氣副詞探源》。後慕名來到浙江大學攻讀博士學位，師從中古漢語研究方面的專家王雲路先生。在博士學位論文選題方面，我想以中古漢語爲依託，選擇其中一類詞語做研究。實詞是開放的詞類，而虛詞是相對封閉的詞類，於是我就打算選擇一類虛詞作爲論文選題，這樣可能更容易把握。在查閱文獻之後，我發現只有中古漢語助詞還沒有專著問世。在中古、近代漢語研究比較熱的前提下，還有這樣未開墾的領域，原因可能有兩個：一是不值得做，二是不容易做。在漢語史研究（尤其是漢語語法史研究）當中，中古漢語助詞都是不能忽視的一部分，也是必須要做的一部分，故而思慮再三，我還是確定了"中古漢語助詞研究"這個題目。題目確定下來之後，接下來就是一個不斷戰勝困惑、克服艱難的寫作過程。當然，在此期間更有很多時候因爲解決了一個問題而歡欣雀躍。回首過往，即便是艱辛的寫作過程也都是一筆寶貴的財富。生命中的某些情景，或許在成爲往事之後，才會顯得彌足珍貴。

　　上個世紀五十年代以前，漢語史研究"重兩頭"（上古、現代），"輕中間"（中古、近代）的研究範式導致中古漢語和近代漢語長期受到冷落，直到上個世紀五十年代以後，這種狀況才逐漸得到改善。隨着中古漢語分期的明確以及中古漢語語法研究的深入，專書、專類體裁語法研究的成果不斷涌現，爲斷代專題語法研究奠定了良好的基礎。目前關於中古漢語助詞的研究較爲零散，尚無系統的研究。中古漢語助詞研究是斷代史研究，而斷代史研究可以使我們更加細緻地把握這一時期的一些語言特色。本書通過對中古漢語助詞的描寫和分析，先説明助詞各次類的特點，然後説明整個中古時期漢語助詞的特點，進而把它們放到漢語史當中去審視，與上古和近、現代漢語助詞比較，突出中古漢語助詞的特色。中古漢語助詞研究是漢語史研究的一部分，如何推進漢語史研究亦是一項重要課題。

在訊息發達的"互聯網＋"時代，對後學而言，有挑戰，更有機遇，有很多新的理論、新的方法需要去鑽研，這是義不容辭的使命。在學習古漢語之時，我總還會去看一些現代語言學論著，有時也會迫不及待地運用到研究當中，然而這些新鮮血液時而給研究帶來生機和活力，時而顯得喧賓奪主，時而排異反應強烈。目前，學科界限變得模糊，在古今溝通、中外結合、學科交叉的同時，還必須考慮到漢語自身的特點，通過漢語材料總結理論、方法，努力尋求立足於漢語的語言學研究之路。值得注意的是，我國古代有很多值得挖掘的語言材料、語言學方法、語言學理論，許慎、劉熙、段玉裁、王念孫、王引之、戴震、孫詒讓等亦可謂語言學界的傑出代表，作爲青年後學應當不遺餘力地去繼承我國傳統語言學的精華。王雲路老師也時常提醒我們，要注重對我國傳統語言學的挖掘與探索。在王老師的影響下，在遇到問題之時，我也會先去思考中國固有的東西，希望自己今後可以在這方面有更多的發現。

治學，態度非常重要。我是個粗疏之人，然而做學問卻不能有絲毫馬虎，且必須持之以恒。在決定從事科研的這些年，我時刻提醒自己要認真，要一絲不苟。最初，我覺得讀文獻、寫論文是一件非常艱辛的事情，常常爲此疲憊不堪。不過，我很快就找到了科研的樂趣，寫文章如同培養自己喜愛的花朵一般，一個個的虛詞在漢語史這片沃土不斷新陳代謝。現在，我似乎已把其中的艱辛自動屏蔽了，留下的都是最美好的回憶。做學問之餘，覺得自己的性格似乎也沉靜了許多。可惜時間倉促，加之能力有限，本書還有很多不足之處，懇請方家不吝垂教。

書稿得以出版，還要感謝所有給予我支持和幫助的師友親朋。

首先要感謝我的導師王雲路先生。自 2009 年到杭州以來，王老師嚴謹認真，以身作則，手把手教我讀書、寫文章，她嚴厲中帶着關懷，苛求中帶着寬容，總是給我滿滿的正能量。在讀期間，在王老師的指導和督促下，我從不敢有絲毫懈怠。這些年，我從王老師身上學到了很多，不僅僅是專業知識，更重要的是思考問題的方法以及積極樂觀的人生態度等，這些都將伴隨我一生。

由於王老師的關係，這些年方一新先生也時常關心我的學習進展，幫助我分析論文寫作過程中遇到的各種問題，還經常分享一些研究資料。與此同時，方老師淡泊、謙遜、踏實的治學態度也深深地影響了我。在此，感謝方老師一直以來對我的關懷和厚愛。

感謝我的合作導師遇笑容先生。讀博期間，我有幸到美國加州大學聖芭芭拉分校學習半年。遇老師從入境到離境，都給了我無微不至的幫助，使我能夠安心學習，從未因在異國他鄉而感到惶恐。在美期間，遠離喧囂，少了許多瑣事，多了許多時間去思考問題、撰寫論文。

學術研究要在前賢時彥的基礎上展開，本書也參閱了諸多前輩學者的論著，其中曹廣順先生的《近代漢語助詞》更是案頭常備的重要參考書。非常榮幸的是，由於一些偶然的機緣，在論文的寫作及出版過程中，曹老師也給了我很多鼓勵和幫助，在此表示由衷的感謝。

此外，我的家人及朋友，在我迷茫無助之時總是伸出溫暖的關愛之手；浙江傳媒學院文學院對青年教師給予了諸多培養和支持；浙江省社科聯對本書的出版工作給予了一定的資助；中華書局徐真真女士從書稿審閱到出版都付出了大量心血。謹此一併致以衷心的謝意。

時光靜好，歲月長流。希望自己今後能夠做出更多更好的成績。

楚艷芳

2016 年 6 月於杭州